A Lua do Oriente e Outras Luas

Christina Stephano de Queiroz

A Lua do Oriente e Outras Luas

Biografia e Seleção de Poemas de
Jamil Almansur Haddad

Ateliê Editorial

Dados Internacionais de Catalogação na Publicação (CIP)
(Câmara Brasileira do Livro, SP, Brasil)

Queiroz, Christina Stephano de
  *A Lua do Oriente e Outras Luas: Biografia e Seleção de
Poemas de Jamil Almansur Haddad* / Christina Stephano
de Queiroz. – Cotia, SP: Ateliê Editorial, 2022.

  ISBN 978-65-5580-076-0
  Bibliografia.

  1. Haddad, Jamil Almansur, 1914-1988 - Crítica e
interpretação 2. Poesia brasileira - História e crítica 3. Poetas
brasileiros - Biografia I. Título.

22-115541   CDD-869.1

Índices para catálogo sistemático:
1. Poetas brasileiros: Apreciação crítica   869.1

Eliete Marques da Silva – Bibliotecária – CRB-8/9380

Direitos reservados à

ATELIÊ EDITORIAL
Estrada da Aldeia de Carapicuíba, 897
06709-300 – Granja Viana – Cotia – SP
Tel.: (11) 4702-5915
www.atelie.com.br | contato@atelie.com.br
facebook.com/atelieeditorial | blog.atelie.com.br

2022

Printed in Brazil
Foi feito o depósito legal

Este livro é dedicado à minha avó (em memória), a dona Norma, operária e guerreira, mulher que viajou da Itália ao Brasil no porão de um navio para trabalhar na lavoura de café e construiu a vida com base nas fábricas do ABC paulista.

A História é histérica: ela só se constitui se a olharmos – e para olhá-la é preciso estar excluído dela.
ROLAND BARTHES, *A Câmara Clara.*

Bien entendida, esa noche agota su historia; mejor dicho un instante de esa noche, un acto de esa noche, porque los actos son nuestro símbolo. Cualquier destino, por más largo y complicado que sea, consta, en realidad, de un solo momento: el momento que el hombre sabe para siempre quien es.
JORGE LUIS BORGES, *Biografía de Tadeo Isidoro Cruz.*

Sumário

Parte I. A LUA DO ORIENTE
1914–1950

Parte II. A LUA DO REMORSO
1950–1960

Parte III. A LUA DOS PROFETAS
1960–1988

SELEÇÃO DE POEMAS

Apresentação

Michel Sleiman[1]

"O Caixeiro-viajante da Poesia", codinome que Jamil Almansur Haddad conferiu para si mesmo, posiciona entre nós o poeta – psiquiatra, crítico literário e ilustre tradutor também – como um filho de pais libaneses que, chegados ao Brasil, exerceram de imediato o ofício de vendedor ambulante. Que mercadorias imateriais levou a seus fregueses a malinha de miudezas do poeta Jamil? Que tecidos imaginários entregou a seus leitores a veia poética desse instigante filho de imigrantes? Jamil moldou, em boa medida, nosso gosto literário com suas traduções como a primeira integral de *As Flores do Mal*, de Charles Baudelaire, e por outro lado ainda encantou setores da cultura francesa com seu livro de inspiração islâmico-cheguevariana, publicado em Paris, *Avis aux Navigateurs: Le Premier Livre des Sourates*.

Não comerciante, não industrial ou homem da política, mas poeta e tradutor também do árabe, língua que tanto falava como escrevia, Jamil flertou com as histórias e motivos de *As Mil e Uma Noites*, do *chiir* (poesia) árabe, do Alcorão e entregou-os, dúcteis, em língua luso-brasileira, ao lado de dezenas de outros livros seus, entre ensaios, poemas autorais e

1. Michel Sleiman é poeta, editor, tradutor e professor de Língua e Literatura Árabes na Universidade de São Paulo.

traduções. Personalidade intelectual de difícil classificação, a concepção de modernidade de Jamil fez ouvidos moucos ao vanguardismo da Semana de 22 e descolou ainda dos poetas da Geração de 45, operando uma versão de antropofagia cultural algo diferente, carregada – talvez demais – de um gosto europeu e médio-oriental algo finissecular, traço nele renitente não obstante o avanço do século XX. Até pelo menos o golpe militar de 1964, Jamil animou com sua singularidade a cena cultural brasileira, a partir da capital paulistana; publicou em jornais e editoras centrais do país, presidiu um clube literário, escreveu ensaios críticos e organizou antologias de poetas estrangeiros e brasileiros. De súbito, o poeta se cala – autoexila-se? E progressivamente cai no esquecimento.

Este estudo de resgate, ao mesmo tempo biográfico e literário, é uma primeira prospecção de conjunto na obra de Jamil Almansur Haddad e parte exatamente do cenário resumido linhas acima; descreve e dá a conhecer a evolução da prática literária de Jamil através de conexões que a autora estabelece entre pontos biográficos do poeta – tirados de registros e relatos de familiares, amigos e colegas de ofício – e interpretações sobretudo de suas criações literárias e, com menor frequência, mas não em menor grau de importância, de suas ações como crítico e tradutor de literatura. Para isso, a autora localiza três ciclos no percurso intelectual do biografado: um primeiro compreendido entre o nascimento e os anos 1940; um segundo ciclo que chega até os anos 1950; e, finalmente, o terceiro que alcança a morte do poeta em 1988.

Christina Stephano de Queiroz toma o poeta Jamil da perspectiva do brasileiro filho de imigrantes libaneses e o devolve à historiografia literária como um brasileiro autor em busca de uma identidade. Que a tenha encontrado ele, os estudos literário e antropológico, e de outros saberes, que se espera iniciem agora a partir do contar deste livro, terão a missão de demonstrá-lo. Que a tenha encontrado ela, o leitor o dirá.

O livro em mãos reflete o texto da tese de doutorado defendida por Christina em 2017, que lhe rendeu o merecido Prêmio Tese Destaque USP 2018. É pelas mãos competentes dessa jovem e brilhante pesquisadora que se dá o encontro de Jamil com a nova geração.

Introdução

As interpretações de uma obra poética podem mudar conforme as oscilações de valores da crítica literária e isso leva a que versos ignorados ou apreciados negativamente no passado ganhem novos significados com o passar dos anos. A flutuação dos valores da crítica literária deixa à sombra e traz à luz autores de diferentes épocas e estilos. Há poetas e escritores que, desconhecidos ou célebres, são exemplares para ilustrar os efeitos da passagem do tempo no olhar lançado ao campo literário. Algumas tentativas de abarcar essas personalidades poéticas são reafirmadas, questionadas ou revistas. O tempo se torna, assim, o grande aliado das correntes de interpretação, que podem se aprimorar, complementar, aperfeiçoar, contradizer ou até mesmo se negar. Isso significa que nem sempre as primeiras leituras críticas ou biográficas de determinados autores são superadas por leituras posteriores. Há, também, um movimento de errância constante nos olhares que buscam compreender os significados de trabalhos inusitados. Influenciada pela ascensão de novas teorias ou o declínio de outras, essa dinâmica faz que "erros" ou desvios de leitura também sejam acertos, já que permitem validar olhares do passado ou do futuro.

O poeta, médico, tradutor e crítico literário Jamil Almansur Haddad nasceu em 1914 em São Paulo e morreu em 1988, na mesma cidade, de parada cardíaca. Descendente de imigrantes libaneses, não teve filhos e, no final da vida, doou grande parte do seu acervo bibliográfico a uma biblioteca pública de Santo André, em São Paulo. Depois de sua morte, parte de seus livros foi enviada para reciclagem. Hoje, o que restou desse acervo está em mãos de uma sobrinha-neta – Fernanda Auada Moukdessi – e se resume a três prateleiras de livros, três caixas de documentos, manuscritos em distintos estados de conservação, recortes de jornais, anotações em folhas de cadernos soltas, fotos e dois modelos de óculos de lentes grossas e aros pretos. Há, também, alguns bilhetes de dólares, recibos de pagamento, a certidão de óbito, cartas em árabe e em português, passaportes e cartões de visita, que indicam: "Doutor Jamil Almansur Haddad". O espólio também conta com ao menos três manuscritos de livros inéditos, sendo um deles uma tradução de poemas de Paul Verlaine, além de textos soltos sobre assuntos variados.

Marcado por paradoxos e no rastro do imaginário criado pelos poetas da imigração libanesa, onde palmeiras, cedros, as saudades e a questão Palestina ocupam lugar de destaque, Jamil publicou sete livros de poesia; é autor da primeira tradução integral ao português de *As Flores do Mal*, de Charles Baudelaire; introduziu as obras do Marquês de Sade no Brasil, quando o autor maldito ainda era proibido de ser vendido nas livrarias francesas; e propôs novas leituras da poesia romântica de Castro Alves e Álvares de Azevedo, assim como dos discursos do Padre Antônio Vieira. Não escreveu em árabe, porém, nem falou de nostalgia ou de mascates e, apesar de não integrar os grupos literários criados por imigrantes intelectuais vindos do Líbano e da Síria, atuou como tradutor para o português de algumas de suas obras e circulou entre seus ambientes. Mesmo com um sobrenome "pomposo", foi, nas palavras do escritor paulistano Oswald de Andrade, o "único 'turco' pobre de São Paulo". No final da vida, reivindicou a França como sua mãe literária, criticou escritores e poetas modernistas, defendeu o movimento Barroco e comprou brigas com autores laureados. Era filho de uma jornalista libanesa que editava um jornal feminista na cidade de São Paulo. Jamil afirmava não gostar de poesia engajada, enquanto ele próprio foi autor de versos políticos. Ao defender versificações tradicionais e cultuar ideais românticos, como a idealização da mulher, manteve-se conservador em áreas nas quais as correntes vanguardistas exigiam ruptura. Porém, foi paradoxalmente vanguardista ao tentar romper tabus médicos, literários e políticos, exaltar uma lírica erótica, investir em um ideal poético transnacional e usar tratamentos não ortodoxos em seu consultório médico. Outro elemento paradoxal que permeia sua trajetória se relaciona às suas origens libanesas. Nos anos 1930 a 1950, Jamil poetizou o Oriente apoiando-se em uma visão exotizada da cultura dos antepassados.

Tão importante quanto a proximidade dos autores de origem árabe que se estabeleceram no Brasil, Jamil desempenhou papel central nos meios intelectuais brasileiros nas décadas de 1940 a 1950, ao atuar como colaborador habitual na imprensa e publicar pelas grandes editoras do país, como Saraiva, Record, José Olympio e Brasiliense. Escreveu dez livros de poesia (sete publicados), fez mais de trinta traduções de autores do francês, árabe e inglês para o português e elaborou ao menos vinte antologias, além de inúmeros estudos críticos e ensaios. Foi, por curto período de tempo, presidente do Clube de Poesia, instituição criada pelos poetas da Geração de 45.

Apesar dessa centralidade, a trajetória de Jamil foi marcada pela dificuldade dos críticos de entenderem e classificarem sua produção poética – tanto em relação aos movimentos brasileiros quanto às suas raízes libanesas. Dessa maneira, intelectuais como Antonio Candido, Alfredo Bosi ou Sérgio Milliet destacaram o trabalho que ele fez como ensaísta, crítico e tradutor. No entanto, pouco se refletiu a respeito de sua lírica, que, quando mencionada, foi com frequência taxada de verborrágica e inclassificável. Jamil foi vigiado pela polícia política desde os anos 1940 e, no final da vida, tinha convívio diário com poucas pessoas – muitas delas hoje já mortas.

Passados mais de cem anos do seu nascimento e mais de trinta desde que editou seu último livro, encontramos poucas citações recentes sobre sua obra, tanto em livros de história literária como em ensaios publicados em jornais. Em 1999, a pesquisadora Clémence Marie Chantal Jouët-Pastré analisou, em sua tese de doutorado, a tradução das *Flores do Mal* feita por Jamil[1], enquanto Miriam Namur, em sua dissertação de mestrado de 2007, estudou a forma como o poeta retrata as mulheres na poesia[2].

1. Clémence Marie Chantal Jouët-Pastré, *Jogos de Poder nas Traduções Brasileiras das Flores do Mal*, Tese de Doutorado, São Paulo, Faculdade de Filosofia, Letras e Ciências Humanas, Universidade de São Paulo, 1999.
2. Miriam Namur, *Sincretismo Cultural sob a Óptica de Gênero e Imagens de Mulher na Literatura Árabe-Brasileira*, Dissertação de Mestrado, Ponta Grossa, Universidade Estadual de Ponta Grossa, 2007.

Imersa no imaginário sobre a imigração árabe ao Brasil – assunto que estudei durante mestrado defendido na Universidade de Barcelona em 2009[3] – eu me deparei com a obra de Jamil e com as contradições que ela suscita. Intrigada com o fato de haver poucos estudos a seu respeito, apesar de sua extensão e da posição significativa que o poeta ocupou no meio literário, levantei aspectos de sua biografia e procurei identificar suas obras publicadas e inéditas, por meio de buscas em bases de dados de jornais, revistas e periódicos, bibliotecas, acervos particulares, sebos, no espólio e na internet. Sua produção literária não tinha sido mapeada até o momento e o conhecimento geral sobre como havia sido sua vida se restringia a alguns fatos anedóticos. Por isso, cada novo objeto encontrado nessas bases de dados – fossem livros, manuscritos, fotos, cartas ou resenhas críticas – revelavam uma faceta desconhecida do autor. Ao mesmo tempo que me deixavam dia a dia mais intrigada, essas descobertas também apresentavam cada vez mais desafios à minha intenção de escrever um ensaio biográfico sobre ele. Como descrever e analisar pela primeira vez a trajetória de um autor que foi constantemente taxado de incoerente e "fora de lugar"? Por qual aspecto de sua poesia começar a contar essa história? A que características dar atenção nesse processo de reconstrução de um percurso? Se, como afirma o célebre poeta norte-americano T. S. Eliot, a crítica literária funciona como uma bolsa de valores em constante flutuação[4], como situar no tempo e no espaço e abarcar a trajetória de um autor com produção heterodoxa, que se recusava a dar explicações sobre sua lírica, não aderiu totalmente aos movimentos literários brasileiros ou aos poetas da imigração árabe – mesmo tendo sido influenciado por algumas tendências – e que, enquanto viveu, suscitou interpretações críticas paradoxais?

Com a pesquisa concluída sobre os livros que ele publicou e escreveu, foi necessário, em primeiro lugar, buscar exemplos metodológicos sobre como mapear trajetórias intelectuais de outros autores tidos como "contraditórios".

Ao tomar como exemplo um caso limite de escritor marcado com o "selo da estranheza", a crítica literária Leyla Perrone-Moisés considera que os obje-

---

3. Christina Stephano de Queiroz, *Un diálogo imaginado – Visiones del amor, de la memória y de la palabra*, Barcelona, Universidad de Barcelona, 2009.
4. T. S. Eliot, *De Poesia e Poetas*, São Paulo, Brasiliense, 1991, p. 69.

tos capazes de desnortear a apreciação da crítica são privilegiados, justamente por evidenciarem as limitações de determinados tipos de interpretação. Nesse caminho, ela analisa a trajetória de leitura crítica do uruguaio Isidore Ducasse, o Conde de Lautréamont, feita durante cem anos, lembrando que o poeta morreu deixando somente três certificados – de nascimento, batismo e morte – além de escassos documentos que permitem acompanhar sua biografia[5]. De acordo com Perrone-Moisés, a falta de documentação e a estranheza causada pela obra do Conde levaram os críticos a diferentes atos falhos. Assim, enquanto os críticos românticos registraram sua originalidade, os simbolistas tentaram aproximá-lo de poetas malditos como Charles Baudelaire e Arthur Rimbaud e os existencialistas, como Albert Camus, denunciaram o seu niilismo. Outros atacaram a obra, porque ela não correspondia aos ideais morais e estéticos da época, enquanto os surrealistas mitificaram a figura do Conde. Condenado, taxado de louco ou idealizado, as correntes de leitura reconheceram o caráter original do autor, mas não conseguiram identificar os elementos constituintes dessa originalidade.

Em resposta aos posicionamentos críticos detalhados no livro, Perrone-Moisés concorda que o Conde foi poeta do mal, porém de modo distinto dos outros malditos como Baudelaire, que traçavam uma linha de oposição clara entre o bem cristão e o mal. Diferentemente deles, Lautréamont suprime esse antagonismo[6], de maneira que os limites entre um e outro deixam de ser tão evidentes. Isso significa que, ao refletir sobre poetas "marcados com o selo da estranheza", ou que evoquem interpretações paradoxais, é preciso ter em mente sua autossuficiência e sua dinâmica própria de significação.

Em um esforço crítico similar, a pesquisadora Maria Helena Werneck, em *O Homem Encadernado*[7], analisa as biografias intelectuais de Machado de Assis que têm sido elaboradas desde a morte do escritor. Uma delas, escrita nos anos 1940 por Augusto Meyer – diretor do Instituto Nacional do Livro durante cerca de trinta anos – faz um retrato psicológico do autor mediado pela sua literatura. Meyer defendeu que Machado transformou a

5. Leyla Perrone-Moisés, *A Falência da Crítica – Um Caso Limite: Lautréamont*, São Paulo, Perspectiva, 1973.
6. *Idem*, p. 120.
7. Maria Helena Werneck, *O Homem Encadernado*. Rio de Janeiro, EduERJ, 1996.

epilepsia em força criadora e considerou que um dos personagens dos seus livros – Brás Cubas – é uma "máscara afivelada ao rosto de Machado de Assis"[8]. Outras biografias de Machado da década de 1930 sustentavam que o *Memorial de Aires* é um livro autobiográfico por ter sido escrito na forma de um diário. Werneck discorda dessa ideia, ao defender que a obra não é uma autobiografia, apesar de refletir um momento específico da vida do autor quando ele trocava cartas com intelectuais e familiares[9].

A partir dessas análises das obras de Lautréamont e Machado de Assis, olhei para a composição da trajetória lírica de Jamil e observei que de fato ela é marcada por antíteses: ausência e presença na cena literária; idealismo político e antinacionalismo; subversão e apreço às versificações tradicionais; versos eróticos e passadistas. Da mesma maneira que as autoras, levamos em conta a crítica de contemporâneos como ponto de partida para reconstruir o percurso intelectual de Jamil e notamos como essas apreciações também foram, em muitos momentos, paradoxais e contraditórias. Essas leituras parecem ter levado sua poesia, ao mesmo tempo, em direção ao futuro e ao passado, por confirmarem que o poeta se valeu das conquistas estéticas da Modernidade mas, também, se apoiou em ideais literários considerados ultrapassados. Com isso, em muitos momentos, seu tempo poético foi tido como anacrônico.

Além de análises de críticos contemporâneos a Jamil, outro norte metodológico ao processo de reconstrução de sua trajetória foram os estudos sobre biografias intelectuais. Nesse universo, o livro *O Desafio Biográfico: Escrever uma Vida*, de François Dosse, defende a busca dos pontos de articulação entre a vida e a obra: "o desafio é pensar juntos os dois fenômenos evitando reduzir uma dimensão à outra"[10]. Ideia que equivale à noção das "pontes metafóricas" da crítica literária Eneida Maria de Souza e que sugere a construção de elos entre o fato e a ficção. Segundo ela, isso permite "interpretar a literatura para além dos seus limites intrínsecos"[11]. Souza afirma que as produções ficcional e documental do autor biografado – incluindo

---

8. *Idem*, p. 150.
9. *Idem*, p. 236.
10. François Dosse, *O Desafio Biográfico: Escrever uma Vida*, São Paulo, Edusp, 2009, p. 385.
11. Eneida Maria de Souza, *Crítica Cult*, Belo Horizonte, Editora UFMG, 2002, p. 111.

cartas, depoimentos, ensaios e crítica – devem ser consideradas no trabalho de análise da obra, ampliando o leque de relações culturais que envolvem a trajetória do sujeito literário. No entanto, isso significa que a experiência de vida do escritor deve se integrar aos seus textos de ficção como representação do vivido e não como reflexo direto e literal dos fatos[12].

Com as premissas metodológicas identificadas em Dosse e Souza no horizonte, olhamos a vida de Jamil e colocamos as vertentes da sua produção em paralelo. Observamos, então, a emergência recorrente de certos assuntos em sua vida, poesia e análises críticas, entre eles o imaginário exotizado da cultura árabe e islâmica; questões relacionadas ao Barroco literário e a aspectos profanos dos autores que ele analisou.

Em busca de referências para compreender as relações entre a vida, trabalho crítico e a poesia de Jamil, recorremos a teóricos que refletiram a respeito desse trânsito, entre eles o crítico norte-americano Ezra Pound, que discute a dinâmica das influências no universo atemporal da poesia. Pound divide e classifica os tipos de escritores, estabelecendo a categoria dos inventores, que são autores que descobriram um novo processo lírico ou cuja obra nos dá o primeiro exemplo conhecido desse processo[13]. Segundo essa teoria, há também a categoria dos mestres, que inclui os escritores que usaram e melhoraram os processos criados pelos inventores. Por isso, Pound argumenta que os primeiros trabalhos poéticos de um autor sempre são parecidos aos que ele já ouviu ou leu e que a reinvenção das influências se aprimora com o desenvolvimento da experiência lírica[14]. No mesmo caminho, Eneida Maria de Souza explica que é preciso considerar os encontros imaginários, as coincidências ideológicas e experiências biográficas na análise da obra literária. Isso significa que situações da própria vida do autor, ao serem mediadas pela memória, podem ser "lidas" como texto, como uma história a mais em seu repertório mental. Assim, mais do que o diálogo entre textos, essa abordagem interdisciplinar prevê o trânsito entre elementos da vida, da obra de outros poetas e escritores; de aspectos relativos ao narrador lírico; e da história das nações ou sociedade que o au-

12. *Idem*, p. 119.
13. Ezra Pound, ABC *da Literatura*, São Paulo, Cultrix, 1970, pp. 10-11.
14. *Idem*, p. 46.

tor conheceu, seja pessoalmente ou mediado pela literatura. O trânsito da vida para o texto literário também pode acontecer na direção contrária, ou seja, a memória pode transformar situações lidas em experiência vivida, o que Souza denomina "efeito de memória falsa"[15].

O próprio Jamil, em suas análises críticas, entre elas nos estudos sobre Castro Alves, Álvares de Azevedo, Marquês de Sade e Padre Antônio Vieira, privilegiou a ideia dessas interferências recíprocas e atemporais no universo da literatura, de maneira a também sugerir caminhos que me ajudaram a traçar sua própria trajetória.

A partir dessas leituras, definimos que aspectos do seu caminho poético podem ser reconstruídos a partir dos *leitmotivs* recorrentes de suas traduções e ensaios e que seus estudos críticos apontam rumos para os quais sua poesia fluiu. E, assim como seus versos, seus interesses como crítico e tradutor também foram, muitas vezes, taxados de incoerentes e contraditórios. Jamil, inclusive, apelou ao direito à incoerência para fazer fluir sua verve poética, como uma espécie de insubordinação às leis que regiam o universo da literatura naquele tempo.

Com esse livro, elaboramos um ensaio biográfico sobre Jamil repleto de desvios e projetos inacabados. Diante de uma produção literária aparentemente desconexa e incoerente, encontramos pontos de interseção entre seu trabalho como crítico e tradutor e sua produção poética. No entanto, a ideia aqui não foi abarcar todas as facetas de suas personalidades literárias e de sua biografia, mas sim acompanhar o desenvolvimento de certos aspectos-chave no decorrer de seu caminho poético.

Por meio do conceito de "biografema", Roland Barthes, no célebre livro *A Câmara Clara*, defende a importância dos pequenos fragmentos para mostrar aspectos de uma existência. Barthes conta como, tempos após a morte da sua mãe, buscou reencontrá-la remexendo em fotografias. Com imagens recentes e antigas nas mãos, o autor observou a mãe ressurgir nas fotos em que podia observar:

[...] os objetos que ela tinha sobre sua comida, uma caixa de pó de arroz de marfim (eu gostava do ruído da tampa), um frasco de cristal visitado, ou ainda

15. Eneida Maria de Souza, *Crítica Cult*, p. 120.

uma cadeira baixa que hoje tenho perto de minha cama, ou ainda os tecidos de ráfia que ela dispunha sobre o sofá, as grandes sacolas de que ela gostava [...][16].

Com isso, para o autor francês, a essência da mãe não emerge de imagens realistas, mas sim quando uma particularidade da vida dela – presente em alguma fotografia – toca a sua emoção. Por isso, ele a reencontra não em fotos recentes, mas em uma foto de quando ela tinha apenas cinco anos:

Nessa imagem de menina eu via a bondade que de imediato e para sempre havia formado o seu ser, sem que ela a recebesse de ninguém. [...] Essa circunstância extrema e particular, tão abstrata em relação a uma imagem, estava, no entanto, presente na face que ela tinha na fotografia que eu acabava de encontrar[17].

Assim, Barthes identifica um traço essencial da personalidade materna em uma foto de quando ela era criança e a reencontra em objetos singelos que fizeram parte do seu cotidiano. E esses detalhes que emergem das fotografias e que tocam a subjetividade do autor são denominados *punctum*, conceito central ao entendimento da ideia de "biografema" proposta pelo autor francês. De acordo com essa proposta, as trajetórias de vida podem ser recompostas por meio de detalhes, fragmentos e gestos, que são enfocados conforme a relação que estabelecem com a subjetividade de quem escreve. Então, conforme essa concepção, o gênero biográfico deve ser entendido como capaz de espelhar uma realidade a respeito de um sujeito, mas sem ter a ambição de oferecer a verdade sobre o mesmo. Por causa disso, Pierre Bourdieu concebe as biografias como criações artificiais de sentido por parte dos biógrafos, que não podem tentar explicar uma vida como se ela fosse uma série única e totalizante de acontecimentos sucessivos "sem outro vínculo que não a associação a um sujeito, cuja constância certamente não é senão aquela de um nome próprio"[18]. Ao não expressarem a realidade e sim uma visão de mundo tributária da subjetividade do biógrafo, Bourdieu afirma que as biografias geram efeito de "ilusão biográfica". Por esse motivo, ele destitui o gênero de um

16. Roland Barthes, *A Câmara Clara*, Rio de Janeiro, Nova Fronteira, 1984, p. 97.
17. *Idem*, pp. 101-102.
18. Pierre Bourdieu, "A Ilusão Biográfica", *Usos e Abusos da História Oral*, Rio de Janeiro, Editora FGV, 1998, p. 189.

compromisso com a realidade, ideia que é contestada por Dosse, quando ele opina que apesar de situar-se entre a história e a ficção e apresentar caráter artístico – e não científico – esse tipo de narrativa é capaz de reconstruir universos reais. Para Dosse, o biógrafo não deve buscar a verdade, mas sim criar traços humanos nos seus retratos: "não importa se o personagem é grande ou pequeno, pobre ou rico, inteligente ou medíocre, honesto ou criminoso – todo indivíduo só vale por aquilo que o singulariza"[19].

A trajetória intelectual enfocada nesse livro começou a ser descrita a partir de meu interesse pela imigração sírio-libanesa ao Brasil, que floresceu em um momento no qual eu vivia sob a condição de estrangeira na Espanha. De volta a São Paulo, no doutorado, ao me deparar com a figura de Jamil, fui atraída pela condição de "deslocado" à qual ele foi relegado por alguns críticos. A partir desse interesse, comecei a refletir sobre sua trajetória, preocupada em contextualizá-la conforme o universo dos imigrantes árabes no Brasil e apoiada, em um primeiro momento, em estudos que analisaram aspectos culturais e históricos desse processo, entre eles os livros editados pela Casa Árabe de Madrid: *Contribuciones Árabes a las Identidades Iberoamericanas*[20] e *Los Árabes en América Latina: Historia de una Emigración*[21], além de *Influencia Árabe en las Letras Iberoamericanas*, de Sergio Macías Brevis[22]. Em linhas gerais, as obras defendem que esse fluxo imigratório tem ocupado espaço secundário no universo acadêmico dos países latino-americanos, que tendem a enfatizar a influência de imigrações europeias, como a italiana, a espanhola e a portuguesa, na formação das identidades locais. No âmbito cultural, esses estudos apontam que os árabes imigrados cometeram "suicídio" e passaram por um processo de ruptura com os antepassados ao mesmo tempo que "el sentimiento de pertenecer a un pueblo, una ciudad o incluso a un país dejó lugar a un sentimiento de pertenecer a una religión universal"[23], que pode ser tanto a cristã como a muçulmana.

19. François Dosse, *O Desafio Biográfico: Escrever uma Vida*, p. 57.
20. Lorenzo Agar *et al.*, *Contribuciones Árabes a las Identidades Iberoamericanas*, Madrid, Casa Árabe-IEAM, 2009.
21. Abdeluahed Akmir (coord.), *Los Árabes en América Latina*, Madrid, Siglo xxi, 2009.
22. Sergio Macías Brevis, *Influencia Árabe en las Letras Iberoamericana*, Sevilla, Fundación Caja Rural del Sur/Universidad Internacional de Andalucía, 2009.
23. Abdeluahed Akmir (coord.), *Los Árabes en América Latina*, p. 36.

Apesar de Jamil não ter sido um imigrante, a condição de "pária" aparece simbolicamente em diferentes momentos de sua vida e também no seu percurso literário, de maneira que decidi desenvolver um ensaio biográfico desde essa perspectiva específica. Philippe Lejeune em *O Pacto Autobiográfico: De Rosseau à Internet* observa que o trabalho do pesquisador é construir um objeto que é apenas um dos possíveis de serem construídos e que seu desafio é menos "traçar limites do que identificar um centro. [...] Ele [o centro] 'regula' sua percepção do campo literário focalizando tal ou tal elemento organizador"[24].

No Brasil, em um ambiente no qual os intelectuais estavam em busca da conformação da verdadeira identidade literária nacional, o elemento "estrangeiro" funcionou como motor à criatividade poética de Jamil, mas também colaborou com a estranheza que a sua lírica causou. Ele foi chamado de "turco" desde a infância e sua poesia chegou a ser lida como "oriental" pelos críticos, apesar de ser escrita em português. Por outro lado, Jamil explorou esse aspecto "exótico" desde seu primeiro livro, *Alkamar, a Minha Amante*, que remete a um imaginário repleto de beduínas e palmeiras. No decorrer de sua trajetória, observaremos como a ideia de "ser estrangeiro" persistiu e se modificou.

Neste ensaio biográfico, a reconstrução da sua trajetória será feita em três partes, cada uma delas com três capítulos. Centrada no período que consideramos os anos de formação de Jamil, ou seja, de 1935 a 1950, a Parte I conta a história da imigração dos seus pais ao Brasil no início do século XX e sua entrada na Faculdade de Medicina. Em linhas gerais, a redação dessa parte foi feita com base em material histórico sobre a imigração, jornais da época, entrevistas de Jamil, em depoimentos de familiares e também em documentos do Museu Histórico Carlos da Silva Lacaz, da Faculdade de Medicina da Universidade de São Paulo. A seguir, mostramos os primeiros passos do seu percurso literário, com a publicação dos livros de poemas *Alkamar, a Minha Amante*[25] e *Orações Negras*[26]; a elaboração da tese *Ro-*

24. Philippe Lejeune, *O Pacto Autobiográfico: De Rousseau à Internet*, Belo Horizonte, Editora UFMG, 2008, p. 16.

25. Jamil Almansur Haddad, *Alkamar, a Minha Amante*, São Paulo, Livraria Editora Record, 1935.

26. Jamil Almansur Haddad, *Orações Negras*, São Paulo, Livraria Editora Record, 1939.

mantismo Brasileiro e as Sociedades Secretas do Tempo[27] – que, mais tarde, deu origem ao livro *Álvares de Azevedo, a Maçonaria e a Dança*[28] – além de artigos de jornais. A reconstrução desse período da vida de Jamil se apoiou, principalmente, nos jornais da época, que davam conta de acompanhar sua trajetória, além de livros e antologias produzidas por intelectuais relacionados à Geração de 45. A primeira parte também se centra no desenvolvimento dos poemários *Poemas: Orações Roxas, Novas Orações Negras, Orações Vermelhas*[29] e *Primavera na Flandres*[30]; de ensaios da década de 1960 – "Sade e o Brasil"[31] e "Introdução a Vieira"[32] – cujos embriões foram formulados em textos publicados em jornais nos anos 1940 e 1950. Aqui, jornais da época também foram o eixo central para a reconstrução do percurso intelectual do poeta.

A Parte II do livro abarca sua produção literária da década de 1950, com a qual ele obteve certo reconhecimento entre os críticos literários. Dessa maneira, consideramos o livro *A Lua do Remorso*[33], publicado em 1951, um ponto de inflexão em sua trajetória poética e bem como em sua biografia. Assim, relatamos a morte de Sada e acompanhamos a trajetória do poeta a partir da visão dos críticos que, naquela época, publicaram quantidade significativa de resenhas a respeito do seu trabalho. Também descrevemos o primeiro casamento do autor, bem como sua viagem com a esposa ao Oriente Médio, quando visitou pela primeira vez a região dos antepassados. Nesta segunda parte, um dos principais pontos usados para reconstruir a trajetória de Jamil foram as memórias da esposa Helena Silveira, publicadas em dois livros e também

27. Jamil Almansur Haddad, *Romantismo Brasileiro e as Sociedades Secretas do Tempo*, Tese de Concurso, São Paulo, 1945. Disponível na Biblioteca da Faculdade de Filosofia, Letras e Ciências Humanas da Universidade de São Paulo, código 721299.
28. Jamil Almansur Haddad, *Álvares de Azevedo, a Maçonaria e a Dança*, São Paulo, Conselho Estadual de Cultura, Comissão de Literatura, 1960.
29. Jamil Almansur Haddad, *Poemas: Orações Roxas, Novas Orações Negras, Orações Vermelhas*, São Paulo, Edições Cultura, 1943.
30. Jamil Almansur Haddad, *Primavera na Flandres*, São Paulo, A Bolsa do Livro Editora, 1948.
31. Jamil Almansur Haddad, "Sade e o Brasil", em Marquês de Sade, *Novelas do Marquês de Sade e um Estudo de Simone de Beauvoir*, São Paulo, Difel, 1961.
32. Jamil Almansur Haddad, "Introdução a Vieira", em Padre Antônio Vieira, *Os Sermões*, São Paulo, Difel, 1968 (Clássicos Garnier).
33. Jamil Almansur Haddad, *A Lua do Remorso*, São Paulo, Livraria Martins Editora, 1951.

em jornais da época, na medida em que ela era colunista social do jornal *Folha da Manhã*. Com isso, em linhas gerais, essa parte reflete a visão que Helena tinha de Jamil. Posteriormente à Helena, o poeta teve como companheira durante dez anos a poetisa Lúcia Ribeiro da Silva, relação sobre a qual encontramos poucos registros, muitos dos quais não couberam no escopo desta pesquisa por não estabelecerem relações com os aspectos do percurso intelectual do poeta em que nos centramos.

Já a Parte III abarca um movimento no qual Jamil sai da consagração alcançada na década de 1950 e chega até uma situação de isolamento, no final da vida. Então, descrevemos o momento de publicação do livro declaradamente político *Romanceiro Cubano*[34] e da redação do inédito *Sonetos do Artífice*, escrito em meados de 1961. Deixamos de lado comentários sobre o livro *Romance do Rio da Guarda ou o Governador e os Mendigos*[35]. Para reconstituir essa etapa, nos apoiamos em arquivos armazenados no Departamento de Ordem Política e Social (Dops), no material do espólio, em entrevistas publicadas em jornais da época e em conversas com familiares e amigos. Na última parte descrevemos, ainda, a atuação de Jamil como crítico literário na década de 1960, principalmente a partir do livro de ensaios *Literatura e Mistificação*[36] e dos textos "Introdução a Vieira" e "Sade e o Brasil", publicados em antologias. Nesse período da vida, o poeta empreende um movimento de isolamento em relação aos meios médico e literário, de maneira que o acesso ao material do espólio foi crucial para trabalhar essa etapa da sua vida. Além disso, entrevistas com a sanitarista Sônia Alvim, a última companheira do poeta, e com familiares, também colaboraram com o processo. As páginas finais se centram no momento de publicação do derradeiro poemário de Jamil, *Aviso aos Navegantes ou a Bala Adormecida no Bosque*, que ganhou uma versão francesa[37] antes de sair por uma editora

34. Jamil Almansur Haddad, *Romanceiro Cubano*, São Paulo, Brasiliense, 1960.
35. Jamil Almansur Haddad, *Romance do Rio da Guarda ou O Governador e os Mendigos*, São Paulo, Fulgor, 1963.
36. Jamil Almansur Haddad, *Literatura e Mistificação*, São Paulo, Empresa Jornalística p. n., 1967.
37. Jamil Almansur Haddad, *Avis aux Navigateurs: Le Premier Livre des Sourates*, Paris, Librairie François Maspero, 1977.

brasileira[38]. Para essa última parte, os jornais de época foram de grande utilidade, porque voltaram a noticiar as atividades literárias de Jamil por conta do lançamento do livro e, mais tarde, também para anunciar sua morte. O material do espólio e depoimentos de amigos e familiares também foram importantes ao processo de reconstrução desse período.

Por fim, a seleção de poemas reproduz integralmente os poemas citados ao longo do ensaio biográfico, incluindo os inéditos *Sonetos do Artífice*, obra não publicada encontrada no espólio do poeta. Toda a bibliografia de Jamil identificada durante a pesquisa pode ser consultada ao final deste livro.

Ao longo de todo o livro foram usados trechos de uma longa entrevista concedida por Jamil ao jornalista curitibano Aramis Villarch. Os capítulos foram elaborados a partir de uma ponte metodológica entre o Jornalismo e as Letras, já que se valeram de livros teóricos e históricos, mas também de entrevistas realizadas com pessoas que foram próximas ao poeta. Também há momentos em que faço análise de poemas, de modo que o texto se aproxima de um ensaio interpretativo, enquanto em outros momentos o caminho da redação fica mais próximo ao de uma biografia. Com isso, este livro envolve um modelo misto de ensaio interpretativo e biografia intelectual.

---

38. Jamil Almansur Haddad, *Aviso aos Navegantes ou A Bala Adormecida no Bosque: O Primeiro Livro das Suratas*, São Paulo, Livraria Editora Ciências Humanas, 1980.

Parte I
A Lua do Oriente
1914–1950

———

Capítulo 1

As Memórias da Imigração e o Universo da Medicina

Baila, beduína, baila! Aos meus olhos fulguras
em luas, entre as folhas, um suspiro de quem se apaixona!
Dançam, flutuando à brisa, os teus cachos desnastros...
Que dança e que esplendor! Teu corpo que flexiona,
todo clareado, miracular,
me dá a sensação de incrível dança dos astros!
E arde,
flamescente e imortal, como Vésper à tarde,
a lua profunda, verde-mar,
de teu olhar.

O teu bailado alado não se cansa...
E o teu olhar é inquieto... E também dança
como se acaso o próprio Véspero dançasse...

Baila, beduína, baila! E em teu regiro audace,
a tua carne esplenda
como um dia esplendeu a Salomé da lenda,
sem um receio... sem um pudor...

De alegria eu já danço uma dança interior...
O teu ritmo é agitado, férico e incomum!
Brada em tua pavana o ímpeto do simun!

No teu corpo, menina, há irisações de argento...
O luar luariza... O teu corpo cintila...
E há uma farândula intranquila,
feita de calefrio e movimento,
na corola turgente e clara de teu seio...

Mas enfim cais ao chão, tal é a tontura...
E em teu redor a terra gira... E tu dormes, sonhando
que a terra é igual a ti na diabrura...
Dormes... Sonhas que a terra está dançando!

E ao fim da dançagem que seduzes e entorpeces,
tendo ao meu peito os teus ouvidos, adormeces...
E, bailadeira, tu te embalas e consolas
com a terníssima, a suavíssima ilusão
de que o pulsar fremente de meu coração
é um eco a esmaecer tuas castanholas...[1]

A personagem deste poema de Jamil Almansur Haddad é um corpo que arde ao clarão da lua, uma beduína que dança em êxtase até cair de tontura. Impetuosa e sem pudor, mostra um seio nu. A bailarina exótica se movimenta ao ar livre, enquanto um homem a observa, estático. A dança delirante evoca uma cena de sexo, dominada por uma figura feminina, que é responsável por ditar o ritmo dos movimentos. Adormecida depois das "diabruras", escuta o coração do amante que bate como um tambor. Sonha que ainda dança. Apesar de começar ao entardecer e terminar em um ambiente noturno, à luz da lua, os versos se desdobram em metáforas candentes – um corpo flexionado e astros que dançam em um ritmo agitado e feérico. Os movimentos da beduína são impetuosos e mostram

---

1. Jamil Almansur Haddad, "Baila, Beduína, Baila", *Poemas: Orações Roxas, Novas Orações Negras, Orações Vermelhas*, p. 159.

uma explosão de vida, mas sua imagem não deixa de ser fantasmagórica, "flamescente e imortal". A bailarina, romântica e provocativa, emerge como uma aparição e a emoção do poeta transborda em adjetivos.

Ao evocar o universo "oriental" por meio da figura da beduína sensual, o poeta se vale de um estereótipo e sobrecarrega seu imaginário lírico de fantasia e exotismo, por meio de um processo de criação artificial de sentido. César Aira define o exotismo como a feitichização da nacionalidade e lembra que estereótipos da "Arábia" são usados para que determinado imaginário poético seja reconhecido como pertencente a essa identidade nacional pelos leitores[2].

"Baila, Beduína, Baila" está em um livro publicado por Jamil em 1943, em meio à Segunda Guerra Mundial e ao Estado Novo. Nessa época, o país não lidava bem com certos fluxos de imigrantes, possuindo políticas que restringiam a chegada de determinados estrangeiros[3], e ainda não dispunha de leis voltadas às questões raciais. No âmbito literário, o Brasil empreendia uma busca para definir sua genuína identidade nacional. Nesse contexto, os versos desse poema e seu elemento orientalista[4] se localizam em uma

2. César Aira, "El Exotismo", *Boletín del Centro de Estudios de Teoría y Crítica Literaria*, Universidad de Rosario, n. 3, pp. 73-79, 1993.
3. Em entrevista feita em agosto de 2016 para uma reportagem de minha autoria sobre a imigração italiana e que foi publicada na revista *Pesquisa Fapesp*, Maria Luiza Tucci Carneiro, docente no Departamento de História da Universidade de São Paulo, afirmou que fluxos de imigrantes não identificados às ideias de raça branca, católica ou trabalhadora – como os casos dos japoneses, negros e judeus – enfrentaram dificuldades severas para se integrar à sociedade brasileira.
4. No campo artístico o termo "orientalista" faz referência aos estudiosos dos povos orientais e se aplica, também, aos trabalhos de pintores ocidentais que retrataram o mundo oriental. As pinturas orientalistas começaram a se proliferar a partir do século XIX, quando artistas europeus viajavam a regiões do Levante, do Norte da África, da Península Arábica, da Pérsia e da Índia, bem como revisitavam o passado árabe da Espanha e as relações históricas de Veneza com Constantinopla. No âmbito das artes, o Orientalismo não é considerado uma escola e diz respeito a uma iconografia e não necessariamente a um estilo, envolvendo características como: "Colorées, inondées de soleil, étranges, cruelles, tendres ou documentaires, elles nous charment et nous fascinent. [...] Chacune a son histoire à raconter, de voyage et d'aventure, de visions et de coutumes disparues à jamais, de la graduelle levée du voile de mythe et de mystère qui racouvrait l'Orient, et des grisantes découverts de l'exotisme par des Occidentaux habitués à grisaille des villes industrialisées du Nord" (Lynne Thornton, *Les Orientalistes: Peitres Voyageurs*, Paris, ACR Édition Poche Couleur, 1993, p. 5).

encruzilhada perigosa, na medida em que não casam com a definição de nacional proposta para o país e, ao mesmo tempo, evocam elementos estrangeiros que ainda não eram bem aceitos na sociedade. Aguçado pelo fato de a personagem central ser uma mulher com a sensualidade à flor da pele, o poema ganha um caráter provocativo que também norteará o projeto lírico de Jamil nos próximos anos. Os versos mostram, ainda, tendências de uma lírica grandiloquente e declamatória que lhe valeram a caracterização de "poeta verborrágico".

Nove anos antes da aparição da beduína delirante desse poema, Jamil fora taxado de poeta pornográfico por levar ao título de seu livro de estreia a palavra "amante". À época, ele manifestou incômodo com essa concepção. Leitor de Olavo Bilac, contestou a ideia de que o livro era imoral, argumentando que aqueles eram apenas versos eróticos de um poeta inexperiente. Apesar de afirmar-se magoado pela fama angariada de poeta imoral que o primeiro livro lhe rendeu[5], as personagens femininas sensuais e dominadoras continuaram a povoar seu imaginário poético, potencializando sua veia provocativa. Intencional ou não, esse aspecto provocativo foi retomado em obras seguintes, mesclando-se, muitas vezes, a um tom irônico, que também norteou seu trabalho como crítico literário.

Jamil nasceu em São Paulo, em 1914, mas o "sobrenome pomposo"[6] denota as raízes libanesas da sua família, originária de uma pequena vila situada aos pés do monte Hermon, em uma área que, durante décadas, esteve no epicentro de disputas entre nações do Oriente Médio e potências coloniais: Ebel El Saki. À época em que concebeu essa beduína, Jamil ainda não havia estado no Oriente Médio. Até então, o contato com a cultura libanesa tinha se dado através da literatura, das tradições familiares e do idioma falado pela mãe, Sada Khouri Haddad, que o ensinou tanto o árabe dialetal utilizado naquela região do Líbano como o árabe culto, que ela aprendera na escola.

Estabelecida na província meridional de Nabatieh, que faz fronteira com Israel (antes Palestina), Ebel El Saki era uma vila pacata no final do século XIX. Rodeada por oliveiras milenares, abrigava dois bairros: um de

---

5. Aramis Villarch, *Entrevista com Jamil Almansur Haddad*, 1984 (millarch.org/audio/jamil-almansur-haddad).

6. *Idem.*

maioria cristã e outro onde havia maior quantidade de drusos. Em ambos, prevalecia um clima de tolerância e amizade entre a população e, mais do que isso, uma relação de amizade entre os líderes religiosos[7]. Muitas famílias falavam fluentemente o francês, além do dialeto árabe libanês. A pequena sociedade rural e patriarcal de Ebel El Saki costumava reservar aos homens o direito de estudar, enquanto as mulheres, na maioria dos casos, se ocupavam das tarefas domésticas.

Sada Khouri, que no final do século XIX era uma jovem inquieta, insistiu na ideia de formar-se professora, mesmo sabendo que a vila onde morava sequer contava com escolas de educação básica. Apesar de inserida no contexto de uma sociedade patriarcal, a família valorizou seu desejo de investir nos estudos, providenciando-lhe um burrinho que ela usaria para chegar à escola de uma vila rural próxima. A história da jovem que todo dia ia montada num burro de um povoado a outro para frequentar a escola ficou famosa. Para a população pastoril que habitava a região, era estranho ver uma mulher no lombo de um burro, percorrendo caminhos entre as oliveiras. Mesmo assim, as pessoas viam mérito nessa atitude, e Sada tornou-se querida nos povoados vizinhos. Mais tarde, alguns diriam que ela foi, à sua maneira, uma feminista *avant la lettre*[8].

Formada com ótimo desempenho, a jovem seguiu os estudos em um colégio americano na distante Saida, a velha Sidon fenícia, hoje a terceira maior cidade do Líbano, onde cursou o magistério e ampliou o interesse

7. André Gattaz, *Do Líbano ao Brasil: História Oral de Imigrantes*, Salvador, Editora Pontocom, 2012, p. 118.

8. A referência à mãe de Jamil como uma precursora do movimento feminista apareceu em relatos orais de familiares do poeta e também no livro de memórias escrito por sua primeira mulher (Helena Silveira, *Paisagem e Memória*, Rio de Janeiro/São Paulo, Paz e Terra/Secretaria Municipal de Cultura, 1983, p. 105). No Oriente Médio, o movimento feminista tem seu marco inicial nos primeiros anos do século XX, quando foram registradas as primeiras organizações de mulheres em busca de direitos em países como Líbano, Irã, Egito e Turquia. Essas organizações criaram as primeiras revistas feministas da região entre os anos 1906 e 1925. Como resultado dessas primeiras mobilizações, em 1944, foi realizada a primeira Conferência de Mulheres Árabes no Cairo, Egito, que reivindicava, entre outros pedidos, restrições à poligamia e à prática do divórcio, o direito à educação e o estabelecimento da idade legal para casamento aos dezesseis anos (Lucia Direnberger, "Os Feminismos no Oriente Médio", *Revista Geni*, n. 3, set. 2013).

pela literatura e o jornalismo. Com o diploma de professora em mãos, no retorno, Ebel El Saki pareceu-lhe pequena demais, com oportunidades reduzidas para uma mulher que tinha ambições literárias. Ela começou a traçar planos de viagem, inspirada na história de outras famílias libanesas que partiam às Américas, em busca de melhor qualidade de vida e para fugir dos conflitos decorrentes das disputas geopolíticas na região.

Desde a conquista de Constantinopla pelo sultão Mehmed II em 1453, a presença de minorias religiosas no território do antigo Império Otomano, que predominantemente professava a religião muçulmana, gerou tensões e demandou políticas para garantir a convivência pacífica entre os diferentes grupos. Criada em meados do século XVIII, uma dessas políticas era o sistema de *millets*, que estabelecia comunidades religiosas jurídicas toleradas pelo sultão otomano e significava "a separação de súditos do império por critérios religiosos, sedimentando juridicamente essas comunidades como minorias no interior da estrutura política sunita otomana"[9]. No final do século XIX, com o gradativo enfraquecimento do Império Otomano, as potências coloniais europeias usaram o pretexto de proteger as minorias residentes no território para aumentar a presença direta na região, incitando um plano de reestruturação do Império que beneficiasse seus interesses locais, entre eles o controle naval do Mediterrâneo.

Entre 1840 e 1860, a região do Monte Líbano registrou massacres religiosos por causa das filiações confessionais dos cidadãos, conflitos que foram mais intensos, principalmente, entre os drusos – adeptos do nacionalismo árabe – e os maronitas – grupo cristão que defendia o estabelecimento de um nacionalismo pansírio – em uma época na qual a França apoiava os grupos cristãos: "A sequela direta dos confrontos desse período foi o fim da convivência pacífica tradicional das comunidades confessionais libanesas"[10]. Tais conflitos motivaram a presença cada vez mais intensa da França na região e, como consequência do clima de violência, também houve uma emigração massiva de maronitas em direção às Américas, para fugir dos massacres promovidos pelos drusos.

Apesar de descender de uma família não maronita, Sada sentia o clima de tensão crescer na sua aldeia e decidiu apurar os planos de viagem. Antes de

9. Murilo Meihy, *Os Libaneses*, São Paulo, Contexto, 2016, p. 52.
10. *Idem*, p. 55.

aventurar-se no novo mundo, no entanto, queria se casar com o namorado, Melhen Haddad, que pertencia a uma família tradicional da cidade e cujo patriarca havia sido ferreiro (*haddad*, em árabe)[11]. Então, as famílias organizaram uma festa de bodas e convidaram gente de dezesseis vilas próximas. Entre os itens mais significativos do enxoval, Sada ganhou um armário de madeira maciça talhada de arabescos, fabricado por um artesão local. O objeto passou a ocupar lugar de destaque na decoração da casa para onde se mudaram[12].

Melhen e Sada também financiaram a construção da até então única igreja Greco-Católica Melquita – religião das duas famílias – existente na cidade. Alguns meses depois, fizeram as malas e embarcaram em uma longa viagem de navio, certos de que o destino no Novo Mundo lhes permitiria fazer fortuna. Na mudança, o armário de madeira ficou para trás porque era demasiado grande. Imaginamos que também porque Sada planejava regressar enriquecida ao Líbano, a exemplo de outras famílias libanesas que imigraram às Américas no começo do século com a intenção de retornar ao país de origem, após as disputas territoriais se resolverem na região. Deixou o objeto aos cuidados de uma tia, com a promessa de que seria bem conservado até seu retorno à aldeia.

Sada Khouri Haddad e Melhen Haddad foram apenas dois de muitos outros libaneses que imigraram nos primeiros anos do século xx, motivados pelos conflitos entre os grupos confessionais na região; pelo desprestígio das comunidades árabes no interior das instâncias de poder do Império Otomano; e pela presença, cada vez mais intensa, de nações europeias na região. A crise econômica no setor industrial da seda na região do Monte Líbano foi outro fator que colaborou para a onda de imigração às Américas durante o período[13]. O processo de construção de um imaginário positivo sobre a imigração, que aproximava os cristãos árabes da modernidade

11. Apesar de nem todos os árabes cujo sobrenome é Haddad pertencerem a famílias descendentes de ferreiros, o patriarca da família de Jamil Almansur Haddad ganhava a vida com essa profissão. Em visita a Ebel El Saki, Helena Silveira relatou: "Em frente do edifício construído no século passado, com seu teto rico em pinturas orientais, suas altas janelas árabes, encontram-se as ruínas do que foi a forja de um patriarca Haddad" (Helena Silveira, *Paisagem e Memória*, p. 186).
12. A referência a esse armário aparece em uma carta que Faride, uma das irmãs de Jamil, enviou a ele durante uma visita ao Líbano. Essa carta faz parte do espólio do poeta.
13. Murilo Meihy, *Os Libaneses*, p. 171.

ocidental e vendia a ideia de que, no Ocidente, as oportunidades sociais e econômicas eram melhores do que aquelas oferecidas pelos Otomanos, foi outro fator preponderante ao aumento dos fluxos migratórios. Além disso, a viagem do imperador D. Pedro II à região que atualmente compreende o Líbano, a Síria e a Palestina também contribuiu para a formação desse imaginário positivo, que foi consolidado com a assinatura do Tratado de Amizade, Comércio e Navegação entre o Brasil e o Império Otomano, em 1858, e a abertura de um consulado otomano no Rio de Janeiro, em 1887[14]. No entanto, apesar de D. Pedro II ter registrado em seu diário a vontade de tornar o Brasil conhecido no Oriente Médio, não havia incentivos oficiais para fomentar a imigração da população da zona ao país[15].

Nessa época, potências coloniais, países árabes e o Império Otomano disputavam a região conhecida como Bilad al-Cham ("países da Síria"), que incluía parte dos atuais territórios da Síria, da Palestina e do Líbano. Mais de 70% da população dessa zona era composta por camponeses sem terra e, dos seus setecentos mil habitantes, cerca de 80% eram muçulmanos, 10% cristãos e 8% judeus[16]. Estes, inquietos com o antissemitismo crescente na Europa, pressionavam as potências mundiais a colocarem em prática o projeto sionista de retorno à terra prometida, criado em 1897 pelo vienense Teodoro Herzl e endossado em 1917 pela Declaração de Balfour, carta do então secretário britânico de Assuntos Estrangeiros Arthur James Balfour que prometia facilitar a criação de um Lar Nacional Judeu na Palestina caso a Inglaterra derrotasse o Império Otomano.

Apesar de terem sido maioria os grupos de confissão muçulmana durante o Império Otomano, um censo feito em 1932 mostra que o Líbano foi constituído como uma nação cristã:

O censo foi uma estratégia legal para transformar os maronitas em maioria populacional, repudiando um passado de submissão ao poder político islâmico. A

14. *Idem*, p. 172.
15. Samira Adel Osman, "Mahjar: Imigração Árabe no Brasil entre Mitos, Histórias e Memórias", em André Gattaz e Vanessa Paola Rojas Fernandez (orgs.), *Imigrações e Imigrantes: Reflexões e Experiências*, Salvador, Editora Pontocom, 2015, p. 111.
16. Bernabé López García, *El Mundo Árabo-Islámico: Una História Política*, Madrid, Editorial Síntesis, 1997, p. 142.

memória histórica da população cristã libanesa, em especial a dos maronitas, não tinha como esquecer a segregação social que viveram até a chegada do imperialismo francês e das reformas administrativas otomanas. [...][17]

Assim, Sada Khouri Haddad e Melhen Haddad vieram ao Brasil como parte do movimento imigratório pioneiro de libaneses, que teve início em meados dos anos 1880, ganhou fluxo a partir de 1895 e permaneceu em ascensão até 1913, quando foram registradas as entradas de mais de onze mil imigrantes sírios e libaneses[18] pelo Porto de Santos. Até 1930, o fluxo de chegada desses estrangeiros permaneceu estável. Mas, naquele ano, o governo brasileiro passou a restringir a entrada de imigrantes não europeus e o movimento imigratório de sírios e libaneses perdeu força[19]. Até 1922, os territórios da Síria, Palestina e do Líbano faziam parte do Império Otomano e os imigrantes que aportavam no Brasil vinham munidos de passaportes turcos. Por causa disso, a população local os tratava genericamente como turcos, o que os desagradava, já que muitos deixavam a região de origem para fugir da opressão turco-otomana[20].

Melhen e Sada chegaram a São Paulo em um momento em que imigrantes de diversas partes do mundo colaboravam com o processo de industrialização da cidade. No começo do século XX, o país estava em processo de substituição da mão de obra escrava por força de trabalho assalariada, na tentativa de acomodar sua economia após o declínio da produção de borracha e das crises de superprodução de café.

Diferentemente de outros fluxos migratórios – como o espanhol ou o italiano – os primeiros libaneses a chegarem faziam parte da elite cultural e política do país[21], como era o caso da família Haddad, que, apesar de habitar uma vila pastoril, vivia com boas condições econômicas[22]. Ao se estabelecerem na nova

17. Murilo Meihy, *Os Libaneses*, p. 58.
18. Nessa época, a Síria e o Líbano ainda não existiam como nações. Portanto, o termo "sírio-libanês" designa as pessoas originárias das regiões que, mais tarde, viriam a se tornar a Síria e o Líbano. O Líbano conquistou a independência em 1943, e a Síria, em 1945.
19. André Gattaz, *Do Líbano ao Brasil: História Oral de Imigrantes*, p. 25.
20. Oswaldo Truzzi, *Patrícios: Sírios e Libaneses em São Paulo*, São Paulo, Editora Unesp, 2008, p. 84.
21. Outra diferença em relação aos demais fluxos de imigrantes é que a imigração sírio-libanesa ocorreu predominantemente ao meio urbano (*idem*, p. 19).
22. Conforme entrevistas realizadas entre 2013 e 2015 com familiares de Jamil, entre eles Fernanda Moukdessi, sobrinha-neta do poeta que hoje detém seu espólio.

nação, alguns viajantes costumavam atuar como vendedores ambulantes, ou mascates. Outros eram empregados nos negócios de familiares já imigrados.

Devido aos hábitos culturais, ao idioma e à sociabilidade centrada na própria comunidade, os imigrantes sírios e libaneses eram vistos como portadores de uma diferença a mais, em relação a outros grupos de imigrantes. Por isso, o cientista social Osvaldo Truzzi sustenta que, para se integrarem na sociedade brasileira, esses imigrantes passaram a lutar pela aceitação da sua identidade "diferente"[23]. Nesse contexto, a coletividade procurava associar a sua imagem à do mascate, alimentando a criação do mito que envolvia a figura romântica de um vendedor ambulante incansável que, à maneira dos bandeirantes, se aventurava por zonas inóspitas e ajudava a alargar as fronteiras do Brasil. Escritores imigrantes libaneses ou descendentes – como Assis Féres ou Salim Miguel – também tiveram papel importante no desenvolvimento dessa fabulação, na medida em que se valeram constantemente da figura do mascate em seus projetos literários[24]. Na mitologia que foi criada em torno à figura do caixeiro viajante, os imigrantes árabes percorriam o vasto território brasileiro a pé – ou, no melhor dos casos, montados em burros ou cavalos – para, mais tarde, reunirem dinheiro suficiente para abrir uma pequena loja. A pesquisadora Samira Adel Osman considera que, por causa dessa mitologia, a figura do mascate ancorou um processo de reinvenção do sentimento de arabidade no Brasil, na medida em que os primeiros imigrantes sírios e libaneses eram ligados às aldeias de origem e aos dialetos locais:

A associação entre imigração árabe e a figura do mascate oscila entre a realidade do fato e a construção do mito, tratada como uma trajetória linear de sucesso na qual os imigrantes chegaram pobres, analfabetos e mascates e tornaram-se ricos, letrados e doutores[25].

23. Oswaldo Truzzi, *Patrícios: Sírios e Libaneses em São Paulo*, p. 91.
24. O poema *O Mascate*, publicado em 1970 por Assis Féres, poeta brasileiro descendente de imigrantes libaneses, e o livro *Nur na Escuridão*, do escritor Salim Miguel, são alguns trabalhos construídos com base na figura do mascate.
25. Samira Adel Osman, "Mahjar: Imigração Árabe no Brasil entre Mitos, Histórias e Memórias", p. 121.

Melhen Haddad e Sada Khouri Haddad foram recebidos em São Paulo por familiares que tinham patrimônio estabelecido na cidade. Munidos de capital, propuseram aos recém-chegados a abertura de uma indústria de autopeças. O negócio funcionou bem durante anos, permitindo ao casal construir uma vida confortável no país de acolhida. Então, Sada – que escrevia periodicamente para jornais libaneses – fundou um jornal feminista, voltado à comunidade árabe da cidade. Ela não era a única da família com habilidade para as letras. Tinha, também, um cunhado poeta: Nagib Haddad, irmão de Melhen e figura proeminente entre os intelectuais libaneses de São Paulo.

A vocação literária de Sada e Nagib ecoava os anseios de um movimento comum entre a intelectualidade árabe imigrada. Isso porque a busca por livrar-se do poder Otomano e das potências coloniais também envolvia o desejo de reinventar as formas de expressão literária, deixar de lado os modos arcaicos do discurso e buscar novos temas às narrativas e aos poemas. Essa necessidade motivou o que se conhece como Renascimento Árabe ou *Nahda*, que, para o arabista espanhol Juan Vernet, começara em 1797, com a ocupação napoleônica do Egito[26], embora outros arabistas como o espanhol Bernabé López García determinem que o Renascimento Árabe teve início bem depois, entre 1882 e 1905, quando os árabes efetivamente entraram em contato com a literatura europeia, "adquiriram consciência do próprio valor e se colocaram o problema da sua decadência"[27]. Em especial nos territórios que, mais tarde, formariam o Líbano, esse movimento de renovação teve como marco inicial as criações da Universidade Americana, em 1866, e a Universidade de São José, em 1881, ambas na hoje capital Beirute. Por meio das instituições, se ampliaram o contato e as trocas entre as literaturas da Europa e dos países árabes.

Mesmo estabelecidos do outro lado do planeta, os árabes imigrados às Américas desempenharam papel central nesse processo de renovação. Nesse universo, o célebre escritor Gibran Khalil Gibran (1883-1931) fundou, em 1920, The Pen Association, em Nova York, grupo inspirado pelo Romantismo europeu que motivou a criação de outros similares, tanto no Cairo como no Brasil. No país desde o final do século XIX, poetas e intelectuais

---

26. Juan Vernet, *Literatura Árabe*, Barcelona, El Acantilado, 2002, p. 217.
27. Bernabé López García, *El Mundo Árabo-Islámico: Una Historia Política*, p. 230.

de procedência árabe criaram jornais e ligas literárias, com o propósito de libertar a literatura de entraves e cadeias que oprimiam o seu desenvolvimento, além de estabelecer pontes entre o Oriente Médio e as nações do continente americano[28]. A proliferação das ligas e dos jornais de imigrantes ganhou força entre os anos 1920 e 1930, mas em 1900 essa produção literária era já tão intensa que se falava em literatura árabe no Brasil. Em um dos livros pioneiros no esforço de rastrear a produção desses intelectuais, Jorge S. Safady publicou em 1959 a *Antologia Árabe do Brasil*, na qual levantou uma lista com cerca de quatrocentos escritores e poetas árabes em atividade até meados de 1940[29]. Dentre as poucas mulheres presentes, aparece o nome de Sada Khouri Haddad, que, com seu jornal feminista, se inseriu no movimento de renovação do panorama literário. Além da antologia de Safady, o livro de Slimane Zeghidour, *A Poesia Árabe Moderna e o Brasil*[30], de 1982, também noticiou a produção poética de imigrantes e descendentes, identificando noventa e quatro autores árabes em atividade antes e depois do movimento modernista de 1922.

Em 1908, após poucos anos estabelecidos em São Paulo, em meio ao crescimento das cidades e da população, Melhen e Sada foram surpreendidos pelo colapso econômico da sua indústria de autopeças. A falência aconteceu por causa da gestão ineficiente dos proprietários, mas também pelo que foi interpretado como práticas desonestas do sócio[31], o que motivou desavenças na família. Nessa época, a história dos Haddad também ficou marcada com o assassinato do poeta Nagib, que, no auge da carreira literária, se apaixonou por uma mulher casada. Descoberto, foi morto pelo marido da amante, enquanto tomava café em um bar.

Se no Brasil a situação econômica da família tinha se tornado precária, na região de origem do casal o panorama político estava cada dia mais tenso. Por meio dos acordos de Sykes-Picot, em 1916, a região do Cham foi dividida em mandatos atribuídos à França e à Grã-Bretanha. Dessa maneira, a região que hoje compreende a Síria e o Líbano ficou sob controle francês. Em 1920,

28. Sobhi Habchi, *Les Fils d'Orphée: Du Mont Liban aux Amériques*, Paris, Libraire d'Amérique et d'Orient, 2004, p. 93.
29. Jorge S. Safady, *Antologia Árabe do Brasil*, São Paulo, Editora Comercial Safady, 1949.
30. Slimane Zeghidour, *A Poesia Árabe Moderna e o Brasil*, São Paulo, Brasiliense, 1982.
31. Conforme as entrevistas realizadas com os familiares de Jamil entre 2013 e 2015.

a França criou o chamado Estado do Grande Líbano, dando forma ao atual território libanês[32]. Aliados aos problemas geopolíticos que afetavam toda a região do Levante, as disputas entre grupos de diferentes etnias e religiões se acentuavam, tensões que, em 1975, levaram à eclosão da Guerra Civil, conflito que também foi alimentado pelo fracasso do Pacto Nacional na política libanesa[33], pelos efeitos da Guerra Fria e pelo influxo de refugiados palestinos que começou a chegar àquele país após a Segunda Guerra Mundial[34].

Em meio à ruína financeira e preocupados com o aumento da tensão no Oriente Médio, Melhen e Sada viam a ideia de retorno ao Líbano como uma utopia cada vez mais distante. Ao mesmo tempo, lutavam para oferecer uma vida digna aos cinco filhos, que nasceram em São Paulo e, durante a infância, viveram os anos de riqueza material com uma nostalgia quase maior do que as saudades da terra dos antepassados. Mas, apesar da situação econômica precária, a prole dos Haddad cresceu em um ambiente intelectual sofisticado e todos aprenderam a falar o dialeto árabe libanês por insistência da mãe.

Alfredo era o irmão mais velho da família, seguido por Faride, Eduardo, Fawzi e Jamil. Quando se tornaram adultos, os irmãos passaram a atuar no comércio, sendo que Faride se casou com um magnata da tradicional família Jafet, de imigrantes libaneses, o que lhe propiciou uma situação econômica privilegiada. De personalidade expansiva e aberta, Faride agregava os irmãos ao redor de si e fazia viagens recorrentes pela Europa e pelo Oriente Médio[35].

Jamil, o filho caçula, era falante do dialeto aos sete anos e também aprendia o árabe culto com a mãe. Mais tarde, esse conhecimento lhe renderia a habilidade de fazer traduções da língua árabe para o português. Na escola pública que frequentava, não tinha muitos amigos, mas seu desempenho nas aulas de português era exemplar. Aprendia o idioma com facilidade, algo que surpreendia a professora, que insistia em ressaltar para

---

32. Murilo Meihy, *Os Libaneses*, p. 56.
33. O Pacto Nacional foi um programa de governo adotado após a independência do Líbano, em 1943, e previa que os cristãos renunciariam aos vínculos com a França, enquanto os muçulmanos abandonariam os projetos para unir o Líbano à Síria ou a qualquer estado pan-arabista (*idem*, p. 56).
34. George Emile Irani, "Pulling Lebanon Together", *Papers iemed*, 2009, p. 6.
35. Conforme os depoimentos de Beatriz Mokdessi, filha de Faride e sobrinha de Jamil; e de Daher Elias Auada, marido de Beatriz.

os outros alunos aquele mérito, principalmente pelo fato de Jamil "ser um estrangeiro"[36]. Segundo relato de Jamil, para a docente, era espantoso como aquele menino "turco" tinha facilidade com a escrita. No processo de alfabetização, seu único defeito era não conseguir escrever, de maneira alguma, a letra A. A professora lhe dirigia repreensões duras por causa disso, a ponto de fazê-lo se sentir inferior aos demais[37].

Introspectivo, Jamil costumava sentar-se sozinho nos recreios para comer o lanche preparado pela mãe. Todos os dias, era interrompido pelos colegas do primário, curiosos em ver que comida estranha ele levava na lancheira. Outro problema dessa etapa eram as partidas de futebol. Apaixonado pelo esporte, o menino ficava na expectativa de participar dos jogos organizados pelas crianças, mas costumava ser excluído devido ao fato de ser "estrangeiro": "Isso me causou um trauma tão grande que, hoje, não escuto mais futebol nem pelo rádio. Essas coisas me afastavam do convívio com os outros e me feriam", disse Jamil, anos mais tarde[38]. A gota d'água aconteceu quando, no começo do segundo ano letivo que passaria na escola, a mãe fantasiou-o de Luís XV para a festa de carnaval organizada pela instituição, empoando-lhe os cabelos e escurecendo suas sobrancelhas com rolha queimada. Quando o menino pisou no pátio, as crianças começaram a rir, dizendo que aquela fantasia só podia ser de Luís XV pobre[39]. Problemas dessa ordem eram tão frequentes que, em 1924, os pais decidiram matriculá-lo na Escola Americana, destinada à comunidade síria. Já adulto, ao ser entrevistado por jornalistas, o poeta afirmou que teve uma infância triste, que preferia esquecer[40], e que sentia seu "nome pomposo" como uma carga: "sou de origem libanesa, nascido em São Paulo, mas muita gente pensa que eu não nasci [em São Paulo]. Seja como for, nada está provado até o momento..."[41].

Já adulto, Jamil foi privilegiado em poder matricular-se em um curso superior, já que os outros irmãos tiveram de começar a trabalhar no comércio

36. Renard Perez, "Jamil Almansur Haddad", *Correio da Manhã*, Escritores Brasileiros Contemporâneos, 16 fev. 1957 (São Paulo), p. 11.
37. *Idem.*
38. *Idem.*
39. *Idem.*
40. *Idem.*
41. Aramis Villarch, *Entrevista com Jamil Almansur Haddad.*

imediatamente após a conclusão do ensino básico. Agora, com as contas da casa em dia, Sada queria que o caçula se tornasse doutor[42]. De forma paralela à ascensão dos imigrantes sírios e libaneses no comércio e na indústria, a entrada no mercado de uma profissão liberal – como advocacia, medicina ou engenharia – era outro caminho possível para obtenção de melhores condições socioeconômicas na sociedade de acolhida[43]. Do mesmo modo que a mãe, Jamil tinha propensão aos estudos e à escrita. Mas, à época, não havia curso superior em Letras no Brasil[44]. À falta da opção da graduação em Letras, Jamil acolheu o

Carteirinha de sócio do Centro Acadêmico Oswaldo Cruz da Faculdade de Medicina de São Paulo. Crédito: Museu Histórico Professor Carlos da Silva Lacaz, da Faculdade de Medicina da Universidade de São Paulo (FMUSP).

42. Renard Perez, "Jamil Almansur Haddad", p. 11.
43. Oswaldo Truzzi, *Patrícios: Sírios e Libaneses em São Paulo*, p. 145.
44. Criada em 1934, a Faculdade de Filosofia, Ciências e Letras (hoje Faculdade de Filosofia, Letras e Ciências Humanas – FFLCH) da Universidade de São Paulo foi a primeira em oferecer ensino superior em Letras no Brasil.

desejo da família de ter um doutor dentro de casa, ingressando na Faculdade de Medicina da Universidade de São Paulo, carreira que cursou entre os anos 1933 e 1938 sem, contudo, jamais abandonar o interesse pela literatura.

Além de marcar a entrada de Jamil na Faculdade de Medicina, o ano de 1933 também é significativo para toda a intelectualidade árabe de São Paulo. Na esteira do processo de renovação da literatura, nesse ano é fundada a Liga Andalusina, mais conhecida à época por Liga Andaluza[45]. O movimento, que é considerado o desdobramento mais importante dos literatos árabes na América do Sul, surgiu em diálogo com o Modernismo brasileiro e reunia mais de trinta intelectuais que escreviam em árabe. O precursor da Liga é o núcleo formado em Nova York em torno à figura de Gibran. O arabista e pesquisador italiano Alberto Sismondini explica que a Liga nasceu como parte do esforço de alguns poetas e escritores de renovar a literatura árabe da imigração, principalmente a produzida no Brasil, que se centrava nos temas da poesia clássica e no elogio de personalidades cultuadas pela comunidade de imigrantes[46].

A pesquisadora e arabista Rosa-Isabel Martínez Lillo analisou as características que balizaram a literatura do *mahjar* – termo árabe que faz referência às terras de imigração nas Américas – sendo duas principais: a nostalgia pela terra dos antepassados e a ânsia por liberdade.

> [...] la mayoría de los inmigrantes, principalmente las primeras llevas, son cristianos y están vinculados [...] a la cultura francesa. [...] pero eso no impide que el sentimiento de ser árabe, de arabidad o de arabismo, con sus diversos matices y enfoques, sea el eje de esos grupos de inmigrantes [...][47].

Outra característica da Liga Andalusina diz respeito ao conservadorismo dos autores, que, apesar de inovarem nos temas, se apegavam às normas clássicas e às pautas formais da tradição literária árabe. Para Martínez Lillo,

---

45. Embora, naquela época, a Liga fosse conhecida por Liga Andaluza, como tradução do árabe *Al Usbah Alandalusiyya*, nesse livro traduzimos seu nome como Liga Andalusina para fazer referência ao Estado árabe islâmico da Península Ibérica e não imprecisamente à província de Andaluzia, que faz parte do Estado espanhol.

46. Alberto Sismondini, *Arabia Brasilica*, Cotia (SP), Ateliê Editorial, 2017, p. 45.

47. Rosa-Isabel Martínez Lillo, "El Mahyar del Ayer al Hoy: Dimensión Literaria y Cultural", em Lorenzo Agar *et al.*, *Contribuciones Árabes a las Identidades Iberoamericanas*, p. 351.

esses aspectos prevaleceram em autores de ascendência árabe que formaram novas ligas literárias a partir dos anos 1970, entre elas o Círculo Literário Árabe do Brasil, fundado em 1979:

> Como los integrantes de la Liga Andalusina, ese nuevo grupo produce poesía
> de carácter tradicional [...], canta aquella nostalgia, *al hanin* [a saudade], y trata los
> temas del nacionalismo y del arabismo[48].

Um dos fundadores da Liga foi o poeta Chafic Maluf[49], autor do célebre
livro *Abqar*: "L'expérience poétique de Maalouf prend sés racines dans les
profondeurs de la vie. Sa poésie pénètre l'intimité des choses"[50]. Na obra, o
narrador lírico empreende uma viagem a uma terra povoada por personagens míticos da era pré-islâmica, em companhia do seu demônio pessoal:

> Abqar, enigma do oculto, só abasta
> a sombra a seus amos.

> Adianta-te, pois, sacode-lhe o espelho,
> rasga-lhe o manto de trevas.

> Verás, logo à porta, demos
> a colmarem-te os olhos,

> e serpes a escoarem-te
> da boca como se das profundezas,

> e os ogros, que nas grutas
> subtraem-te a escuta com seus urros,

---

48. *Idem*, p. 368.
49. Chafic Maluf nasceu em 1905 em Zahlé, no Líbano. Em 1926, imigrou com a esposa Rose
    Maluf para o Brasil, estabelecendo-se em São Paulo, onde um tio-avô já morava. Além
    de poeta célebre tanto no Líbano como entre a intelectualidade árabe de São Paulo,
    Chafic Maluf se tornou um próspero empresário, viajando com frequência ao seu país
    de origem. Ele teve duas filhas e dois filhos e morreu em 1976, em São Paulo.
50. Sobhi Habchi, *Les Fils d'Orphée: Du Mont Liban aux Amériques*, p. 103.

a massa de feras, eu entre elas...
tu te fartas em suas selvas

como os ramos da amoreira
te esfolam os flancos suas caudas

e teus danos do passado se mostram
e descobrem-lhe os caninos ao teu rosto.

Ei-los, reúne-os agora o tempo
que passou e os jogou no teu peito[51].

Em torno a Chafic Maluf, se reuniam os principais intelectuais da Liga Andalusina, conforme recordou sua filha Rosemay Maluf: "Às sextas-feiras, os poetas sempre apareciam na nossa casa para discutir política e literatura. Eu vivia atrás das cortinas para escutar as conversas"[52].

A revista *Usba*, publicada pela Liga Andalusina a partir de 1935, contou com trinta e cinco edições, de maneira a "oferecer um compêndio emblemático de toda a produção literária da emigração árabe entre os anos trinta e os anos cinquenta"[53]. De acordo com Sismondini, a poesia dos autores da Liga procurava "exorcizar uma nostalgia que surge da separação da terra natal e de um exílio duplo, sentimental e linguístico"[54].

Assim como a revista *Usba*, outros periódicos desenvolvidos pela coletividade nos anos 1930 também eram publicados totalmente em árabe.

51. Chafic Maluf, *Abqar*, trad. Michel Sleiman, em Alberto Sismondini, *Arabia Brasilica*, pp. 52-53. O livro *Abqar*, de Chafic Maluf, foi publicado em São Paulo em 1936 e possui seis cantos. Na edição original escrita em árabe, o autor incluiu um estudo sobre os mitos árabes pré-islâmicos. Em 1949, saiu uma nova edição da obra, composta por doze cantos, além de um prefácio atualizado. O livro foi traduzido para o português, o francês e o espanhol. A primeira versão de *Abqar* em português, feita por Mussa Kuraiem em 1949, é uma criação livre a partir do texto árabe. O docente argentino José E. Guráieb verteu os versos ao espanhol (Chafic Maluf, *Abqar en la Mitología Árabe*, Córdoba, Universidad Nacional de Córdoba, 1969). A tradução francesa foi feita por Maurice Sacre, sob o título *Abkar: Poème Mytologique*, Beyrouth, Impr. Catholique, 1973.
52. Entrevista com Rosemay Maluf realizada na sua casa, em São Paulo, em agosto de 2013.
53. Alberto Sismondini, *Arabia Brasilica*, p. 46.
54. *Idem*, p. 47.

Apresentavam caráter político, na medida em que defendiam as independências da Síria e do Líbano em relação ao Império Otomano e às potências coloniais. Os primeiros jornais árabes do Brasil foram fundados no Rio de Janeiro, em 1896, e em São Paulo, em 1898, por intelectuais formados pela Universidade Americana de Beirute. Entre 1890 a 1940, surgiram 394 jornais árabes no país[55]. Com o passar dos anos, essas publicações passaram a incorporar, também, textos em português. Em 1933, ano de fundação da Liga, havia noventa e cinco jornais e revistas árabes em circulação no Brasil[56]. A imprensa étnica veiculava notícias sobre o Oriente Médio e assuntos de interesse da coletividade, em áreas como cultura e política. Também publicava textos e poemas de imigrantes e autores que permaneceram nos países de origem. Ao construir e divulgar representações da coletividade no Brasil e nos países árabes, essa imprensa atuava como núcleo de agregação e fortalecimento das identidades imigrantes[57].

Contudo, motivado pelo crescimento dos nacionalismos europeus e pelo clima de xenofobia pujante no mundo, o Estado Novo de Getúlio Vargas inibiu a existência de associações e da imprensa étnica, proibindo a publicação de revistas em idiomas estrangeiros. Já as organizações de imigrantes não foram vetadas, mas podiam se filiar apenas imigrados, e não seus descendentes. A partir de 1937, Vargas começou a entender o elemento estrangeiro como capaz de gerar erosão na cultura brasileira, olhar que trouxe consequências à vida cultural das associações de imigrantes. Assim, movimentos como a Liga Andalusina começaram a perder força, processo que foi alimentado pelas desilusões sofridas após a independência do Líbano, em 1943, que não trouxe as melhorias esperadas pela população. No Líbano, os muçulmanos desejavam a reintegração do país à Síria, enquanto o Partido Falangista Libanês lutava pela separação entre o Líbano cristão e a Síria muçulmana:

A bipolarização política entre um Líbano laico governado por uma elite maronita ocidentalizada e uma Síria geográfica predominantemente muçulmana

---

55. Slimane Zeghidour, *A Poesia Árabe Moderna e o Brasil*, p. 56.
56. Marcelo Cintra de Souza, *A Imprensa Imigrante. Trajetória das Comunidades Imigrantes em São Paulo*, São Paulo, Imprensa Oficial do Estado de São Paulo, 2010, p. 103.
57. Entrevista com Oswaldo Truzzi feita pessoalmente em São Paulo em agosto de 2016.

pode ser compreendida como a sobrevivência de questões históricas que afetavam a população local em temas como os direitos e privilégios em relação ao *status* de minoria ou maioria política[58].

Com publicações esparsas e bilíngues, o último número da revista *Usba* saiu em 1953. Na década de 1950, grande parte dos periódicos dos imigrantes se despolitizou, passando a cobrir, principalmente, eventos relacionados à vida social no Brasil, como casamentos, homenagens, banquetes e aniversários. Nesse contexto, a revista *Etapas,* editada por Mariana Dabul Fajuri entre 1955 e 1984; e a *Liga da Pena,* também criada por Mariana, em 1968, foram os eventos mais significativos[59]. No entanto, as publicações dessas décadas não tiveram a importância das primeiras.

Em 1933, no primeiro ano como aluno da Faculdade de Medicina da USP e com a responsabilidade de ajudar a erguer socialmente a família, Jamil acompanhava de longe o desenvolvimento da Liga Andalusina e o trabalho de poetas como Chafic Maluf e do então já falecido Gibran Khalil Gibran. À época, parecia interessar-se mais pela literatura brasileira, em especial pela poesia parnasiana e simbolista e pelos trabalhos de românticos como Castro Alves e Álvares de Azevedo. Rodeado por alunos que, em sua maioria, pertenciam a famílias tradicionais da cidade, em um clima social propenso a ideias racistas – principalmente quando o estrangeiro em questão era pobre –, o cotidiano universitário de Jamil não era fácil. Entre as atividades do curso de Medicina e as práticas de estágio, ele ainda dava aulas particulares de inglês e trabalhava em um laboratório. O jovem chamava a atenção dos colegas pelo jeito absorto e "diferente": usava óculos de lentes grossas e aros brancos[60] e "vestimentas estranhas"[61]. Seria que, para os outros futuros médicos, esse aspecto "diferente" significava que ele

58. Murilo Meihy, *Os Libaneses,* p. 61.
59. Marcelo Cintra de Souza, *A Imprensa Imigrante. Trajetória das Comunidades Imigrantes em São Paulo,* p. 107.
60. Carlos da Silva Lacaz, "Nota sobre o Falecimento de Jamil", *O Estado de S. Paulo,* 19 jul. 1988, p. 44.
61. Essa informação foi encontrada no dossiê *Jamil Almansur Haddad,* que pertence ao Museu Histórico Professor Carlos da Silva Lacaz, da Faculdade de Medicina da Universidade de São Paulo (FMUSP). Neste dossiê, constam textos escritos à máquina e com autoria não identificada sobre as atividades médicas e literárias de Jamil, recortes de jornais sobre os livros que ele publicou, fotos, cópias de boletins, entre outros documentos.

nascera poeta? Na prática, talvez Jamil andasse absorto por viver entre o desejo de dedicar-se à literatura e as responsabilidades da carreira médica.

No dia do seu 25º aniversário, comemorado em 1938 – ano em que se tornou doutor –, os colegas organizaram um jantar. Munido dos óculos de aros brancos e lentes grossas, o aniversariante pediu um momento de silêncio, alçou sua taça e se levantou para ler um breve discurso. Imerso na poética dos autores românticos que lia com assiduidade, em um ambiente iluminado apenas por velas, o jovem declarou, aos sussurros, uma oração que recriava o imaginário soturno e funéreo que conheceu através dos poemas de Álvares de Azevedo. Mesmo acostumados ao jeito absorto e introspectivo do amigo, os colegas se surpreenderam. "Parecia a oração fúnebre do médico ancião", relembraram, anos mais tarde, os alunos presentes no jantar festivo[62]. Indiferente ao espanto que causou, Jamil guardou nos bolsos os pedaços de papel onde rascunhara as palavras à festividade e se recolheu em seu canto na mesa.

O jovem médico começou sua experiência com a escrita profissional nos corredores da Santa Casa Paulista, ao fazer parte da equipe de O Bisturi – jornal editado pelo grêmio da faculdade – por ao menos um ano, entre 1938 e 1939. Na edição de número 25 do jornal, que apresentava o novo grupo de redatores, uma foto mostra sete jovens engravatados. Porém, apesar de fazer parte do grupo, Jamil não aparece na imagem.

A legenda explica: ele está em segundo plano, atrás de uma "frondosa e romântica árvore", lendo versos a outro colega. A imagem é irônica e sugere uma brincadeira, mas também uma premonição: como intelectual, Jamil garantiu certa centralidade entre o meio literário, tendo publicado por grandes editoras como a Brasiliense e a Record. No entanto, sua poesia – desenvolvida no decorrer de mais de cinquenta anos de carreira – foi, muitas vezes, explicada por meio de um olhar crítico negativo, que o taxou de verborrágico, passadista e imoral. Esses aspectos marcaram uma posição ambígua, ao mesmo tempo de ausência e presença na cena literária.

Nas páginas de O Bisturi, Jamil expôs sua visão romântica da mulher e escreveu sobre o olhar idealizado que tinha da profissão de médico, que, para ele, representava uma missão elevada, devendo comprometer-se com

62. Idem.

causas sociais. Jamil cunhou essa visão na "Oração ao Médico Jovem", publicada pela primeira vez em 1938 na revista:

Enche de sonho a tua medicina!

Enche, pensando que o caso médico, muito antes de ser um caso médico, é um caso humano, uma tragédia humana![63]

Equipe de redatores da revista O Bisturi, *em 1938. Crédito: Revista* O Bisturi, *coleção do Museu Histórico Professor Carlos da Silva Lacaz, da Faculdade de Medicina da Universidade de São Paulo (FMUSP).*

63. Reprodução do original datilografado da "Oração ao Médico Jovem", pertencente ao Museu Histórico Professor Carlos da Silva Lacaz, da Faculdade de Medicina da Universidade de São Paulo (FMUSP). Mais tarde, esses versos foram gravados em uma placa, que hoje está exposta em um salão do referido museu.

Em 1943, Jamil reescreveu esse poema sob o nome "Oração do Médico Novo", incorporando referências à *Divina Comédia*, de Dante Alighieri. A nova versão, que tem formato narrativo e se estende por estrofes que mais se assemelham a parágrafos, foi publicada no seu terceiro livro de poemas e evidencia como ele utilizava elementos da vida médica para compor seu imaginário poético:

Eu sei que nos meus caminhos verei os tormentos violentos, os desesperadores sofrimentos, o martírio que grita e o martírio que é mudo. E no hospital, a dantesca *cittá dolente*, o hórrido *loco eterno ove udirai le disperate strida*, eu verei todas as agonias e todas as dores[64].

O jovem médico errou pelos corredores da Santa Casa paulista e, entre cadáveres, medicamentos e enfermos, gestou o embrião da voz lírica que marcou os primeiros anos de sua trajetória. Em um ambiente onde fazer o bem ao próximo prevalecia como missão primordial, enquanto aprendia a salvar vidas e amenizar sofrimentos, Jamil começou a criar as mil mulheres pálidas e esvoaçantes que, putas ou santas, mães ou amantes, habitarão sua poesia.

64. Jamil Almansur Haddad, "Oração do Médico Novo", *Poemas: Orações Roxas, Novas Orações Negras, Orações Vermelhas*, p. 115.

Jamil Almansur Haddad nos anos 1940: o poeta vestindo ao mesmo tempo gravata e robe de chambre. Crédito: Arquivo pessoal de Luiz Alcino Teixeira Leite, filho da primeira esposa do poeta.

Capítulo 2

Paradoxos Poéticos:
Pornografia e Anacronismo

A imagem de um pêndulo que oscila entre dois polos foi usada por críticos como Alceu Amoroso Lima[1] e Sérgio Milliet[2] para descrever as mudanças de rumo da poesia produzida no Brasil entre 1922 e 1950, período no qual Jamil se constituiu como poeta, tradutor e crítico literário. A figura sugere que, em um dos lados, estão os ideais do Modernismo e, no outro extremo, se situa a Geração de 1945, enquanto a década de 1930 se caracteriza por um aspecto de transição. Os críticos concordam que a primeira etapa moderna da poesia brasileira prevaleceu entre 1922 e 1930, quando os artistas buscavam uma revolução estética para romper com os modelos do Classicismo[3]. Já a partir de 1930, os poetas procuraram superar as fórmulas criadas na etapa anterior, processo que se consolidou com o estabelecimento dos ideais da Geração de 45, ou Neomodernismo, conforme a denominação de Amoroso Lima. Para o crítico, há uma ação de continuidade entre as etapas. No entanto, se comparado ao Modernismo, o Neomodernismo é um

1. Alceu Amoroso Lima, *Quadro Sintético da Literatura Brasileira*, Rio de Janeiro, Livraria Agir Editora, 1959, p. 114.
2. Sérgio Milliet, *Panorama da Moderna Poesia Brasileira*, Rio de Janeiro, Ministério da Educação e Saúde, Serviço de Documentação, 1952, p. 7.
3. Alceu Amoroso Lima, *Quadro Sintético da Literatura Brasileira*, p. 120.

movimento mais global do que pessoal, mais anônimo do que carismático, mais indefinido do que consciente, além de defender valores "eternos" e não "modernos", de forma que o "centro da gravidade [da poesia] se desloca do tempo para a natureza"[4].

Em consonância com as ideias de Amoroso Lima, Afrânio Coutinho[5] também observa continuidade na Geração de 45, se comparada ao movimento anterior. Para o crítico, esse grupo de literatos reagiu ao uso do verso livre, buscando as raízes do ofício de poeta e da retórica do verso. Ele considera que a Geração de 45 não deve ser chamada de passadista ou parnasiana, pois incorporou novos significados aos poemas.

Porém, essa não é a opinião de outro grupo de críticos, do qual Nelson Wernek Sodré fez parte. Para ele, não se pode atribuir caráter de continuidade à Geração de 45, já que ela marcou o começo de uma reação formalista na poesia brasileira. Sodré argumenta que, se o Modernismo defendia o rompimento com os valores do Classicismo, o período pós-1945 se constituiu como um antimodernismo, porque apresentava desejos de volta à ordem e à estética parnasiana: "O antimodernismo tinha caráter reacionário, pois significou uma volta às formas saudosistas e improdutivas do Parnasianismo"[6]. Sodré criticou a falta de compromisso político e social dos poetas de 45. Para ele, a poesia de viés social escrita durante o Modernismo tinha sido substituída por um lirismo hermético, de motivações interiores e existenciais – algo que ele considerou "uma reação anti-histórica, cientificista e formalista"[7].

Mesmo com visões opostas sobre as relações entre Modernismo e Geração de 45, os críticos indicaram consenso quando refletiram sobre a lírica dos anos 1930. Segundo essa visão, autores estreantes no período eram dotados de características poéticas oscilantes, entre elas a repulsa às concepções românticas e aos modelos europeus, além da busca por formas literárias que fossem "genuinamente brasileiras"[8]. Como diretriz comum, o crítico e

4. *Idem*, p. 121.
5. Afrânio Coutinho, *A Literatura no Brasil*, vol. 6: *Relações, Perspectivas e Conclusão*, São Paulo, Global Editora, 2004-2008, p. 203.
6. Nelson Werneck Sodré, *História da Literatura Brasileira*, São Paulo, Difel, 1982, p. 635.
7. *Idem*, p. 640.
8. Ivan Junqueira, *Roteiro da Poesia Brasileira: Anos 30*, São Paulo, Global Editora, 2008, p. 7.

tradutor Ivan Junqueira afirmou que a poesia de 1930 foi marcada pela distensão da linguagem e do ritmo, como legado das ideias transgressoras da Semana de Arte Moderna. Por outro lado, os poetas abandonaram o uso de recursos retóricos do Modernismo, entre eles as sabotagens gramaticais e o regresso caótico ao primitivismo, priorizando as preocupações político-sociais, os questionamentos metafísicos e religiosos e as reflexões filosóficas.

Outro aspecto da poesia de 1930 destacado por Antonio Candido é a crescente irregularidade na forma dos poemas, algo que ele associa à consciência de que o Brasil era um país subdesenvolvido – e não "em desenvolvimento", como se acreditava até então[9]. Assim, se até meados de 1930 predominava nos países latino-americanos a noção de que eram novos e, portanto, em desenvolvimento ascendente, a partir de 1930 esse otimismo cedeu lugar à ideia de que, na realidade, eram subdesenvolvidos. Essa consciência, segundo Candido, dotou as produções literárias da região "de empenho político e de um sentimento de urgência"[10].

Pelos corredores da Santa Casa paulista, Jamil se atraía pela ideia de exercer a profissão de médico em prol dos necessitados. Imaginava missões heroicas, estava disposto a se sacrificar pelos menos favorecidos. Mas, sua mente de poeta também se povoava de um imaginário sombrio e melancólico, como reflexo da leitura dos poetas românticos – principalmente da segunda geração –, mas também influenciado pelo manuseio de corpos humanos doentes e pelo contato diário com a morte. À época com menos de trinta anos, Jamil parecia buscar, na atividade médica, elementos que pudessem alimentar suas ambições líricas, processo evidenciado nos livros publicados nas décadas de 1930 e 1940.

Porém, apesar do tom heroico do lirismo que começou a se insinuar no poema "Oração ao Médico Novo", seu primeiro livro pouco tinha de missão nobre ou social. Escrito durante as férias e lançado em 1935 pela Livraria Editora Record em uma edição de mil exemplares, *Alkamar, a Minha Amante* contém versos que cantam a sensualidade das amantes, valendo-se de clichês orientalistas e da estética parnasiana. Com quatro capítulos – "Aspiração", "Alkamar, a Minha Amante", "Os Cantos Outonais da Prima-

---

9. Antonio Candido, *A Educação pela Noite e Outros Ensaios*, São Paulo, Ática, 1987, p. 169.
10. *Idem, ibidem.*

vera" e "Holocaustos" – mais quatro poemas que têm por título "Ópio", "Bacanal", "A Erupção" e "Fim de Gozo", o livro foi recebido não sem certo constrangimento, já que, nas palavras de Jamil em entrevista dada ao jornalista Aramis Villarch, a palavra "amante", até 1940, era proibida no teatro brasileiro[11]. Os versos de *Alkamar, a Minha Amante* aludem a "turcas de olhos grandes", "alcovas", "haréns", "sultões", "festins deliciosos", "embriaguez sagrada", "beijos selvagens", "bicos deslumbrados" e "orgias". No poema "Será Melhor do que a Promessa que Eu Te Der", a voz feminina pede ao amante que venha fulgurar na orgia: "O amor não é pecado! O amor é eucaristia!"[12].

O livro marcou a entrada daquele médico poeta com vocação para heterodoxias nos círculos intelectuais brasileiros e seria o pivô de debates entre os críticos, que consideraram a sua obra de estreia como devedora da inspiração oriental, ao lado de outros que viram nela aspectos típicos da poesia brasileira. Já outros acentuaram nela os traços pornográficos ou passadistas[13].

Com *Alkamar, a Minha Amante*, Jamil lançou algumas sementes que marcariam seu lirismo até o final da vida. A primeira delas é evidenciada a partir do próprio título do livro: o uso da palavra *Alkamar*, que em árabe significa lua, mas também é o nome da amante. O título envolve referências a figuras femininas imersas em um imaginário orientalista, permeado de sensualidades e orgias regadas a vinho. Além disso, *Alkamar*/lua remete a um signo noturno, ideia reforçada pela imagem de uma lua presente na capa do livro.

11. Em entrevista ao jornalista Aramis Villarch, Jamil disse: "esse livro foi publicado em 1935 e, até 1940, a palavra amante era proibida no teatro brasileiro. [...] De modo que essa coisa aparentemente ingênua tem um sentido de escândalo. Tanto que me marcou e magoou muito a ideia que se fazia do poeta imoral, pornográfico, por causa de um vocábulo dessa ordem" (Aramis Villarch, *Entrevista com Jamil Almansur Haddad*).

12. Jamil Almansur Haddad, "Conversa Prévia", *Alkamar, a Minha Amante*, 2. ed., São Paulo, Livraria Editora Record, 1938, p. 78.

13. O escritor José Geraldo Vieira e o sociólogo e crítico literário Roger Bastide analisaram as tendências "orientais" ou brasileiras dos primeiros livros de Jamil. Já Sérgio Milliet e Antonio Candido se ativeram aos aspectos "passadistas" da sua poesia, entre eles a estética parnasiana e o lirismo romântico. A concluir pelo prefácio que Jamil escreveu à segunda edição de *Alkamar, a Minha Amante* – no qual ele lamenta que os versos tenham ofendido "o pudor virginoide de uma legião de leigos" –, o caráter erótico do livro foi outra tônica das análises feitas à época (*idem, ibidem*).

No livro, Jamil parece evocar imagens de odaliscas misteriosas e ambientes exóticos fascinantes para construir um universo "árabe" de prazeres que é propício à vazão de seu hedonismo. Essa exaltação do hedonismo se faz presente em poemas como "Erra, na Alcova", em que o poeta encarna, pela primeira vez, a imagem da mulher voraz e dominante que aparecerá em vários outros poemas:

ERRA, na alcova, um cheiro de almíscar e cânfora...

O meu corpo nivoso,
neste momento, ostenta, o contorno harmonioso,
o contorno magnífico de uma ânfora!

Na ânfora do meu corpo o sangue transparece
como se fosse o vinho de um cálix sagrado.
De rosalbente, a minha carne até parece
leve, da trama de um gerânio desfolhado...

Feito para o teu gozo
de esteta e de animal,
meu corpo teporoso
é eurítmico e nevado, é estelante e anforal!
É uma ânfora o meu corpo! E é volutuoso o vinho
que espumeja, referve na taça que eu sou!
[...]

A orgia seja eterna!
Amante vem a mim! É a hora da taberna![14]

Em "Erra, na Alcova", o narrador lírico é a própria mulher, e não um homem que descreve a dança sensual. A voz feminina se afirma como um "gerânio desfolhado" disponível para o "gozo de esteta e animal" do amante. Embalada pela vertigem do vinho, a mulher do poema exige a presença do amado, re-

---

14. Jamil Almansur Haddad, "Erra, na Alcova...", *Alkamar, a Minha Amante*, 2. ed., p. 91.

ferve e deseja que a orgia seja eterna. E, apesar de chamar o amante para o ambiente fechado, escuro e pequeno de sua alcova, os versos se desdobram em pontos suspensivos e de exclamação, evidenciando uma emoção não contida e um caráter declamatório. Assim, ao mesmo tempo, a narradora lírica convida o amante à sua cama, mas exibe um "corpo de ânfora" e uma pulsação de vida a todos os outros que estão na cena fabulada no poema. Nesses versos, ainda, a preocupação com as rimas (cânfora/ânfora, nivoso/harmonioso, transparece/parece, sagrado/desfolhado, eterna/taberna etc.) antagoniza com as imagens nada comportadas que o poema evoca: um gerânio desfolhado, gozo de esteta e de animal, corpo que é uma taça que referve e a orgia eterna na taberna.

Em um ambiente literário marcado pela busca da genuína expressão poética da identidade nacional, quando as tendências de fazer poesia social prevaleciam em uma década considerada como de transição entre o Modernismo e a Geração de 45, a obra estreante de Jamil causou estranheza. Para Carlos Burlamaqui Kopke – poeta e crítico vinculado à Geração de 45 que em 1943 publicou um ensaio sobre os primeiros livros de Jamil – em *Alkamar, a Minha Amante* prevalece um entusiasmo dionisíaco, imaginários de sonhos boêmios, amor carnal e convulsão dos sentidos: "Jamil se refecha numa egolatria malsã, na qual tendências desumanizadas apresentam no artista [...] o homem que se acha ligado ao mundo carnal da luxúria por um mórbido quebranto"[15].

No prefácio da segunda edição do livro, de 1938, Jamil lamenta que os versos tenham "ofendido o pudor virginoide" de uma "legião de leigos", que confundiu o artista com um "contador de anedota obscena"[16]. Para o poeta, a obra buscava recriar o sentido erótico da poesia de Olavo Bilac. Aparentemente surpreso com a repercussão, ele defendeu que, nos versos, pretendia expressar uma atitude de culto à mulher e não necessariamente uma visão provocativa:

[...] [os versos] refletiam os mais velhos [...] [eu era] um jovem que tinha lido Olavo Bilac [...] [, que fez] poemas em um tempo em que realmente se amava e realmente se valorizava a mulher... Hoje, essa atitude de respeito, essa atitude de culto à mulher está praticamente destituída[17].

15. Carlos Burlamaqui Kopke, *Os Caminhos Poéticos de Jamil Almansur Haddad*, São Paulo, Gráfica Cruzeiro do Sul, 1943, p. 8.
16. Jamil Almansur Haddad, "Conversa Prévia", *Alkamar, a Minha Amante*, 2. ed.
17. Aramis Villarch, *Entrevista com Jamil Almansur Haddad*.

A defesa de uma "atitude de culto" denota certa visão machista do poeta em relação às mulheres e parece negar a intenção provocativa dos versos de *Alkamar, a Minha Amante*. Será mais interessante observar que o ideal feminino de Jamil na poesia se refere a uma fêmea ferina, voluptuosa e frequentadora de tabernas – ideal que, certamente, não era compartilhado por parte dos leitores de poesia da época.

Além do aspecto erótico "imoral", a identificação do livro como uma obra que transparece a origem "oriental" do autor pode ter colaborado para ampliar seu caráter provocativo. Conforme já lembrado, no Brasil, os imigrantes sírios e libaneses eram vistos como portadores de uma diferença extra, se comparados aos europeus. Na avaliação do pesquisador Roberto Khatlab, apesar das diferenças culturais e do idioma, esses imigrantes tiveram uma adaptação relativamente tranquila, ascendendo social e financeiramente por meio do ingresso em profissões liberais e na vida política:

Tão entrosados se viram no país, que foram deixando a ideia inicial de emigração provisória, desceram seus armarinhos das costas e implantaram se na Nova Terra, que passou a ser sua segunda pátria[18].

No entanto, mesmo considerando o suposto caráter tranquilo desse processo de adaptação à sociedade brasileira, a leitura dos críticos locais em relação aos primeiros versos de Jamil deixa à mostra um discurso pautado na ideia de "estranheza" ou de "diferença" – característica que, conforme Edward Said, também marcou historicamente a visão que os europeus e norte-americanos têm do Oriente. Além disso, ao recorrer às imagens exóticas para representar o que ele acredita ser um universo árabe de prazeres, o próprio poeta parece receber influxos dessa visão orientalista descrita por Said. Dessa maneira, ao pretender retratar em seus versos um genuíno e longínquo universo árabe, o poeta acaba, também, por valer-se de certos estereótipos sobre o Oriente. Essa ambivalência, no entanto, não reduz o caráter provocativo dessa vertente da poesia de Jamil.

Em tese de doutorado, Valter Luciano Gonçalves Villar sustenta que, até a época barroca, a intelectualidade brasileira construiu visões de "hosti-

---

18. Roberto Khatlab, *Mahjar. Saga Libanesa no Brasil*, Zalka, Mokhtarat, 2002, p. 50.

lidade e desconfiança" em relação aos árabes, como foram os casos de Bento Teixeira e Gregório de Matos, que teriam delegado "tratamento deformador" a esses povos[19]. Villar identifica Bento Teixeira como o primeiro poeta da literatura brasileira a transformar em matéria literária os combates travados entre os portugueses e os árabes do Marrocos. Segundo ele, nos seus poemas, Teixeira usava os mesmos predicativos desrespeitosos que os europeus costumavam dispensar às gentes árabes para designar os combatentes do Marrocos[20]. Além disso, Villar afirma que Gregório de Matos proferia ódio ao fundador do Islã, às gentes árabes e aos descendentes de Ismael, por considerar os árabes do Marrocos os principais responsáveis pelos maus fados dos portugueses[21]. O autor da tese defende que as atitudes desses poetas eram decorrentes da intolerância com o diferente, o que seria um reflexo de costumes da sociedade europeia[22].

Villar avalia que, com o Romantismo, emergiu entre os escritores locais o interesse por terras longínquas e mundos exóticos, fazendo com que o Oriente passasse a ser visto com uma mistura de admiração e estranhamento. Além disso, entre o final do século XIX e o começo do XX, a chegada massiva de imigrantes árabes ao Brasil também pode ter influenciado a maneira como eles eram representados pela cultura local. Para Villar, *Boabdil*, texto teatral de Gonçalves Dias publicado em 1850, é a primeira obra na literatura brasileira a se reportar inteiramente ao mundo árabe, ao reino de Granada e à cidade de Alhambra: "Gonçalves Dias enxergava o mundo árabe por um prisma abrangente, compreendendo as particularidades dessas relações"[23]. No mesmo caminho, Villar opina que *Macário*, peça teatral escrita por Álvares de Azevedo em 1852, expressa o desejo do poeta de "viver como vivem os árabes, de morar onde moram os árabes, de participar de todos os prazeres que a sociedade árabe lhe oferece"[24]. Dessa forma, Villar

---

19. Valter Luciano Gonçalves Villar, *Os Árabes e Nós: A Presença Árabe na Literatura Brasileira*, Tese de Doutorado, João Pessoa, Centro de Ciências Humanas, Artes e Letras, Universidade Federal da Paraíba, 2012.
20. *Idem*, p. 66.
21. *Idem*, p. 59.
22. *Idem*, p. 218.
23. *Idem*, p. 98.
24. *Idem*, p. 102.

considera que o mundo semítico exerce fascínio sobre o personagem de Macário, o que seria evidência de um movimento de empatia dos escritores brasileiros em relação ao imaginário árabe[25]. Assim, Villar reflete sobre as representações do Oriente no Brasil tendo no horizonte o Orientalismo na França e na Inglaterra que, segundo ele, influenciou a forma como a sociedade local enxergava os imigrantes sírios e libaneses.

De acordo com essas concepções, se pode afirmar que, até o começo do século XX no Brasil, o Oriente era retratado através do discurso da "diferença" em relação aos parâmetros europeus ou ocidentais. Seja por meio do olhar romantizado ou com uma visão baseada na ideia de estranheza, costumava-se representar os "orientais" mediante a exploração de aspectos exóticos, movimento que identificamos nos versos de *Alkamar, a Minha Amante*. Por consequência, essas reflexões também sugerem que, nos primeiros anos que Jamil atuou como poeta, o imaginário orientalista ainda era considerado incomum no panorama das letras brasileiras. No livro de estreia, Jamil mobiliza essa fabulação exógena à literatura local, ao recorrer a elementos como: letras do alfabeto árabe na abertura da obra; a personagem feminina da capa (cf. pág. 63), que passeia na noite em meio a palmeiras e palácios; a "turca dos olhos grandes" que, no poema "Ópio", verte vinho voluptuoso nos lábios do sultão[26]; a amante que, nos versos de "A Primeira Noite", "abre as oito portas que Allah promete abrir, aos bons, no paraíso"[27]; a mulher que aparece "devassa e sem véu" no poema "Bacanal"[28]; e o fechamento do livro com a frase provocativa "Allah é o máximo"[29]. Assim, por meio dos versos orientalistas de seu livro de estreia, Jamil pode ter colaborado para difundir uma visão estereotipada do imaginário árabe no Brasil. Mas, ao mesmo tempo, devido ao caráter provocativo do seu projeto literário, também confrontou essa visão exotizada.

O projeto lírico de *Alkamar, a Minha Amante* também se apoia em um aspecto erótico – que muitas vezes se confunde com as próprias imagens orientalistas descritas anteriormente – povoado por corpos candentes repletos de

25. *Idem, ibidem.*
26. Jamil Almansur Haddad, "Ópio", *Alkamar, a Minha Amante*, 2. ed., p. 17.
27. Jamil Almansur Haddad, "A Primeira Noite", *Alkamar, a Minha Amante*, 2. ed., p. 21.
28. Jamil Almansur Haddad, "Bacanal", *Alkamar, a Minha Amante*, 2. ed., p. 23.
29. Jamil Almansur Haddad, *Alkamar, a Minha Amante*, 2. ed., p. 132.

belezas úmidas, seios nus, beijos, embriaguez, orgias, ópio, frenesi e furor. As epígrafes que abrem os capítulos reforçam essa intenção: "Não deixarás nunca para amanhã o pecado que puderes cometer hoje" e "A dor é para mim a ausência do prazer", escreve o poeta, antes de fabular sobre os gritos de loucura das amantes em festins deliciosos, ou descrever os corpos que "ardem em convulsões e volúpias de novos desvirginamentos"[30] e, logo, são invadidos por sensações de "esgotamento e tédio"[31]. Para Jamil, esses elementos que habitam o livro expressam um lirismo apaixonado que, infelizmente, foi confundido com imoralidade. Pornografia ou amor desenfreado, essas características potencializam a veia provocativa de *Alkamar, a Minha Amante* principalmente quando aliadas às imagens exóticas desse Oriente voluptuoso inventado pelo poeta.

Dois anos depois da publicação da primeira edição de *Alkamar, a Minha Amante*, e talvez para refutar a imagem do "contador de anedota obscena" que ganhara com a obra de estreia, Jamil escreveu, em 1937, *Orações Negras*, publicado pela Record em 1939. Com o livro, o poeta deixou de "contemplar o próprio umbigo e passou a debruçar-se sobre o grande mundo e seus problemas"[32], alinhando-se à tendência socializante que marcou a poesia nacional na década de 1930. Marcada por um ar soturno, a obra é dividida nos seguintes capítulos: "Poemas da Vida", "Poemas da Morte", "Poemas do Amor", "Poemas da Solidão", "A Legenda dos Sons", "Poema do Sangue", "Horto Amargo", "Poema Roxo", "Poema das Rosas", "Maria das Sete Dores" e "Poema dos Quatro Lírios". Nos "Poemas da Vida", prevalece a tônica de poesia social e engajamento, o poeta equipara o seu canto à voz "gargarejante e rouca dos miseráveis"[33] e critica os artistas que cantam dores abstratas, feitas de "nostalgias roxas e tédios cinzentos"[34]. Vislumbra um universo sóbrio, repleto de dores e moribundos, mas procura fazer da miséria alheia matéria à sua poesia: "Homem! Se da dor vier a beleza, tu bendirás a dor!"[35]. Um dos elementos estruturantes do livro, a imagem da morte ganha espaço até mesmo no capítulo "Horto Amargo", que contém poemas sobre flores, ipês e a vida paulistana:

30. *Idem*, p. 18.
31. *Idem*, p. 49.
32. Aramis Villarch, *Entrevista com Jamil Almansur Haddad*.
33. Jamil Almansur Haddad, "Segundo Poema da Vida", *Orações Negras*, p. 11.
34. Jamil Almansur Haddad, "Sexto Poema da Vida", *Orações Negras*, p. 16.
35. Jamil Almansur Haddad, "Quinto Poema da Vida", *Orações Negras*, p. 15.

Capa de Alkamar, a Minha Amante. *Odalisca sonha com seus amantes em meio a uma paisagem desértica noturna.*

Rosa cortada da haste,
taciturna rosa murcha,
meio melancólico, meio absorto,
penso que o teu odor é triste
porque odora um corpo morto[36].

No "Segundo Poema da Morte", o poeta tem um delírio com o término de sua própria existência, sentindo-se em glória com um "final cremante", desejo que parecia ter também na vida real, na medida em que, depois de morto, seu corpo foi cremado pela família, conforme determinação sua.

36. Jamil Almansur Haddad, "Poema das Rosas", *Orações Negras*, p. 148.

Depois da morte
haverá uma pira,
e nela se queimará meu corpo.

Este será o último dos holocaustos,
a última das faquirizações.

Meu corpo será cinza,
mas ninguém irá guardar as minhas cinzas
porque não haverá ninguém capaz de amá-las:
elas não serão sagradas para ninguém.

Cada partícula minha
se dispersará no ar,
se alará.

Que glória deslumbrante!
Na ascensão esventolante!
No meu final cremante!
[...][37]

Publicados pela Livraria Editora Record, os versos de *Orações Negras* foram gestados durante os primeiros anos de contato de Jamil com o universo da medicina e contêm imagens de artérias, leprosos, nervos, hemoptises, tuberculosos, sangue e chagas. Assim como a miséria, as imagens dramáticas da vida médica também se transformam em matéria poética, como se observa no "Sexto Poema da Vida":

Verás comigo a enorme dor, o negro mal
que há em cada catre de hospital

Hei de fazer com que o teu olhar incida
nos bordos, purulentos,
de cada ferida.
[...]

37. Jamil Almansur Haddad, "Segundo Poema da Morte", *Orações Negras*, p. 45.

Poeta! Eu hei de mostrar-te todos os leprosos!
Hei de mostrar como é amarela uma necrose,
como é nauseante e negra uma gangrena!
[...][38]

No "Primeiro Poema da Vida", que abre o livro, o narrador lírico evoca "a lepra e o lodo" dos oprimidos e os versos emergem como grito de protesto, por meio de um tom heroico:

Eu que ouvi os homens todos;
eu que trago as retinas cheias, povoadas de suas contorções, de suas crispações;
eu que trago as retinas de funestas visões;
eu que andei com eles promíscuo em meio às suas lepras e aos seus lodos;
eu que vi os braços arrepiados como espadas
[...].

Eu quero que o Canto audacioso do Artista
tenha o estridor,
o grito
aflito
e áspero
que vem do atrito do aço com o aço.
[...][39].

Aqui, a poesia é representada como capaz de denunciar o sofrimento, mas também de interferir na realidade, talvez por ser o poeta um médico que assiste ao sofrimento das pessoas. Por causa da existência de inúmeros versos com essa tônica, o livro parece imbricar as visões que, até então, Jamil tinha da medicina e da literatura: ambas deviam posicionar-se ao lado da população humilde. Diferentemente da repercussão de *Alkamar, a Minha Amante*, o tom geral da obra agradou o *establishment*, que a reconheceu por meio de um prêmio da Academia Brasileira de Letras (ABL), em 1937.

38. Jamil Almansur Haddad, "Sexto Poema da Vida", *Orações Negras*, p. 16.
39. Jamil Almansur Haddad, "Primeiro Poema da Vida", *Orações Negras*, p. 7.

Se em *Alkamar, a Minha Amante* os versos parecem servir para o poeta cantar o hedonismo, em *Orações Negras* prevalece a intenção de que a poesia denuncie injustiças. Dessa maneira, a obra contém um sentido crítico em relação aos artistas que gastam seu talento para escrever sobre dores "inúteis". No entanto, apesar do engajamento ser a tônica de *Orações Negras*, o poeta não contém totalmente sua pulsação provocativa e rompe com a questão social em trabalhos como o que fecha o capítulo "Poemas da Vida". Nele, Jesus passeia pelo cemitério ressuscitando mulheres mortas, mas apenas aquelas que "cantavam, dançavam e amavam na vida" e cujos corpos "matavam sedes"[40]. Além disso, o poeta utiliza imagens do universo sagrado para abordar temas hedonistas, como no caso do "Sexto Poema do Amor", em que a amante emerge das "purezas das toalhas dos altares":

O teu olhar como que diz: "– Cuidado!
A um sopro mau, rolaria o candor,
feito pétala de flor..."

Meus olhos se semicerraram
e te veem, esfumada na distância,
desabrochando,
longínqua, imaterial, aérea, perdida,
diferente da vida.

És inatingível, clara, luminosa
como um fogo que se vê ao longe na montanha...
Oh, brancura da espuma sobre os mares!
Oh, pureza das toalhas dos altares![41]

Nesses versos, a imagem da amante que, nos poemas de *Alkamar, a Minha Amante* costumava aparecer sob a figura de uma fêmea voraz e explosiva, se transforma em uma mulher fantasmagórica, em uma aparição "longínqua, imaterial, aérea, pura e diferente da vida". Mas, mesmo em sua

---

40. Jamil Almansur Haddad, "Décimo Quinto Poema da Vida", *Orações Negras*, p. 38.
41. Jamil Almansur Haddad, "Sexto Poema do Amor", *Orações Negras*, p. 63.

brancura sepulcral, ela se apresenta como fogo, como candor. Esse mesmo perfil de mulher volta a aparecer no "Sétimo Poema do Amor", quando o poeta escreve:

Não há glória que valha
a glória heroica do teu ventre estéril.

Teu corpo agora é longínquo e branco
como as neves nos cumes.

[...]
Mudos de poente, nostalgias e incensório,
teus olhos, hóstias negras a arder num cibório!

No teu olhar que me amolece e me seduz,
em vez de corpo e sangue, eu hauro sonho e luz.
[...]⁴².

Nesses versos e em poemas posteriores, a figura da amante passa a abarcar, então, dois aspectos aparentemente antagônicos: ao mesmo tempo fantasma intangível e corpo que arde, mulher que flutua, mas que também flameja, impetuosa. Enfim, assim como em outros poemas de *Orações Negras*, essas personagens parecem ser tributárias das leituras que Jamil fazia, naquele momento, do imaginário dos poetas da segunda geração romântica, mas se devem, também, à proximidade diária que tinha com a morte, em seu cotidiano médico.

Atraídos pela mobilização das imagens orientalistas ou talvez por acreditarem na influência determinante da ascendência libanesa sobre sua poesia, os críticos colocaram uma questão central ao refletirem sobre os dois primeiros livros de Jamil: seria ele um poeta de verve oriental? Em um ensaio intitulado "O Boabdil Exilado", o escritor José Geraldo Vieira afirma que, no primeiro livro, o poeta fez "uma descida longitudinal da raça", enquanto no segundo os poemas são "atlânticos e ocidentais":

---

42. Jamil Almansur Haddad, "Sétimo Poema do Amor", *Orações Negras*, p. 69.

Realmente, *Alkamar* é livro interposto entre muralhas e miragens, num nomadismo não de dunas mas de salas e páteos, de poços e tendas. [...] Já em *Orações Negras* fazem pensar que esse jovem Boabdil se exilou de sua península, e como Sindbad, veio ter ao continente novo [...] já esquecido da mulher e já voltado para a humanidade[43].

Anos mais tarde, Vieira usaria a ideia de "raça árabe" para atacar Jamil:

Deixemos J. A. H. entregue a outros assuntos muito mais sérios como as necessidades de participação da arte, ou o problema da autodeterminação de Cuba. Parece que sua tendência é política: virar mascate nas Caraíbas[44].

O aspecto "oriental" da lírica de Jamil também pautou as discussões do sociólogo francês Roger Bastide quando este, em um artigo da década de 1940, argumentou que as raízes de um repositório de versos não estão nos assuntos tratados, mas na "exteriorização lírica da alma"[45]. Bastide se opôs aos críticos que, à maneira de Vieira, defenderam a existência de um movimento de nacionalização de *Alkamar, a Minha Amante* a *Orações Negras*, ao afirmar que esses estudiosos ficaram "na superfície colorida dos poemas". Ele sustentou, assim, que o livro de estreia, apesar de abordar temas do Oriente, é construído através das normas estéticas do Romantismo e do Parnasianismo brasileiros. Ou seja, reflete uma visão ocidental.

No entanto, apesar de Bastide tecer esse comentário com propriedade, usou exemplos questionáveis para defender a "arabização" de Jamil em *Orações Negras*. Para justificar o argumento, comentou que um dos momentos no qual a herança árabe emerge na obra é quando há comunhão entre o sofrimento do poeta solitário e a dor dos infelizes. Para o crítico, a associação

---

43. José Geraldo Vieira, "O Boabdil Exilado", em Jamil Almansur Haddad, *Poemas: Orações Roxas, Novas Orações Negras, Orações Vermelhas*, p. 195.
44. José Geraldo Vieira em Jamil Almansur Haddad, *Literatura e Mistificação*, p. 35.
45. Roger Bastide, "As Raízes Árabes da Poesia de Jamil Almansur Haddad", em Exclusividade da Inter-Americana para a *Folha da Manhã* no *Estado de S. Paulo*, p. 3. O recorte de jornal foi encontrado no espólio de Jamil e não apresenta referências quanto à data de publicação. Por se referir somente aos dois primeiros livros, supõe-se que o artigo tenha sido publicado em meados dos anos 1940. Em 1938, Roger Bastide foi um dos professores europeus que passou a lecionar na recém-criada Universidade de São Paulo.

remete à nostalgia de uma harmonia perdida com a terra dos antepassados, observação que é questionável, na medida em que pode ser vista simplesmente em relação ao sentimento universal de compaixão com os desfavorecidos – emoção que o poeta também pôde vivenciar em sua ação como médico.

Para Bastide, a sensibilidade libanesa de Jamil se manifesta, ainda, quando o poeta versa sobre mulheres tuberculosas. O sociólogo explicou que a esterilidade dessas figuras foi tema recorrente na poesia dos simbolistas franceses, porém elas eram descritas como pessoas "interditadas ao amor". No entanto, diferentemente dos simbolistas, Jamil retrata essas figuras femininas "como tendas ao nômade fatigado", aptas ao amor, algo que seria o reflexo de uma visão sensual "típica" dos orientais:

Somente um oriental seria capaz de, em lugar de se afastar com horror, transformar a hemoptise numa flor que abre suas pétalas vermelhas sobre a brancura dos lençóis ou sobre a nudez estelar de um corpo agonizante[46].

Assim, Bastide olhou a metáfora da tosse de sangue que se transforma em flor para ler um Jamil oriental. No entanto, a metáfora que chamou a atenção do sociólogo pode ter sido tomada de empréstimo de Moacir de Almeida, poeta do simbolismo brasileiro – movimento que também parece ter permeado as leituras de Jamil durante os anos de formação. Em um texto crítico de 1944, Jamil manifestou admiração por um verso desse autor, no qual as hemoptises se transformam em estrelas vermelhas. Para Jamil, essa transformação evidencia que: "a dor, na sua poesia, apresenta um sentido de ascensão e sublimação e nem a própria tísica consegue fazê-la baixar à terra"[47].

Com isso, podemos afirmar que essa metáfora, em particular, remete a um autor de procedência nacional e a um movimento – o Simbolismo – que apresenta caráter cosmopolita e tinha como uma de suas referências principais Charles Baudelaire – autor que também marcou a trajetória lírica de Jamil: "Como jamais pretenderam servir à causa nacional, estes poetas [os simbolistas] foram usualmente representados como alienados, de-

46. *Idem.*
47. Jamil Almansur Haddad, "De Castro Alves a Moacir de Almeida", *Folha de S. Paulo*, p. 5, 18 maio 1944.

senraizados, fúteis, irracionalistas, incompreensíveis, colonizados"[48]. Isso nos permite afirmar que, naquele momento, mesmo as metáforas tidas por "orientais" – como seria o caso da tosse de sangue que se transforma em flor – foram criadas a partir do influxo de imagens românticas ou simbolistas.

Até aquele momento, Jamil mobilizou o imaginário orientalista não necessariamente com a intenção de remeter às terras dos antepassados, mas sim para exprimir uma visão idealizada da mulher ou mesmo para dar vazão a uma veia hedonista. Nessa dinâmica, o "Oriente" é utilizado para alocar o imaginário fantasioso do poeta: "El país lejano es un escenario de la fantasía ya creado"[49], escreveu César Aira. Devido a esse uso, Jamil foi considerado poeta de vertente árabe por críticos que, à época, confundiram imagens orientalistas com o que denominaram com a vaga caracterização de "poesia oriental".

E, apesar de os esforços de parte da crítica entre os anos 1930 e 1950 terem caminhado na direção de definir a "orientalidade" de Jamil, estudos posteriores omitiram o poeta do rol de escritores da imigração. Este é o caso, por exemplo, da já referida tese de doutorado de Villar – que menciona escritores contemporâneos a Jamil, como Mussa Kuraiem, Chafic Maluf, Mário Chamie, Emil Farhat, Jorge Medauar e Salim Miguel[50] – e o livro *Árabes 1: Poemas, Crónicas y Relatos en Sudamérica*, organizado pelo pesquisador argentino Lautaro Ortiz, em que há versos traduzidos de poetas que escreviam em árabe no Brasil – entre eles al-Karawy, Fawzi Maluf e Elias Farhat – além de outros que produziam em espanhol na Argentina, como Emir Emin Arslan[51].

Já o livro *El Mundo Árabe y América Latina* contém um artigo do poeta palestino imigrado à Argentina Juan Yaser que associa Jamil ao grupo de autores imigrantes da segunda geração, ao lado de Salomão Jorge e Francisco Karam. Apesar de reconhecer as dificuldades para encontrar denominadores comuns nas obras dos poetas que figuram nessa lista, Yaser considera a questão da nostalgia uma tônica comum:

---

48. Francini Ricieri (org.), *Antologia da Poesia Simbolista e Decadente Brasileira*, São Paulo, Companhia Editora Nacional/Lazuli, 2007, p. 35.
49. César Aira, "El Exotismo", pp. 73-79.
50. Valter Luciano Gonçalves Villar, *Os Árabes e Nós: A Presença Árabe na Literatura Brasileira*, p. 153.
51. Lautaro Ortiz, *Árabes 1: Poemas, Crónicas y Relatos en Sudamérica*, Buenos Aires, Desde La Gente/Ediciones Instituto Movilizador de Fondos Cooperativos, 2003.

[...] divisamos claramente características comunes entre ellos, surgidas del dolor padecido en el nuevo hogar por la nostalgia contagiosa y, como tal, extendida hasta la tercera o cuarta generación[52].

Os dois primeiros livros de poemas de Jamil foram escritos enquanto ele ainda cursava Medicina. De 1938 a 1940, o poeta trabalhou como otorrinolaringologista, ofício que não lhe garantia sustento econômico[53], razão por que ele decidiu fechar o consultório e centrar-se em atividades relacionadas à literatura, que pareciam mais promissoras. Como poucos no Brasil daquela época, Jamil conhecia bem o árabe e o português – além do inglês, que estudou durante a faculdade – e resolveu oferecer serviços de tradução à Companhia Editora Nacional. Naquele momento, Monteiro Lobato vertia para o português os *Poemas do Livro de Jângal*, de Rudyard Kipling, e Jamil foi incorporado ao projeto[54]. Assim, em 1941, saiu à luz seu primeiro trabalho formal como tradutor[55]. Na contramão dos interesses mercadológicos das editoras – que, à época, giravam em torno de autores contemporâneos – o poeta afirmou que gostava de traduzir e escrever sobre escritores do passado – de Rudyard Kipling ao Marquês de Sade, passando pelo Alcorão, Padre Antônio Vieira, Charles Baudelaire e Paul Verlaine. Jamil considerou que esse apego ao passado prejudicou sua carreira de tradutor, que levou cinco anos para decolar[56].

Entre o final dos anos 1930 e o começo dos anos 1940, os interesses literários de Jamil envolviam, entre outros, estudos sobre a poética de Castro Alves, Álvares de Azevedo e Guilherme de Almeida; traduções das *Líricas*

---

52. Juan Yasser, "El Movimiento Literario Americano-Árabe en América Latina", em Raymundo Kabchi (coord)., *El Mundo Árabe y América Latina*, Madrid, Tres de Cuatro Soles/Ediciones Unesco/Libertarias/Prodhufi, 1997, p. 361.
53. Renard Perez, "Jamil Almansur Haddad", p. 11.
54. *Idem, ibidem.*
55. Apesar de Jamil ter afirmado que os *Poemas do Livro de Jângal* foram sua primeira tradução, há uma anterior, *As Asas Multiladas*, de Gibran Kalil Gibran, que o poeta verteu do árabe ao português em 1940. Conforme Samir El Hayek, tradutor do Alcorão vinculado à Mesquita do Brasil, em São Paulo, Jamil teria vendido essa tradução ao escritor e diplomata libanês Mansour Challita que, posteriormente, publicou-a sob o título *As Asas Partidas*.
56. Renard Perez, "Jamil Almansur Haddad", p. 11.

de Safo[57] e *O Cancioneiro,* de Petrarca[58]; além da *História Poética do Brasil*[59], que pretende contar a história do país por meio da poesia produzida entre a época colonial e a Segunda Guerra Mundial. Além disso, ele também fez uma tradução livre de fragmentos do Alcorão (1942) a uma comissão que impulsionava o desenvolvimento da Mesquita Brasil, a primeira a ser inaugurada no país[60]. Nesse período, trabalhou para editoras como a Livraria José Olympio, Bolsa do Livro, Edições Cultura e Flama Editora.

Com a carreira literária em ascensão, em 1945, Jamil inscreveu-se para o concurso de professor catedrático de Literatura Brasileira na Faculdade de Filosofia, Ciências e Letras da Universidade de São Paulo, disputando a vaga com outros cinco candidatos: Antonio Sales Campos, Antonio Candido de Mello e Souza, Manoel Cerqueira Leite, José Oswald de Souza Andrade e Mário Pereira de Souza Lima. Este último foi o escolhido para o cargo, sendo que os demais receberam o título de Livre-Docente em Literatura Brasileira. Para participar do concurso, Jamil escreveu a tese *O Romantismo Brasileiro e as Sociedades Secretas do Tempo,* que, em 1960, foi revisada e publicada sob o título *Álvares de Azevedo, a Maçonaria e a Dança* pelo Conselho Estadual de Cultura de São Paulo. Durante a realização da banca para a escolha do professor, um dos componentes teria afirmado: "É estranho que o senhor, de origem alienígena, tenha-se interessado por um poeta tão brasileiro"[61].

Presentes nos primeiros poemários de Jamil, as figuras de mulheres intangíveis e ardentes também são um dos pontos de atenção do poeta no trabalho desenvolvido como tradutor e crítico à época e, em especial, no livro decorrente da tese apresentada ao concurso à Universidade de São Paulo. Na obra *Álvares de Azevedo, a Maçonaria e a Dança,* Jamil discorre sobre a presença da Maçonaria no Brasil durante o período romântico, sustentando que havia um fundo maçom na Epicureia, ou "sociedade do delírio" –

57. Safo, *As Líricas de Safo,* São Paulo, Edições Cultura, 1942.
58. Petrarca, *O Cancioneiro,* São Paulo, Livraria José Olympio Editora, 1945.
59. Jamil Almansur Haddad, *História Poética do Brasil,* São Paulo, Letras Brasileiras, 1943.
60. A Mesquita Brasil iniciou suas atividades em 1927, mas apenas em 1956 foi inaugurada no bairro do Cambuci, em São Paulo. Hoje, é considerada uma das mais importantes da América Latina. (cidadedesaopaulo.com/sp/br/o-que-visitar/atrativos/pontos-turisticos/3067-mesquita-brasil).
61. Helena Silveira, *Paisagem e Memória,* p. 212.

ao redor da qual se reuniam poetas como Álvares de Azevedo e Bernardo Guimarães, com o propósito de tornar realidade os "sonhos de Byron". Um dos méritos do trabalho de Jamil foi sugerir que os românticos apresentavam "tendência ao fechamento num grupo à parte" e que "resvalavam a clandestinidade"[62]. Para Alfredo Bosi, o estudo de Jamil permite "dar certa coerência ao vasto anedotário biográfico que em geral empana, em vez de esclarecer, nossa visão dos românticos típicos"[63].

Nesse trabalho, Jamil sustenta que há uma estreita relação entre elementos sagrados e profanos, tanto no cotidiano como na poesia do Brasil, aspecto que se faz evidente, por exemplo, nos conventos da era colonial:

> Não houve nada tão parecido como um lupanar, na nossa era colonial, do que um convento. Já na própria vida doméstica brasileira ia se operando, pois, esta hibridação do sagrado com o profano [...]. Sociedade onde os sacerdotes eram capazes, como disse alguém, de fazer do confessionário a antecâmara da alcova [...][64].

Para Jamil, o movimento de hibridar sagrado e profano presente historicamente no cotidiano brasileiro gerou reflexos no campo literário. Durante o Romantismo, por exemplo, apesar de os poetas viverem em um ambiente onde as mulheres se escondiam dos homens, imperava, entre eles, uma "absoluta falta de vocação à espiritualização e ao misticismo", sendo que eles eram carnais mesmo quando poetizavam sobre virgens. Esse aspecto aparece em versos como: "Que importa se o amor teu rosto beija / se a beijas nua e sobre o peito dela / teu peito juvenil ama e lateja", de Álvares de Azevedo[65], ou "No silêncio da noite a virgem vinha / soltas as tranças junto a mim dormir", de Casimiro de Abreu[66]. Jamil defende que Cruz e Souza vai mais longe, ao impurificar a própria Nossa Senhora, em trechos como o seguinte:

62. Vagner Camilo, *Risos Entre Pares: Poesia e Comicidade no Romantismo Brasileiro – Segunda Geração*, São Paulo, Edusp, 1997, p. 199.
63. Alfredo Bosi, *História Concisa da Literatura Brasileira*, São Paulo, Cultrix, 2006, p. 120.
64. Jamil Almansur Haddad, *Álvares de Azevedo, a Maçonaria e a Dança*, p. 22.
65. Álvares de Azevedo, "O Poema do Frade", *apud* Jamil Almansur Haddad, *Álvares de Azevedo, a Maçonaria e a Dança*, p. 22.
66. Casimiro de Abreu, "Canto de Amor", *apud* Jamil Almansur Haddad, *Álvares de Azevedo, a Maçonaria e a Dança*, p. 22.

E de repente não sei por que profana, tentadora sugestão, vi nitidamente Nossa Senhora descer aos poucos do altar, branca, muda, arrastando um manto estrelado e vindo anelante para mim, de braços abertos, dar-me, com os olhos claros de azul, profundos e celtas, infinitas, inefáveis promessas...[67]

Além da hibridação entre sagrado e profano, Jamil sustenta que em *Noite na Taverna*, de Álvares de Azevedo, a verdadeira filosofia é o epicurismo, que ele considera não apenas uma característica paulista como também europeia:

Perpassam por ele [pelo livro] como por um cinematógrafo macabro todos os excessos e todos os crimes: são incestos, defloramentos, adultérios. Há blasfêmias e gritos. Há assassinos, degolamentos. Há mortas e catalépticas. Aparece a necrofilia. Envenenamentos, suicídios. Infanticídios. Nem sequer lhe falta a antropofagia[68].

Nesse sentido, Jamil argumenta que, na Europa, o espírito da Epicureia e da Maçonaria começou com Lorde Byron e terminou em Charles Baudelaire, enquanto no Brasil ele segue uma linha que vai de Álvares de Azevedo a Augusto dos Anjos:

Na Alemanha como em São Paulo, em São Paulo como em Recife, em Recife como em Coimbra... O fenômeno tinha mesmo uma extensão universal, um caráter ecumênico. Os estudantes românticos eram iguais, em todas as partes do orbe[69].

Em *Alkamar, a Minha Amante* e *Orações Negras*, quando Jamil poetiza sobre mulheres candentes e que rondam como espectros, sugerindo que as amantes imateriais também são passíveis de gozo, mobiliza a leitura que fez do imaginário dos poetas românticos e, em particular, de Álvares de Azevedo. No entanto, o poeta parece querer dar um passo além, tornando manifesta a sua intenção de violar as virgens ou o desejo por amantes que já estão mortas. O interesse pelo ambiente soturno e sombrio, no entanto, é transmutado, em alguns momentos, pela sua vivência da medicina, de

---

67. Cruz e Souza, "Sob as Naves", *Missal, apud* Jamil Almansur Haddad, *Álvares de Azevedo, a Maçonaria e a Dança*, p. 22.
68. Jamil Almansur Haddad, *Álvares de Azevedo, a Maçonaria e a Dança*, p. 95.
69. *Idem*, p. 97.

maneira que a imagem de uma mulher morta pode ser usada tanto para mobilizar o desejo do poeta, como para fazer aflorar um sentimento de empatia em relação ao sofrimento dela. Essa tendência à evasão e ao imaginário fantasioso deriva da "poesia de hospital" dos poetas românticos, que, incapazes de lidar com a realidade, buscam refúgio na natureza, no passado, em terras longínquas ou em devaneios pessoais[70]. Assim, Jamil parece reinventar a "poesia de estudantes boêmios, que se entregam ao *spleen* de Byron e ao *mal du siècle* de Musset"[71], criada por autores como o poeta por ele tratado.

---

70. Alfredo Bosi faz referência ao termo "poesia de hospital", cunhado por Johann Wolfgang von Goethe para definir a tônica do Romantismo (Alfredo Bosi, *História Concisa da Literatura Brasileira*, p. 93).
71. *Idem, ibidem.*

Capítulo 3

O Poeta É Barroco, mas o Crítico, Vanguardista

Na década de 1940, tendo estreado como crítico e tradutor, Jamil também escrevia periodicamente a veículos da imprensa e começou a emergir nos debates que marcaram a literatura brasileira durante o período. Entre eles, a discussão sobre o papel do Barroco na historiografia nacional e os rumos que o país deveria tomar, a partir do legado do movimento modernista. Seu trabalho poético também ganhou projeção, ocupando as análises de críticos como Sérgio Milliet e Antonio Candido. Paralelamente, o poeta atuava como médico do trabalho do Governo do Estado de São Paulo, cargo público que ocupou até se aposentar, em meados dos anos 1970.

Em meio a esse contexto, Jamil escreveu os poemários *Poemas: Orações Roxas, Novas Orações Negras, Orações Vermelhas*, publicado em 1943 pela Edições Cultura, e *Primavera na Flandres*, que saiu em 1948 pela Bolsa do Livro Editora. O imaginário de ambos os livros gira em torno dos eixos temáticos criados nas obras inaugurais, de maneira que agora o movimento de profanar símbolos cristãos ganha corpo. Como elemento novo, sua poesia passa a incorporar um aspecto místico e espiritual, sendo que muitos poemas da época são denominados "Orações", como se nota nos subtítulos de *Poemas*. Assim, a religiosidade e, por consequência, a morte passam a funcionar não apenas como limites a serem transgredidos, mas também a representar a busca de Jamil por um sentido poético de sublimação.

A atmosfera de fêmeas fantasmagóricas seguiu presente, principalmente, em *Poemas*, que acolhe os já referidos versos de "Baila, Beduína, Baila", além de outros repletos de personagens femininas que vêm de outros mundos para seduzir o poeta com seus encantos funéreos, a exemplo de "Canto Elegíaco em Louvor da Amada":

A bem-amada é pura, pura...
tem a brancura
dos brancos círios longos queimando nas ecas...
tem a brancura
da sepultura...

A bem-amada é clara, clara...
Há, em seu olhar cinéreo,
a claridade triste
dos fogos-fátuos do cemitério.

A bem-amada é cheia de aromas
tal como a campa da gente humilde,
sem lousas nem legendas,
mas que se enche de flores na primavera...

A bem-amada é cheia de luz infinita
tal como as ruínas
que o luar habita...

A bem-amada é cheia de silêncios...
Entra-se em seu amor, divina alma,
como se a gente entrasse na necrópole calma...[1]

---

1. Jamil Almansur Haddad, "Canto Elegíaco em Louvor da Amada", *Poemas: Orações Roxas, Novas Orações Negras, Orações Vermelhas*, p. 21.

Em poemas como este, o contato com a personagem moribunda é desprovido do candor que marcou as mulheres presentes em outros poemários. Assim, a amante "cheia de silêncios" evoca uma sensação de calma e não de furor, como acontece em muitos dos versos de *Alkamar, a Minha Amante*. Aqui, a moribunda agrada ao poeta, que gosta de vê-la em seu ambiente soturno, "doridamente pálida/doentiamente lânguida"[2].

Apesar de mais enxuto do que os outros poemas, "Ladainha", abaixo, também associa a imagem da amante a uma experiência mística. Nesses versos, o poeta canta a pureza da amada, sua "fada nostálgica", e compara os seus seios a pétalas murchas. Dessa maneira, as amantes aparecem no livro não só para levar o poeta a um mundo exótico e lascivo – como se sugere em "Baila, Beduína, Baila" – mas também para aproximá-lo do divino e da morte como experiência mística:

Amada mística
rosa eucarística
ebúrnea torre

tristes os teus cabelos
como o das mortas

Bruma odorosa,
Flama castíssima
virginalíssima...

Tristes os teus braços
que são pendentes
como enforcados...

Sombra clemente,
diva puríssima,
consoladora.
Virgem translúcida...

2. Jamil Almansur Haddad, "Iremos pelos Jardins Floridos...", *Poemas: Orações Roxas, Novas Orações Negras, Orações Vermelhas*, p. 17.

Tristes os teus olhos
que vão boiando
como náufragos...
Sóror melancólica,
lírio admirável,
aurora amável,
inviolável...

Tristes os teus lábios
como feridas...

Corola pálida,
límpida anêmona,
fada nostálgica...

Tristes os teus seios
como pétalas murchas...[3]

As mulheres passam, então, a representar portas de entrada para outros mundos etéreos e espirituais, que também permitem ao poeta evadir-se de sua realidade prosaica. Por meio da imagem da morte, o poeta parece representar uma busca mística, tendência que se faz evidente em "Oração a Alphonsus de Guimarães", na qual emerge o apreço que Jamil sentia pelos poetas simbolistas. Diferentemente dos românticos que, segundo ele, não têm vocação à espiritualidade, Alphonsus de Guimarães aparece para Jamil como uma visão espiritual, que transforma seu quarto em catedral:

O teu espírito pousou como uma asa branca de grande ave sobre a mesa onde eu vou compondo um poema vago e alvo, cheio de ti, soturno Alphonsus...
[...]
Parece no sonho místico que o meu quarto se vai modelando à tua imagem:
alucinação a dos meus olhos que veem o quarto humilde cheio de bruma pura, celeste de nevoeiro alvo;

3. Jamil Almansur Haddad, "Ladainha", *Poemas: Orações Roxas, Novas Orações Negras, Orações Vermelhas*, p. 61.

eles vão vislumbrando vultos vagos como espetros, brancos, frios, por meu
quarto perpassando...

[...]

À tua chegada houve a transfiguração: meu quarto pobre ficou sendo catedral
sombria:

vão se fazendo as volutas do incenso.

[...]⁴.

Em paralelo aos versos com a tônica mística, o poeta segue explorando
a poesia de cunho social, que parece ter emergido das preocupações que o
afligiam em sua vida como médico. No mesmo livro, há um capítulo dedicado aos tuberculosos de Abernéssia – bairro em Campos do Jordão (SP)
que abrigava sanatórios – que lamenta o destino dos poetas e dos miseráveis
acossados pela enfermidade. O próprio Jamil fora ali internado ao padecer
dessa doença nos anos 1930⁵:

Em Abernéssia morrem os poetas...
Na noite preta como breu,
passou o vento e perguntou:
"– Viste se por aqui passou
o santo Rodrigues de Abreu?"
"– Amigo vento, ele morreu!
Mas por estes ermos de dor,
a sua tosse com certeza
ainda não emudeceu.
O orvalho que mora na flor
faz-me pensar em seu suor..."⁶

O interesse pela poesia engajada se transmuta em *Primavera na Flandres*. O livro possui quatro capítulos, que dialogam com a imagem da Eu-

4. Jamil Almansur Haddad, "Oração a Alphonsus de Guimarães", *Poemas: Orações Roxas,
Novas Orações Negras, Orações Vermelhas*, p. 85.
5. Cláudio Bertolli Filho, *História Social da Tuberculose e do Tuberculoso: 1900-1950*, Rio de
Janeiro, Editora Fiocruz, 2001, p. 198.
6. Jamil Almansur Haddad, "Balada dos Poetas Mortos em Abernéssia", *Poemas: Orações
Roxas, Novas Orações Negras, Orações Vermelhas*, p. 93.

ropa devastada pela Segunda Guerra Mundial. Nele, emerge um narrador preocupado em descrever as dores do mundo. Se em *Orações Negras*, de 1937, a atitude de engajamento se manifestava, principalmente, com uma postura de empatia em relação à dor dos miseráveis, agora, esses miseráveis são localizados em outras partes do mundo. O livro transparece, assim, os primeiros sinais de um lirismo que se projeta para fora do Brasil, movimento que terá continuidade nas obras posteriores de Jamil, como teremos oportunidade de demonstrar mais adiante. Na "Canção Danubiana", por exemplo, o poeta canta o rio que enlaça sete países, sete pátrias unidas por um "laço líquido":

> Eu te amo, na noite divina,
> terna corrente dançarina,
> cujo vestido azul-celeste,
> possui franjas brancas de espuma,
> possui rendas tênues de bruma[7].

Em *Primavera na Flandres*, as preocupações do poeta se voltam, então, aos diferentes países afetados pelo conflito global, como ocorre em "Litania da França" (publicado originalmente na página de abertura do caderno literário da *Folha de S. Paulo*, em 14 de março de 1943), "Balada Londrina" e "Natal em Berlim". No livro, que recorre os quatro cantos europeus, os versos denotam um ar de calmaria, posterior aos anos de desgraça e violência. A respiração do poeta parece estar suspensa, enquanto seu olhar busca esperança entre os escombros da guerra. Nesse cenário, a morte deixa de simbolizar uma busca mística e chama o poeta à destruição da realidade. A morte abandona, assim, um sentido figurado e a poesia de Jamil se deixa invadir por um ar sóbrio e pessimista, como se nota em "Notícias de Belgrado":

> Os enforcados à meia-noite!
> À meia-noite os enforcados!
> Pendem-lhe os corpos enregelados,
> hirtos,

7. Jamil Almansur Haddad, "Canção Danubiana", *Primavera na Flandres*, p. 60.

negros,
frios.
São como pontos exclamativos.
[...]

Enche a noite um rumor de vértebra que estala.
A bruma
vai lhes envolvendo o corpo de um nevoeiro alvo.
Ó bruma branca! És o sudário!
E ainda estão vivos os enforcados!
[...][8]

Mesmo nos versos que evocam um ambiente onírico e sombrio, os fantasmas chamam à realidade, como acontece no "Poema da Angústia da Itália", abaixo, em que a destruição das cidades italianas é lamentada por estátuas que se levantam dos túmulos, à meia-noite. Nesses versos, "Julietas" recobram vida para mostrar "o luto fatal que a Musa não descreve", apaziguando dores e agonias e estancando a violência que fez "o mármore das cidades chorar sangue":

Contam que à meia-noite, ao luar, em Verona
que o Ádige, sonolento e pensativo, corta
há um vulto de mulher que o túmulo abandona:
Julieta vem chorar mesmo depois de morta.

Contam nas horas mortas que a vaga Veneza
tem seu ar inundado de canções doridas...
E o canal cismarento pensa com certeza
que querem naufragar as gôndolas suicidas...

Contam das catedrais, que certo receberam
da angústia e do infortúnio o mais penoso dote,
que nas naves augustas empalideceram,
principiando a rezar na hora noturna,

8. Jamil Almansur Haddad, "Notícias de Belgrado", *Primavera na Flandres*, pp. 55-56.

pela Itália sombria, a Itália taciturna,
os santos imortais de Buonarrotti.

As dores como ferem! As chagas como gritam!
Paira no ar desolado a voz das nostalgias.
As vozes de Belini e Verdi ressuscitam
para abafar a voz das agonias.
[...][9].

A imagem de Julieta que se levanta do túmulo em Verona, as gôndolas suicidas de Veneza e as estátuas que empalidecem nas igrejas parecem afirmar que só a arte, no contexto da guerra, tem função reparadora. Nesses versos, o poeta coloca personagens lúgubres a serviço de uma causa nobre, imbricando os imaginários de engajamento e mulheres etéreas no mesmo trabalho. Nesse imaginário, fantasmas partem do além para interferir na realidade prosaica do homem, e o poeta abandona, por um momento, o movimento de evasão que caracterizou sua trajetória até então e o levou tanto em direção a um exotismo lascivo, como à busca por uma morte mística. Em *Primavera na Flandres*, o poeta tem os olhos postos no concreto e coloca sua pena à serviço da realidade. No capítulo em que Raquel precisa baixar as pálpebras há, por exemplo, uma alusão ao genocídio judeu, e o poeta canta a infinita desgraça dos "Isaacs perseguidos / Isaacs espoliados / Isaacs expatriados / Isaacs sucumbidos / Isaacs fuzilados"[10]. Esse apego ao real marcará o cerne das atividades literárias de Jamil a partir do final dos anos 1950, quando sua poesia passa a ceder cada vez mais espaço a versos de caráter combativo e político.

No ambiente onírico do "Poema da Angústia da Itália", há, ainda, um jogo de contrastes, que contrapõe a "sombra espessa do luto" com a "neve branca dos Alpes", ou mesmo esculturas de mármore que choram, enquanto os homens, recrudescidos, se transformam em pedra:

[...]
Como para atenuar a grande sombra espessa,

9. Jamil Almansur Haddad, "Poema da Angústia da Itália", *Primavera na Flandres*, p. 27.
10. Jamil Almansur Haddad, "Último Drama", *Primavera na Flandres*, p. 81.

esse luto fatal que a Musa não descreve,
os Alpes muito além coroam a cabeça
da mais imorredoura e alvinitente neve.

Lagos da Bela Itália! O Piano, o Idro, o Como,
o Garda que sorri, o Lugano que reza,
o Montorfano azul... Esses lagos são como
as lágrimas doridas que a Itália represa.

E pela Isola Madre soturna e sonora
das vozes virginais que choram pelos noivos,
em vez das açucenas líricas de outrora
florescem lírios roxos, ciprestes e goivos.

Nos museus onde há estátuas e brancor exangue,
onde o silêncio, flor de sombra e ocaso, medra,
os mármores da Itália choram sangue,
na hora em que os homens se fazem de pedra[11].

À época que escreveu esses poemas, Jamil mantinha laços estreitos com intelectuais vinculados à Geração de 45. Em 1954, ele foi nomeado presidente do Clube de Poesia, organização criada em 1948 que pretendia difundir os ideais da geração[12]. Jamil fez parte do Conselho Consultivo da *Revista Brasileira de Poesia* desde o primeiro número, editado em dezembro de 1947, até

---

11. Jamil Almansur Haddad, "Poema da Angústia da Itália".
12. Em mensagem escrita para o evento, Menotti Del Picchia opinou que "o conclave poderá ter para as letras nacionais o sentido e a importância da batalha de sangue travada na ribalta do municipal de 1922. Estamos novamente diante de um instante crucial". No texto, Picchia explicou que, à época, assim como na Semana de 22, os artistas tinham mais perguntas do que respostas a respeito do momento poético que viviam. No entanto, a missão principal daquele tempo era retomar os valores morais perdidos e humanizar a eternidade. O intelectual enfatizou, ainda, que a poesia deveria apresentar caráter heroico e sublime e funcionar como guia à humanidade (*Revista Brasileira de Poesia*, n. II, ago. 1948 (São Paulo), p. 19). Picchia foi o intelectual brasileiro que mais se aproximou dos poetas de origem árabe, tendo colaborado com publicações bilíngues português-árabe, entre elas a *Revista Oriente*.

ao menos 1956[13]. Na edição de fevereiro de 1949, saíram quatro poemas de sua autoria[14], dos quais os dois últimos foram incorporados ao livro *A Lua do Remorso*, de 1951: "Canção da Égua", "Balada das Pálpebras Azuis", "A Amada Marítima" e "Poema Ritual das Virgens". O editor da revista, Domingos de Carvalho da Silva, afirmou que Jamil "jamais foi poeta de escola" e considerou seus versos contrários ao objetivismo típico dos ideais de 1922, por trabalharem um lirismo amoroso subjetivo[15]. O subjetivismo a que se refere Silva se relaciona às bem-amadas brancas e sepulcrais, cheias de luz infinita, como ruínas, ou mesmo aos "hímens de bronze" que "na madrugada timpânica florescem em música", tematizados no "Poema Ritual das Virgens", no qual os hímens são associados a flores, metais, vegetais e adjetivações diversas:

Cantaremos em glória dos hímens de bronze,
os que, na madrugada timpânica, florescem em música.

Cantaremos em glória dos hímens floridos,
os que abrem em corimbo,
umbela vespertina bafejada de brisa
e irradiam perfume de abelmosco e açucena
e que reveste a tarde de um sudário cor de musgo.

E os que são de madrépora fulva; e os de alabastro friável;
e os de nevoeiro cor de âmbar; e os de gaze e de aroma de almíscar;
e os de arminho; e os de gerânio; e os de espuma; e os de lua e nuvem;
e os de favo; e os de aro de prata; e os de esmeralda no centro;
e os de glicínia espezinhada; e os tenros como caulículos novos;
e os macerados como topázios enlouquecidos.
[...][16].

13. Foram consultados todos os volumes da revista disponíveis na hemeroteca da Biblioteca Mário de Andrade. No entanto, a biblioteca não possui toda a coleção da publicação. Por isso, não foi possível determinar a data exata do seu último número.
14. Na mesma edição da revista também foram publicados poemas de Menotti Del Picchia e José Paulo Moreira da Fonseca.
15. Domingos de Carvalho Silva, "Sobre Jamil Almansur Haddad", *Revista Brasileira de Poesia*, fev. 1949 (São Paulo), p. 43.
16. Jamil Almansur Haddad, "Poema Ritual das Virgens", *A Lua do Remorso*, p. 12.

A proximidade biográfica dos autores de 45 motivou Jamil a participar da organização do primeiro Congresso Brasileiro de Poesia, em 1948, que pretendia discutir os rumos da poesia brasileira. Antes de o congresso acontecer, Jamil deu uma declaração à imprensa, afirmando que o encontro poderia salvar o Brasil porque "a poesia é penicilina para a infecção moral do homem. [...] O simples fato de produzir agitação no ambiente [...] constitui relevante serviço público"[17]. Ao defender a missão higienizadora e purificadora da poesia, Jamil mostrou afinidades com os ideais da Geração de 45, segundo os quais os poetas eram incumbidos de uma função heroica[18].

Assim como outros intelectuais da Geração de 45, Jamil decretou a "falência" dos ideais modernistas e saudou a poética de 45. Essa posição se opunha à daqueles que atacaram as ambições literárias desse grupo, por considerarem que esse apresentava pouco comprometimento com causas sociais e apego a versificações ultrapassadas: "Hoje, é fácil avaliar corretamente a 'obra' de 45: nítido retrocesso em relação ao Modernismo, resumida à prática de uma poesia parnasiana, estetizante, fechada num ritual formalista"[19], escreverá Augusto de Campos, anos mais tarde. Oswald de Andrade tinha opinião parecida e atacava os neomodernistas enquanto eles ainda existiam como grupo: "Neo é um prefixo que compromete e elimina qualquer propósito de criação. E poesia só é poesia quando é criação"[20]. Desde uma posição conciliadora, Péricles Eugenio da Silva – poeta, crítico e atuante no grupo de 45 – afirmou que o Neomodernismo não representou uma negação do Modernismo e que os poetas do novo movimento deveriam apenas tomar cuidado para não cair na repetição das velhas formas. Para ele, o Modernismo foi nacionalista, esteticista e revolucionário, enquanto o Neomodernismo universalista e reacionário, no sentido estético:

17. Jamil Almansur Haddad, "Sobre o Primeiro Congresso Brasileiro de Poesia", *Folha da Manhã*, 28 abr. 1948 (São Paulo), p. 2.
18. Para detalhes sobre a relação de Jamil com os poetas de 1945, ver Christina Stephano de Queiroz, "Dentro y Fuera del Canon Poético", em Adriana Pifferetti (org.), *Historia y Literatura: Relaciones, Diferencias y Entrecruzamientos Teóricos: Arte, Creación e Identidad Cultural en América Latina*, Rosario, Iracema Ediciones, 2014 (CD-ROM).
19. Augusto de Campos, *Pagu Vida-Obra*, São Paulo, Companhia das Letras, 2014, p. 45.
20. Oswald de Andrade, *Telefonema*, organização, introdução e notas Vera Maria Chalmers, São Paulo, Globo, 2007, p. 375.

"essa estilística reacionária se esclarece por uma volta à disciplina, às metrificações populares, aos ritmos clássicos, às rimas e a tudo o que o Modernismo parecia ter banido para sempre"[21]. As desavenças entre os intelectuais no campo estético minaram a realização do primeiro Congresso Brasileiro de Poesia, que foi marcado por conflitos e não alcançou o objetivo maior de definir novos rumos poéticos ao Brasil:

> [...] a coisa pegou fogo – voltando àquela noite, quando Ledo Ivo disse que Oswald era o calcanhar de Aquiles do Modernismo. O pai de Serafim Ponte Grande retrucou: – E você é o chulé de Apolo! [...] Havia brigas homéricas. Intelectuais perdiam a esportiva. Depois, Oswald, sempre querendo ganhar a mocidade para ele, convidava todos para comemorações em seu apartamento do Bixiga. Maria Antonieta d'Alkmin era a anfitriã. [...] Oswald ia à dispensa e trazia patê de Strasbourg e o melhor champanhe francês[22].

Terminado o congresso, Jamil, inicialmente um dos mais entusiasmados, fez outra declaração à imprensa, na qual reconheceu o fracasso da empreitada. Decepcionado, ele acusou que os debates foram marcados por retaliação pessoal e não pela troca de ideias. Nas palavras dele, estiveram: "muito longe da poesia e muito próximo da xingação"[23].

Nas mesmas declarações, ao ser questionado quanto às intenções de o congresso estabelecer normas estéticas, respondeu:

> A única norma estética plausível hoje é a de que não se deve fixar nenhum tipo de norma, cada um buscando realizar, dentro da sua verdade e do seu individualismo, sua arte. Não acredito que exista um clima propício para criação de escolas, no sentido tradicional do termo[24].

Apesar de referir-se aos objetivos pontuais do congresso, a declaração feita à imprensa parece evidenciar, também, seus próprios ideais poéticos,

---

21. Péricles Eugenio da Silva, "Neomodernismo", *Revista Brasileira de Poesia*, ano 1, n. 1, vol. 1, dez. 1947 (São Paulo), p. 17.
22. Helena Silveira, *Paisagem e Memória*, p. 62.
23. Jamil Almansur Haddad, "Adotada a Proposta de Fundação da Casa da Poesia", *Folha da Manhã*, 4 maio 1948 (São Paulo), p. 7.
24. Jamil Almansur Haddad, "Sobre o Primeiro Congresso Brasileiro de Poesia", p. 2.

já nessa época "difíceis de classificar". Pela participação na organização do congresso e por integrar o conselho consultivo da revista, é possível afirmar que Jamil tinha proximidade biográfica com os poetas de 45; contudo, quando escritores e críticos refletiram sobre sua vinculação com os ideais do movimento, a tônica comum foi que ele "não se encaixava": "Há figuras, como Cassiano Ricardo, que aderiram a todas as correntes estéticas, enquanto Jamil foi o contrário e posicionou-se equidistante de todas"[25].

Para Sérgio Milliet, essa distância de Jamil em relação aos ideais de 45 se dava, principalmente, por causa do caráter "grandiloquente e esparramado" de seus versos, característica que se opunha ao hermetismo dos autores da geração: "Jamil agarra sua essência poética e mascara de arabescos, de tatuagens, de turbantes e de falsas joias"[26]. Milliet sustentou que a liberdade moderna está presente na obra de Jamil, entre outros momentos, quando o poeta adota um discurso que ignora os freios da rima e da medida silábica: "da liberdade moderna, Jamil não se aproveitou para cantar, mas sim para discursar mais um pouco, para esparramar, já agora sem os freios da rima ou da medida silábica"[27]. Mais épica do que lírica, mais sensual do que sensível, "mais ária de opereta e teatro do que música de quarteto ou diálogo interior"[28], o crítico elogiou o lirismo do poeta quando ele "resiste às tentações verbosas". Milliet afirmou que Jamil trouxe à sua poesia os vícios estéticos do passado, ao utilizar a retórica parnasiana e o preciosismo simbolista e exagerar na dose de fantasia: "Sua poesia não passa por aquele período necessário de decantação a que a submetem os poetas inimigos da grandiloquência, os artistas desconfiados das facilidades barrocas"[29].

Opinião similar manifestou Antonio Candido, quando afirmou que o caminho de Jamil é o de um "romântico que passou pela sessão vocabular dos chamados simbolistas"[30]. Candido também frisou a obsessão do poeta em associar morte e amor, de modo que "o aparato fúnebre e religioso serve

25. Entrevista com o poeta Cláudio Willer realizada pessoalmente em agosto de 2013.
26. Sérgio Milliet, *Diário Crítico*, vol. II: *Janeiro de 1943*, São Paulo, Martins/Edusp, 1981, p. 90.
27. *Idem*, p. 49.
28. *Idem, ibidem.*
29. *Idem, ibidem.*
30. Antonio Candido, "Notas de Crítica Literária: Poetas Menores de Hoje", *Folha de S. Paulo*, 14 maio 1944, p. 7.

de revestimento constante e sutil ao seu erotismo – exatamente como em Alphonsus de Guimarães"[31].

Anos após Milliet atacar a "verborragia" dos poemas de Jamil, Ivan Junqueira, em uma antologia de poetas em atividade durante os anos 1930, também criticou nele o caráter "discursivo"[32]. Mesmo incluindo Jamil nessa antologia, Junqueira enfatizou que o autor caminhou "totalmente à deriva" das tendências de 1922 e 1930 e apresenta dificuldades para ser classificado, por conta de características paradoxais, como o uso da liberdade expressiva moderna, aliada a "uma retórica na qual se percebem ainda traços natura-listas e de exaltação romântica, a que se somam, de modo algo paradoxal, impulsos pietistas e um acentuado erotismo"[33].

As valorações de Milliet e Candido em relação às "facilidades barro-cas" da poesia de Jamil aconteceram durante um momento em que duas correntes críticas procuravam situar o lugar do Barroco na história literária nacional. O debate envolveu uma vertente de pensamento vinculada a Can-dido e a um grupo de sociólogos e críticos literários da Universidade de São Paulo, que tomava a realidade social como eixo interpretativo das obras li-terárias. O ensaio "As Ideias Fora do Lugar", do sociólogo Roberto Schwarz, explica esse posicionamento, ao defender que existe um descompasso entre os valores literários brasileiros – importados da França e da Inglaterra – e a realidade social do país que, até 1888, se apoiava na escravidão para fazer girar sua economia. Schwarz cita uma frase do historiador Sérgio Buarque de Holanda para resumir essa ideia:

[...] trazendo de países distantes nossas formas de vida, nossas instituições e nossa visão de mundo e timbrando em manter tudo isso em ambiente muitas vezes desfavorável e hostil, somos uns desterrados em nossa terra[34].

O sociólogo argumenta assim que, no Brasil, as ideias estão fora de centro em relação ao seu uso europeu. Partindo do pressuposto de que há

---

31. *Idem.*
32. *Idem.*
33. Ivan Junqueira, *Roteiro da Poesia Brasileira: Anos 30*, p. 17.
34. Roberto Schwarz, *Ao Vencedor as Batatas: Forma Literária e Processo Social nos Inícios do Romance Brasileiro*, São Paulo, Editora 34, 2012, p. 13.

um descompasso histórico entre as nações "novas" da América Latina e a Europa, essa corrente buscava aspectos identitários nacionais, ao refletir sobre a produção de autores brasileiros. Ainda, segundo essa concepção, o nascimento da genuína literatura brasileira aconteceu durante o Romantismo, quando poetas e escritores começaram a se preocupar em definir e explorar a identidade nacional do país. Dessa forma, a corrente sociológica considerava que movimentos anteriores, como o Barroco, não passavam de "manifestações literárias".

A crítica Leda Tenório da Motta defende que, ao argumentar que a história literária nacional começou, de fato, durante o Romantismo, ou seja, quando emergiram nas obras elementos vinculados à ideia de identidade brasileira, essa corrente de pensamento realizou o "bloqueio de todo um século de literatura"[35]. E, como consequência, características associadas ao Barroco eram vistas com olhar negativo, entre elas

[...] extremos da fé, cupidez do poder, anseios messiânicos, ilusão de grandeza, impulso da contradição, exaltação dos sentidos, êxtase da festa, convivência das disparidades [...] pendor para o exuberante e para o monumental[36].

Tenório da Motta justifica o posicionamento de Candido e Schwarz, ao lembrar que ambos fundaram a tradição brasileira de crítica literária, porém são cientistas sociais. Por causa disso, suas visões da literatura estão embebidas de espectro sociológico e, para eles, a obra literária é, em primeiro lugar, reflexo da realidade social do país. Inclusive *Clima* – revista editada pelo grupo de Candido, nos anos 1950 – é um nome que sugere que o Brasil tem uma posição de país periférico, em relação aos centros metropolitanos europeus[37].

Na outra ponta do debate, os autodenominados Noigandres – Haroldo de Campos, Augusto de Campos, Décio Pignatari – defendiam que a literatura não deveria ser pensada de acordo com o conceito de "origem" ou "identidade

35. Leda Tenório da Motta, *Sobre a Crítica Literária Brasileira no Último Meio Século*, Rio de Janeiro, Imago, 2002, p. 78.
36. *Idem*, p. 43.
37. *Idem*, p. 51.

nacional"[38]. Assim, o grupo tomou distância da família intelectual de Candido – composta, fundamentalmente, por acadêmicos e eruditos –, escolhendo como guia espiritual o escritor Oswald de Andrade, naquele momento *persona non grata* entre a intelectualidade brasileira. Os Noigandres reuniam professores, artistas e tradutores e refutavam a noção linear de tempo histórico. O intenso trabalho de tradução do grupo, inclusive, refletia a concepção segundo a qual os imaginários nacionais são atravessados por elementos universais, de maneira que a literatura é reprocessada constantemente. Assim, a tese dos Noigandres se opõe aos argumentos da família intelectual de Candido, atacando a ideia de que a literatura brasileira é "galho secundário da portuguesa, ou um arbusto de segunda ordem no jardim das musas"[39]. Com isso, eles invertem a direção do fluxo das influências literárias. Tradicionalmente, o uso da palavra "influência" para fazer referência às interferências mútuas que poetas e escritores realizam entre suas obras abarca certo sentido de passividade entre o autor que influencia e aquele que é influenciado. Os Noigandres procuravam, justamente, distanciar-se dessa concepção. Enfim, enquanto os críticos da vertente sociológica tomam por base a noção de um desarraigo da cultura brasileira, os Noigandres refutam a existência de fronteiras nacionais quando se trata de pensar o processo de criação literária. Inclusive, essa concepção encontra ecos em Jorge Luis Borges, quando o escritor argentino sustenta que as literaturas se entrecruzam todo tempo, tornando impossível a busca dos seus começos, fontes e origens:

> Creo que los argentinos, los sudamericanos en general, estamos en una situación análoga; podemos manejar todos los temas europeos, manejarlos sin supersticiones, con una irreverencia que puede tener, y ya tiene, consecuencias afortunadas[40].

Com esse debate no horizonte, é possível afirmar que, ao criticar os "arabescos, as tatuagens, os turbantes e as falsas joias" presentes na poesia "grandi-

38. Haroldo de Campos, *O Sequestro do Barroco na Formação da Literatura Brasileira: O Caso Gregório de Matos*, São Paulo, Iluminuras, 2011, p. 38.
39. *Idem*, p. 24.
40. Jorge Luis Borges, "El Escritor Argentino y la Tradición", *Contratiempo, Revista de Pensamiento y Cultura*, 2010.

loquente" de Jamil, as leituras de Milliet e Candido podem ter sido atravessadas pela visão negativa que se tinha da estética barroca naquele período.

Imerso nas discussões que marcaram a literatura brasileira nas décadas de 1940 a 1960, Jamil refletiu sobre a poesia local na posição de crítico e também dialogou com as correntes estéticas a partir da própria poesia que produziu. Nos anos 1940, além da busca pelos novos caminhos poéticos do Brasil, a partir do legado deixado pelo Modernismo, ele também se posicionou frente ao debate sobre o lugar do Barroco na história. Assim, diferentemente da corrente encabeçada pelo grupo de sociólogos e críticos literários da Universidade de São Paulo, defendeu uma nova conceituação do Barroco literário, que permitisse renovar o estudo da literatura brasileira durante o período colonial. Para Jamil, a literatura nacional remonta seus começos a essa época, tendo nascido sob o signo da Espanha e do Barroco. No ensaio de 1957 "Do Gongorismo em Portugal", ele argumentou que o Barroco literário é uma das incompreensões mais graves nas letras portuguesas:

O conceito degradante do Barroco português é consequência lógica do mal conceito que a época e críticos posteriores formaram do gongorismo, ou seja, do Barroco literário. [...] Essa aversão chegou a ser extremamente difusa, quase universal. [...] Góngora é uma das grandes influências e das raízes mais sensíveis da própria poesia contemporânea[41].

Não há como deixar de apontar a confluência de Jamil Almansur Haddad e Haroldo de Campos nesse estrito sentido, na medida em que ambos refutavam a ideia de que o Barroco devesse ocupar lugar periférico na historiografia literária brasileira[42].

O interesse de Jamil por discutir o movimento desde uma nova perspectiva resurgiu na década de 1960, quando ele publicou um prefácio ao livro *Novelas do Marquês de Sade e um Estudo de Simone de Beauvoir*. Nesse ensaio – que seria somente parte de um estudo mais amplo e inédito sobre o Marquês de Sade –, o poeta trata das relações entre a literatura brasileira, os temas de Sade e o Barroco. Ele sustenta que houve, no Brasil, um sadismo

41. Jamil Almansur Haddad, "Do Gongorismo em Portugal", *O Estado de S. Paulo*, 31 ago. 1957, p. 39.
42. Jamil Almansur Haddad, "Introdução a Vieira", p. 18.

avant la lettre, de forma que a presença local do escritor francês é anterior à chegada do seu primeiro livro, remontando suas origens ao período colonial e à estética barroca. De acordo com essa lógica, o sadismo no Brasil se tornou latente, entre outras situações, no gosto que a população tinha pelas surras disciplinares dadas pelos corretores dos colégios jesuítas, a fim de castigar e educar os alunos:

> De qualquer maneira, gostava-se de apanhar [...]. Conta-nos o P. Franco de um tal Sebastião Sequeira, corretor durante quarenta anos, no Colégio de Bragança que, no dia do seu falecimento, a 12 de março de 1694, quiseram os nobres da cidade levá-lo à sepultura sobre os próprios ombros em testemunho da gratidão pelos castigos de outrora recebidos[43].

Para Jamil, esse relato evidencia o acordo que havia entre algozes e vítimas para que "o círculo vicioso, de dar e apanhar, não padecesse nenhuma espécie de quebra"[44]. Ao sustentar que o Barroco é a "expressão de uma crise de verdade e do sentimento de realidade" e defender que seu drama é "desenvolver-se sob o signo do paradoxo"[45], Jamil o considerou como ápice das tendências sadomasoquistas na literatura local, sendo a crueldade um dos traços que o caracteriza: "Amor e sexo, hedonismo e sofrimento, a igreja e a alcova, ambivalências que eram as mais comuns na época [do Barroco] e as mais definidoras"[46].

No final dos anos 1950, ao formular o convite para que o lugar do Barroco literário na história nacional fosse repensado, Jamil se distanciou da linha de pensamento da corrente sociológica e sinalizou uma relativa aproximação do grupo Noigandres. Assim como a família intelectual de Haroldo de Campos, Jamil defendia que as reflexões sobre a literatura brasileira deveriam acontecer com base em questões que perpassavam a poesia universal – como o byronismo ou o sadismo – e menos apegadas à ideia de construção da identidade nacional. Isso significa que Jamil apresentava afinidade de pensamento com os Noigandres quando manifestava ideal

43. Jamil Almansur Haddad, "Sade e o Brasil", p. 3.
44. *Idem, ibidem.*
45. Jamil Almansur Haddad, "Introdução a Vieira", p. 19.
46. Jamil Almansur Haddad, "Sade e o Brasil", p. 8.

de universalidade para refletir sobre a poesia; pela concepção que tinha do Barroco e também por defender que a literatura é permeável e não deve ser avaliada em função da "autonomia" em relação às culturas da Europa. Nos anos seguintes, esse movimento de refletir sobre a literatura nacional com base em conceitos que atravessam a poesia do mundo ganhará evidência. O pendor para o universal, que até o final os anos 1950 se mostrou de forma mais clara na trajetória crítica, ganhará terreno, também, no âmbito poético, fazendo com que a poesia de Jamil incorpore *leitmotivs* para sabotar a ideia de fronteiras nacionais.

No entanto, apesar da relativa aproximação do ideal literário dos Noigandres, o apego a questões formais; as preocupações existenciais; o lirismo amoroso subjetivo; a proximidade biográfica dos autores de 45 e mesmo o rechaço pelas experimentações vanguardistas são elementos que o distanciavam dessa corrente de pensamento. Erudito e vinculado à academia, Jamil apresentava perfil mais próximo à corrente crítica de Candido, porém questionava o seu conservadorismo para pensar a história literária brasileira. Ao mesmo tempo, atacava a abolição do verso praticada pelos experimentalismos dos Concretos, movimento ligado aos Noigandres:

Na Semana de Arte Moderna o verso não era metrificado e a rima foi abolida. Em outros termos, o Modernismo brasileiro liquidou com a técnica do verso, ou seja, dissolveu o verso na prosa. Em outros termos e francamente, o verso desapareceu. E as gerações seguintes seguiram essa orientação, em um momento em que eu, pela vida afora, continuei fiel à necessidade da presença da técnica na poesia, o que foi universalmente abominado. Isso me dá, no Brasil pelo menos, uma relativa solidão nesse tipo de opção estética. [...] Liberdade da técnica não é ficar sem técnica, mas sim inventar uma técnica pessoal, que vem da posse da técnica tradicional. As experiências concretas são a corroboração para a minha teoria de morte da poesia. Lendo os textos dos próprios corifeus desse tipo de poesia, eles próprios afirmam que o verso não tem importância, que a poesia tradicional acabou[47].

E, da mesma maneira que acontece com os imaginários dos poetas românticos e simbolistas, o trânsito entre as leituras que Jamil fez como crítico e a poesia que produziu se faz evidente, também, na relação com

---

47. Aramis Villarch, *Entrevista com Jamil Almansur Haddad.*

o Barroco. Na poesia, Jamil se valeu de elementos que dialogam com essa estética, sendo um deles o jogo de contrastes que opõe as noções de profano e sagrado – como a da amante que emerge das toalhas brancas dos altares – e imagens de luz e sombra – como a aparição de amadas brancas na escuridão dos cemitérios. Outras características de sua poesia que permitem reforçar esse elo são o imaginário carregado de fantasia, de onde surgem beduínas como se fossem miragens; o tom declamatório e desenfreado de alguns versos, que se desdobram em pontos suspensivos e exclamatórios; e a ideia de descontrole dos sentidos, que fica quando o poeta versa, por exemplo, sobre querer violar os hímens das virgens ou mesmo sobre o desejo provocado por mulheres fantasmagóricas e sepulcrais.

A influência recíproca que há entre as tarefas desempenhadas por escritores que também são críticos literários é explicada pelo grande poeta norte-americano T. S. Eliot, quando ele afirma que seu trabalho como teórico reflete seu gosto literário e parte da experiência direta de leitura dos autores que o influenciaram: "tenho certeza que escrevi melhor sobre os escritores que influenciaram minha própria poesia"[48]. Eliot assegura que se interessa pelos textos críticos de poetas, principalmente, por considerar que eles defendem o gênero de poesia que o autor produz. O crítico relata, ainda, que suas avaliações sobre a poesia de outros devem ser pensadas em relação à poesia que ele mesmo produz[49].

A ideia de influência[50] também está na base das reflexões de Harold Bloom, quando ele afirma que o universo de leitura da crítica deve ser o da poesia – e não do poema em si ou dos elementos que estão fora do poema. Para ele, os poetas não devem ser considerados entidades isoladas, já que estão conectados em uma cadeia de transferência, repetição, erro e comunica-

---

48. T. S. Eliot, *To Criticize the Critic and Other Writings*, London, Faber and Faber, 1988, p. 19.
49. T. S. Eliot, *De Poesia e Poetas*, p. 38.
50. A palavra "influência" foi usada, pela primeira vez, no século XIII pelo frade Tomás de Aquino para representar uma força que emanava das estrelas à terra. Em 1775, o escritor e pensador inglês Samuel Johnson usou-a para definir a influência astral ou moral que incidia sobre os poetas. Somente duas gerações mais tarde, o poeta, crítico e ensaísta inglês Samuel Taylor Coleridge empregou-a no sentido que hoje a conhecemos no contexto literário (Harold Bloom, *A Angústia da Influência: Uma Teoria da Poesia*, Rio de Janeiro, Imago, 1991, p. 58).

ção com o universo da poesia[51]. Bloom defende, ainda, que todo poema deve ser lido como um ato de correção criativa, ou uma interpretação distorcida, de um poema precursor[52]. Por isso, o crítico sustenta que todo poeta forte é perverso, no sentido de perverter ou recriar poemas que fazem parte do seu repertório ou da lírica dos seus precursores.

Também interessado em entender o trânsito entre o repertório de leituras de um autor e a poesia que ele produz, Borges argumenta que as influências não são condicionadas pela ordem do tempo cronológico – ou seja, autores do passado influenciando poetas do presente[53]. No ensaio "Kafka e seus Precursores", de 1951, o escritor afirma enxergar características particulares de Kafka na obra de autores que vieram antes dele. Porém, esses trabalhos não se parecem entre si, o que significa que cada um dos textos contém, em maior ou menor grau, a idiossincrasia de Kafka. Porém, se Kafka não tivesse existido, essa idiossincrasia não seria perceptível[54]. Para Borges, cada escritor cria seus precursores literários porque seu trabalho pode modificar a concepção que se tem do passado, ao tornar evidentes ou recriar elementos que operavam de forma embrionária nos autores do repertório[55]. Dessa forma, o escritor argentino defende a existência de uma dinâmica temporal à literatura que funcione diferentemente do tempo cronológico e constrói a ideia de precursor não necessariamente como a figura de um antecessor.

A defesa de uma dinâmica não cronológica para o fluxo das influências poéticas também esteve na base do pensamento crítico de Jamil. Essa ideia de inversão no fluxo das influências aparece, por exemplo, quando ele enxerga um sadismo precursor nos poetas do Romantismo – por causa da associação frequente entre amor e morte feita por poetas como Álvares de Azevedo – ou mesmo durante o período colonial, quando a população venerava os corretores dos colégios jesuítas encarregados de surrar alunos malcomportados. Essas reflexões acerca da dinâmica própria das influên-

---

51. *Idem*, p. 129.
52. *Idem*, p. 62.
53. Jorge Luis Borges, "Kafka y sus Precursores", *Otras Inquisiciones*, Madrid, Alianza Editorial, 2008, pp. 162-166.
54. *Idem, ibidem.*
55. *Idem, ibidem.*

cias literárias sinalizam à formação de círculos imaginários de poetas e escritores, reunidos em volta de interesses comuns, independentemente da época na qual viveram[56]. Nessa lógica, os poetas escolhem seus "pais" literários quando encontram, no repertório de outros, elementos que dialogam com sua própria lírica. Então, não é possível identificar o "começo", o "objeto primeiro" ou a "raiz" das influências, que se perdem e se reinventam em um labirinto criativo:

> Não se deve abandonar o grau de desconstrução dos cânones oficiais proporcionado pela construção teórico-ficcional de encontros imaginários entre escritores, que na vida real nunca se viram. [...] Essa aproximação, que se vale tanto de coincidências ideológicas entre os autores quanto de experiências biográficas comuns, pode ser feita pela crítica, a partir de liberdades interpretativas, de rede de associações que se compõem de elementos ficcionais, teóricos e biográficos[57].

A relação paradoxal com as tendências líricas do Modernismo, dos poetas de 1930 e da Geração de 1945 se sobressaiu nas análises que Milliet e Candido fizeram a respeito da lírica de Jamil. Com isso, depreende-se que a crítica desvinculou a trajetória do poeta das tendências gerais que caracterizaram a literatura brasileira entre os anos 1930 e 1950. Essas valorizações são compreensíveis, uma vez que, por um lado, a poesia de viés social afinada com as tendências de 1930; o impulso de repensar a liberdade formal propiciada pelo Modernismo; as discussões sobre a natureza da identidade literária nacional e o lugar do Barroco na história são elementos da trajetória de Jamil nesse momento que denotam aproximações das tendências líricas da época. No entanto, por outro lado, as obras poéticas também apresentam distanciamentos e sua poesia é marcada por aspectos românticos e simbolistas; por um imaginário carregado de fantasia e povoado por personagens e situações irreais, no qual estátuas se levantam dos túmulos para chorar a destruição da guerra e amantes surgem das toalhas brancas dos altares com intenção de seduzir. Além disso, os versos de Jamil parecem estar desprovidos da preocupação com a identidade nacional, característica que remete à lírica cosmopolita dos poetas simbolistas, mas também ao

56. Eneida Maria de Souza, *Crítica Cult*, p. 118.
57. *Idem*, p. 188.

projeto de literatura brasileira concebido pelo grupo dos Noigandres, de quem Jamil se aproxima pelo trabalho realizado como crítico literário. Características passadistas e eróticas; o uso de imagens orientalistas e outras que fazem jogos de contrastes, além de um aspecto declamatório e certo grau de engajamento são outros elementos que o afastam das tendências gerais da época. Na poesia, Jamil tinha um ideal ortodoxo, pelo menos no que diz respeito às questões formais. Ao mesmo tempo, esse aspecto tradicional é contraposto por impulsos de transgressão, quando o poeta versa, por exemplo, sobre o erotismo de beduínas, das amantes fantasmagóricas e sobre o desejo de violar os hímens das virgens.

No entanto, apesar do movimento geral de considerá-lo como um poeta "estrangeiro" ou "exógeno" – seja em relação à sua nacionalidade, como em relação à falta de enquadramento nos movimentos literários – fica evidente que suas preocupações líricas, até o momento, estavam imersas na estética e nos debates sobre a história e os rumos da literatura brasileira. Além disso, apesar da aparente desconexão estética na literatura que produzia, Jamil estava bem posicionado na cena cultural do seu tempo. Publicou poemas, ensaios e traduções pelas grandes editoras. Escreveu periodicamente a veículos da imprensa e frequentou círculos literários como o dos já citados poetas da Geração de 45. Assim, como intelectual, consolidou uma presença para além dos limites da coletividade sírio-libanesa estabelecida em São Paulo. Além disso, tinha um emprego público como médico do trabalho, o que também lhe garantia certo *status*. Ao inserir-se na sociedade local e ascender econômica e socialmente, cumpriu com as expectativas da família, que se viu em meio à ruína financeira logo alguns anos após imigrar. Em paralelo a isso, seus irmãos também construíram uma vida confortável, seja por meio de atividades no comércio, ou mesmo através do casamento com famílias enriquecidas da coletividade libanesa no Brasil[58].

---

58. Faride, irmã de quem Jamil era mais próximo e com quem intercambiou cartas em diferentes momentos da vida, se casou com um membro da família Jafet, uma das mais tradicionais na coletividade sírio-libanesa de São Paulo.

Jamil Almansur Haddad (primeiro à direita) em evento de recepção para Katharine Hepburn (no centro). Crédito: Arquivo pessoal de Luiz Alcino Teixeira Leite, filho da primeira esposa do poeta.

Parte II
A Lua do Remorso
1950–1960

Dizem que o luto, por seu trabalho progressivo, apaga lentamente a dor; eu não podia, não posso acreditar nisso; pois, para mim, o Tempo elimina a emoção da perda (não choro), e isso é tudo. Quanto ao resto, tudo permaneceu imóvel. Pois o que perdi não é uma figura, a Mãe, mas um ser; e não um ser, mas uma qualidade (uma alma): não a indispensável, mas a insubstituível.

ROLAND BARTHES, *A Câmara Clara.*

Capítulo 4

A Morte da Mãe e as Rupturas

Na década de 1950, houve um movimento singular do poeta para buscar transformações em seu projeto literário, algo que ecoava as mudanças que Jamil vivenciava em sua própria vida. Uma das mais significativas foi a convalescença da mãe, Sada Khouri Haddad. O poema "Gravatas Pretas", publicado no livro *A Lua do Remorso*, de 1951, faz uma alusão quase literal a esse acontecimento:

> [...]
> minha mãe estende-se na gravata
> paralítica do lado esquerdo e com graves perturbações na articulação da palavra
> intacto apenas o coração.
> [...][1].

Em 1948, Sada sofreu um derrame que lhe causou lesões cerebrais irreversíveis, paralisando seu corpo e impedindo-a de falar. A perda da capacidade de comunicar-se representou um peso especial para ela, habituada a ser o centro das atenções das crianças durante as reuniões familiares. Nesses

---

1. Jamil Almansur Haddad, "Gravatas Pretas", *A Lua do Remorso*, p. 9.

encontros, Sada costumava canalizar sua paixão pela literatura contando histórias aos pequenos, hábito que era tão arraigado na cultura da família que as crianças continuaram a buscá-la em seu quarto para ouvir histórias, mesmo após o derrame que a deixou paralisada. Enquanto sobrevivia prostrada em uma cama sob os cuidados de Faride, irmã de quem Jamil era mais próximo, a família apostava na recuperação gradativa daquela mulher tão carismática e ativa. No entanto, Jamil, na posição de médico, sabia que a situação da mãe era irreversível, fato que revelou aos irmãos apenas após a morte dela[2]. E, conforme já visto, a relação de Jamil com a mãe passava pela paixão que ambos tinham pelo universo da literatura. Para o poeta, a mãe também representava o elo que ele tinha com a cultura dos antepassados:

Minha mãe era uma pessoa de muita cultura e o que eu lhe devo, principalmente, é o árabe, que ela me ensinou e que me tem servido pelo resto da vida. O conhecimento do idioma, de uma civilização e de um tipo de psicologia e de vida que deve, fatalmente, me haver marcado profundamente[3].

Ver a mãe debilitada e prostrada na cama perturbou a estrutura emocional de Jamil que, ao mesmo tempo, na posição de médico, resolveu esconder as funestas previsões que tinha para o seu quadro clínico. A doença da mãe trouxe uma nuvem de melancolia à família e, nesse contexto biográfico, os longos e sombrios versos de "Gravatas Pretas" parecem ser a explosão de sentimentos contidos pelo poeta. Nesses versos, sob a sombra melancólica proporcionada pela imagem da "lua do remorso", que dá título ao livro, o poeta deixa fluir seus delírios fúnebres, que colocam em evidência um elemento novo a ser incorporado à sua poesia. Esse elemento se relaciona à estética surrealista e às experiências de "manipulação da realidade" das quais ele se aproximava em suas atividades no âmbito médico:

Não mais as estriadas de sangue,
nem as de verde opalescente ou ametista exausta,
mas as pretas como os brancos braços alanceados de desesperos e esperanças,

2. Conforme uma carta que Jamil escreveu à Faride encontrada no espólio do poeta e transcrita parcialmente mais adiante.
3. Aramis Villarch, *Entrevista com Jamil Almansur Haddad*.

pretas em cima e em baixo, detrás, de viés, e de frente
pretas como estrelas assassinadas
ou como auroras silenciosas de pássaros,
pretas porque nelas todas as pupilas se dilaceraram,
pretas de cabelos convulsionados em noite de muita procela,

pretas de amor ou de ódio.
Que cordas mais tristes para acabarem com o pobre do enforcado?
Que rios mais infernais para a viagem fecundada do susto e da sombra?
Que punhal mais sinistro oscilando na noite do peito?
São pretas porque nelas se transfundiu a infinita e imisericorde brancura,
a das tumbas,
a dos lírios debruçados sobre tumbas,
a dos círios sucumbindo sobre tumbas
e por elas passeia a lembrança mais fresca – a materna –

minha mãe estende-se na gravata,
paralítica do lado esquerdo e com graves perturbações na articulação da
        [palavra,
intacto apenas o coração.
[...]

E a noite é de tumbas e tumbas,
tumba o cobertor, o candelabro, a vidraça,
tumba a sombra, tumba o corpo da mulher que se viola.
[...]
Leio inscrições de gás neon sobre as tumbas; beijo as arestas das tumbas;
        [meus dentes mastigam o granito amargo das tumbas
e vou comendo goivos misturados com velas.
Tumbas no deserto do Saara, nos vales do Grão Mogol tumbas e nas savanas
        [do Norte
e tumbas nas salinas do Sul e tumbas nos asfaltos urbanos e tumbas sobre o
        [fígado e o rim esquerdo
e tumbas nos rios do desespero e nas florestas da saudade tumbas;
[...]

e eu que naufrago num mar de mármore, todo gravado de epitáfios,
e eu que me libro por um imponderável céu de pulverizadas tumbas.
Valei-me, Nossa Senhora das lápides, que as lápides estão sobre a noite,
desponta a invasão bárbara das lápides,
os prédios da cidade derruem-se, desmantelam-se em lápides
e o coração do verso palpita como um agonizante pássaro e preso em meio à
    [ruinaria funesta,
e eis que os fragmentos são as pétalas marmóreas das rosas,
e os raios graníticos das luas
e a ponta de bronze das estrelas
e o caminho de flor da Via-Láctea.
[...]
(Chove melancolicamente sobre as lápides,
os bêbados caem sobre as lápides,
os loucos ululam diante das lápides,
os suicidas levam cianureto de potássio para junto das lápides.)
Ai, amigas mortas! Derramaremos sobre os ossários toneladas de lágrimas e
    [um maremoto de sangue subirá até as estrelas.
[...]
E a noite é de lápides e lápides,
lápide a cortiça das árvores, lápide o retângulo dos paralelepípedos,
e sobre a tumba de Casimiro a lápide e a lápide sobre a tumba de Antero
e sobre o túmulo de água de Gonçalves Dias;
lápide sobre a tumba da alegria,
apenas sobre a dor é que a lápide não pesa,
apenas sobre a tristeza
que sobe como um cipreste eternamente verde,
– ó traição de Luiza, ó fuga de Tereza...
O céu é lousa para a terra morta; a copa é lousa para as raízes;
o teto pesa como tampa sobre o assoalho e sobre as almas.

E a noite é de lápides e lápides,
lápides na alma, perdidas e no sangue, dissolvidas e nas lágrimas, diluídas
e nos ossos, petrificadas.
Derramaremos toneladas de lágrimas sobre as pálidas amadas.

As lápides sobre a coluna vertebral dormem
e forram a planta dos pés e a raiz dos cabelos[4].

O longo poema, que abre *A Lua do Remorso*, é um dos únicos no livro que não é lírico e evoca um cenário onírico, por meio de imagens irracionais que se sobrepõem como se estivessem pintadas em um quadro surrealista. Embora com sentido difuso e aberto, o poema parece fabular sobre um processo de rompimento, sobre o fim de algo, ao apresentar um movimento de estilhaçamento e liberação, representado por elementos como as "pupilas diláceradas", os "cabelos convulsionados", as "tempestades torrenciais", os "prédios derruídos" e os "fragmentos que dão pétalas" e também pelas múltiplas imagens de tumbas e lápides que o povoam do começo ao fim. Em "Gravatas Pretas", o poeta afirma "naufragar em um mar de mármore, todo gravado de epitáfios, e se libra por um céu de pulverizadas tumbas", passagem que sugere a onipresença da morte, mas também um recomeço, por meio das ideias de naufrágio e liberação. Ele parece estar digerindo esse processo de morte e renascimento, ao ler "inscrições de gás neon sobre as tumbas; beijar as arestas das tumbas" e seus dentes mastigarem "o granito amargo das tumbas e [o poeta] comer goivos misturados com velas".

Outro elemento que sugere a ideia de recomeço é a presença da cor preta nos versos. As gravatas sobre as quais fabula o poeta não devem mais ser vermelhas como sangue ou verdes, mas "pretas como os brancos braços alanceados de desesperos e esperanças", como "estrelas assassinadas", como "auroras silenciosas de pássaros". O poeta parece expressar que busca o sentido íntimo de sua poesia na morte, na escuridão, no inconsciente e no subterrâneo.

A partir dos anos 1960, Jamil passará a descrever as atividades que desenvolveu, na posição de médico, com ácido lisérgico (LSD) junto a alguns pacientes, cuja finalidade primordial era levar a pessoa novamente a reviver a escuridão do útero materno e um processo de nascimento. Apesar de Jamil afirmar que ele, pessoalmente, experimentou ácido lisérgico somente após 1963[5], declarações suas feitas à imprensa nos anos 1980 garantem que

4. Jamil Almansur Haddad, "Gravatas Pretas", *A Lua do Remorso*, p. 7.
5. Conforme um manuscrito inédito encontrado em seu espólio. A relação de Jamil com o ácido lisérgico será explorada com mais detalhes nos capítulos seguintes.

A Lua do Remorso pode ter sido produzido sobre o influxo de um "esquema de manipulação da realidade"[6], o que pode sinalizar uma aproximação a experiências lisérgicas já nessa época:

> O livro [*A Lua do Remorso*] contém poemas líricos, mas com a descoberta do Surrealismo. Há uma preocupação em criar uma realidade nova, na qual o poeta passa a comportar-se como o psiquiatra de plantão, que se senta para fazer diagnósticos. O poeta passa, assim, a comportar-se como um deus: a coisa será o que ele quiser. Quando a poesia foge da realidade prosaica e cotidiana e divaga em pleno delírio, aparenta a loucura. Isso dentro de um esquema de manipulação da realidade, com o qual se tenta atingir mais profundamente a verdade essencial[7].

Em busca das "raízes" poéticas de *A Lua do Remorso*, a escritora Maria de Lurdes Teixeira – que, nos anos 1960, será acusada por Jamil de publicar livros apócrifos, escritos por seu marido – afirmou que os versos da obra reverberam os interesses do poeta como tradutor. Dos anos 1940 aos 1950, o poeta verteu Omar Khayyam, Petrarca, Anacreonte e o *Cântico dos Cânticos* ao português, envolvendo-se com processos da "poesia remotamente clássica do mundo" e tornando-se hábil para "manipular seu temperamento para todas as direções e finalidades"[8]. Esse desprendimento que, segundo Teixeira, leva a poesia de Jamil para "todas as direções" também apareceu nas leituras de Domingos de Carvalho da Silva, poeta e crítico vinculado à Geração de 45, quando ele analisou as obras publicadas pelo poeta até meados dos anos 1950:

> [...] pela geração a que pertence, [Jamil] pode ser enquadrado entre os novos poetas do Brasil [autores da Geração de 45] muito embora sua poesia o situe naquela fase de transição que Sérgio Milliet aponta, entre os últimos representantes da geração de 30 e os primeiros da de 45[9].

---

6. Aramis Villarch, *Entrevista com Jamil Almansur Haddad*.
7. *Idem*.
8. Maria de Lurdes Teixeira, "A Lua do Remorso", *Folha da Manhã*, 20 abr. 1952 (São Paulo), p. 3.
9. Domingos de Carvalho Silva, "Sobre Jamil Almansur Haddad", p. 43.

Em "Gravatas Pretas", principalmente, o poeta traz imagens fragmentadas de pupilas dilaceradas, cabelos convulsionados, pássaros, homens enforcados e estrelas assassinadas, elementos que traduzem e condensam os aspectos de despedaçamento e desprendimento identificados por Teixeira e Silva em relação à trajetória poética de Jamil. No poema, o poeta parece assumir esse movimento de estilhaçamento, antecipando uma tendência que passará a marcar sua biografia nos anos posteriores. Além disso, o aspecto "fora de lugar" de sua poesia acabará por ganhar paralelos, também, na própria vida do poeta, movimento que ficou marcado pela morte dramática da mãe.

Meses depois de sofrer o derrame e quinze dias depois de Faride iniciar uma longa viagem pelo Oriente Médio, a mãe de Jamil teve um infarto no miocárdio e morreu. Ele ficou responsável por comunicar a perda da mãe à irmã, porém tardou seis meses para reunir forças e conseguir escrever uma carta anunciando a tragédia:

[...] Esta é uma carta que lhe escrevo chorando. [...] mamãe teve um infarto do miocárdio. Isso quer dizer, em outros termos, que ela teve no coração o mesmo derrame que teve no cérebro. De modo que, se ela sobrevivesse, às muitas desgraças que a pobre já tinha, iam-se acrescentar os sofrimentos da cardíaca. Deus foi sumamente misericordioso e poupou-a de tão triste condição. Aliás, você se lembra do tempo em que mamãe nos pedia com seus gestos misteriosos alguma coisa que não adivinhávamos e que não era nem comida, nem remédio, nem [?]? Eu acho que era a morte salvadora que mamãe nos pedia. Aliás, desde os primeiros diagnósticos que eu deixei de alimentar qualquer ilusão ao seu respeito. Eu ser [?] médico de uma tristeza: todo tempo da doença dela eu passei numa expectativa de sua morte, já que a ciência não mostrava possibilidade nenhuma de cura. Captando o seu desespero de afora, porque você, com seu amor extremoso, de perto, deve ter sofrido diretamente. Você mais do que qualquer um de nós tinha o direito de vê-la morrer. Você não calcula como de imersa em flores ficou bonita depois de morta. Toda aquela expressão angustiada e acesa que a doença nela havia posto desaparecera [...]. Com a morte, mamãe recobrara a serenidade antiga, o doce sorriso de quem tinha a consciência de quem vinha levando a vida em amizade, em paz, em amor, sobretudo em perdão. Não posso mais continuar, a emoção que embarga a voz, também faz tremer a mão.

Carta que Jamil escreveu à irmã Faride, em 1948, para anunciar a morte da mãe, Sada Khouri Haddad. Crédito: Espólio do poeta.

A morte de Sada, em agosto de 1948, parece coincidir com esse movimento de ruptura e transformação que Jamil empreendia em seu percurso literário e que tem em *A Lua do Remorso* seu ponto de inflexão. O livro, que foi publicado pela Livraria Martins Editora com ilustrações de Oswald de Andrade Filho, é marcado por um lirismo fúnebre, em versos escritos, em grande parte, enquanto Jamil frequentava o ambiente poético da Geração de 45. Empenhado em "criar uma realidade nova", na qual o poeta se comporta "como um deus" e a poesia "divaga em pleno delírio"[10], o narrador lírico evoca viagens oníricas e exalta a beleza de mulheres que vagam em um cenário sombrio. Também constrói imaginários de perversão, ao cele-

Capa de A Lua do Remorso, *com ilustrações de Oswald de Andrade Filho.*

10. Aramis Villarch, *Entrevista com Jamil Almansur Haddad.*

brar um hedonismo profano que exalta os hímens do mundo e desejar "os ventres que nunca darão frutos"[11].

Como o próprio título sugere, a obra se vale da ambientação noturna tão marcante de livros precedentes, em especial de *Alkamar, a Minha Amante*, no qual a palavra "lua" aparece em árabe. Em *A Lua do Remorso*, o poeta se despoja do ar sóbrio e visceral, algo presente em livros anteriores, e passa a usar fabulações sobre a morte para evocar ambientes oníricos e subterrâneos. Os poemas com versos longos e "esparramados" se conjugam com outros mais enxutos e contidos. Como elemento comum, muitos deles fazem jogos de contrastes, seja para contrapor imagens opostas como "branco" e "negro", seja para contradizer a expectativa do leitor, como se observa em "Prece Matutina":

Ave, Eleonora,
cheia de graça,
o Amor é convosco,
sois rosa frágil,
ramo odoroso,
astro vermelho.
Bendita sejais vós entre as mulheres
e bendito sobretudo
o vosso ventre que nunca dará fruto[12].

A prece clama pela amante "frágil e cheia de graça", gerando a expectativa inicial de um lirismo singelo a ser explorado no decorrer do poema. Porém, o último verso rompe com essa perspectiva, ao elogiar, em primeiro lugar, a infertilidade de Eleonora. No novo livro, o poeta – que por motivos desconhecidos não teve filhos – elogia frequentemente os ventres e as amantes inférteis, evocação que se torna quase obsessiva, ressurgindo em diversos poemas, como em "Elegia da Jovem Esterilizada":

Seriam sete,
sete meninas,

11. Jamil Almansur Haddad, "Prece Matutina", *A Lua do Remorso*, p. 14.
12. *Idem, ibidem.*

Lúcia, Tereza,
Maria, Odete,
Sônia e Lavínia
e Bernadette.
Todas são mortas,
dentro do ventre,
ventre materno.
[...][13]

As imagens das amantes parecem ressurgir não somente para dar vazão à veia hedonista do poeta como também para representar um movimento de transgressão, seja por meio do elogio aos ventres inférteis – algo que contradiz o princípio religioso de pensar o sexo desde sua finalidade reprodutiva – seja quando o poeta manifesta desejo por mulheres virgens. Esse movimento de transgressão, no entanto, é diferente daquele observado nos poemas dos anos 1930 e 1940, quando os versos provocativos sobre bailarinas exóticas e sensuais apresentavam ar visceral e candente. Agora, o poeta coloca em cena sua melancolia, como se observa na "Canção do Tempo Antigo":

[...]
Feliz o poeta de antanho,
dos tempos que não vêm mais,
em que havia o vulto estranho
das virgens imateriais;
não há mais tule nem gaze
nem primeira comunhão.
Não há noite enluarada,
não há mais virgens, nem nada[14].

No "Poema Ritual das Virgens" – publicado inicialmente em 1949, na *Revista Brasileira de Poesia* – emergem imagens provocativas dos hímens de mulheres célebres, como o "flamejante" de Joana d'Arc ou o de Julieta em forma de "canto de cotovia", passando pelo "fecundo e intacto" de Maria:

13. Jamil Almansur Haddad, "Elegia da Jovem Esterilizada", *A Lua do Remorso*, p. 56.
14. Jamil Almansur Haddad, "Canção do Tempo Antigo", *A Lua do Remorso*, p. 114.

Cantaremos em glória dos hímens de bronze,
os que, na madrugada timpânica, florescem em música.

Cantaremos em glória dos hímens floridos,
os que abrem em corimbo,
umbela vespertina bafejada de brisa
e irradiam perfume de abelmosco e açucena
e que reveste a tarde de um sudário cor de musgo.

E os que são de madrépora fulva; e os de alabastro friável;
e os de nevoeiro cor de âmbar; e os de gaze e de aroma de almíscar;
e os de arminho; e os de gerânio; e os de espuma; e os de lua e nuvem;
e os de favo; e os de aro de prata; e os de esmeralda no centro;
e os de glicínia espezinhada; e os tenros como caulículos novos;
e os macerados como topázios enlouquecidos.

E o de Beatriz que é beato; e o de Laura que é louro;
e o de Heloísa castíssimo: e o de Hemengarda, desejada do presbítero;
e o de Sulamita, moreno mas formoso; o de Joana d'Arc, flamejante;
o verdolengo de Iara; o de Cloé, pastoral.
o em forma de ânfora da Samaritana; o oloroso de nardo de Madalena;
o fecundo e intacto de Maria; o em forma de túnica de Verônica;
o de Tereza de Jesus coroado de rosas; o de Santa Cecília em forma de harpa;
o de Ofélia banhado em lágrimas e o de Julieta em forma de canto de cotovia.

Cantaremos em glória dos hímens de bronze,
os que, na madrugada timpânica, florescem em música[15].

Sob o prisma de versos como esses do "Poema Ritual das Virgens" e da "Canção do Tempo Antigo", *A Lua do Remorso* ganha um sentido particular. Essa lua sobre a qual o poeta escreve é aquela que traz a escuridão necessária à fluidez dos desejos mais ocultos e subterrâneos. Num ambiente noturno propiciado não por qualquer lua, mas pela "do remorso", o poeta dá vazão a sonhos inconfessáveis, entre eles a vontade de violar virgens, desejo que se

15. Jamil Almansur Haddad, "Poema Ritual das Virgens", *A Lua do Remorso*, p. 12.

abre a um posterior remorso. Repleto de poemas líricos e melancólicos, dos quais onze são denominados "Balada do Sexo de Eleonora", o livro que fabula a violação de virgens evoca o nome de inúmeras mulheres: Carmen, Stela, Elena, Eleonora, Verônica, Zulma, Leda, Julieta, Margarida, Conceição.

O erotismo profano que se materializa quando o poeta elogia os hímens de mulheres célebres, como no "Poema Ritual das Virgens", não passou em branco pela crítica que, em mais de uma vez, tratou de associá-lo às raízes árabes do autor. Um desses críticos foi Cassiano Nunes, poeta e secretário da Câmara Brasileira do Livro durante os anos 1950. Nunes defendeu que em *A Lua do Remorso* a presença da mulher é "tirânica e absoluta" e o corpo feminino emerge como uma obsessão do narrador lírico: "Há, em seu último livro, mais de uma dezena de poemas para cantar a parte do corpo da mulher que a moral vitoriana, ainda predominante entre nós, nos proíbe que seja citada"[16]. Ele afirmou, ainda, que os versos eróticos de *A Lua do Remorso* afrontam "moralistas paroquiais e moralistas acadêmicos" e refletem uma concepção "oriental" do amor e o "sangue árabe" do seu autor – argumento já usado por Roger Bastide em referência às mulheres tuberculosas e sensuais que povoam os versos do livro *Poemas*, de 1943. Nesses casos, a associação entre erotismo e a poesia que chamam de "oriental" não está fundamentada. No entanto, é curioso observar como Jamil, em livros como *Alkamar, a Minha Amante*, também se volta à imagem de mulheres ciganas, bailarinas árabes e amantes "orientais" para dar vazão ao seu hedonismo, recurso utilizado, por exemplo, nos poemas "Ópio" e "A Primeira Noite", parcialmente transcritos abaixo:

> Turca dos olhos grandes, dá-me o teu carinho!
> Na minha alcova mais amável do que um ninho,
> serás fulgor, florão! E, inegualada e nobre,
> a alvorada, a aleluia do meu leito pobre!
>
> Na hora em que tua boca verter, sem resábios,
> seu vinho voluptuoso na ânsia dos meus lábios,
> há de sentir tua alucinação

16. Cassiano Nunes, "A Poesia em Tecnicolor", *Folha da Manhã*, 23 mar. 1952 (São Paulo), p. 3.

que tu és o meu harém e eu sou o teu sultão!
[...][17].

Deliciado, diviso
que me transportas para outros mundos de fulgor irrevelado.
Na terra abriste as oito portas
que Allah promete abrir, aos bons, no paraíso!
[...][18].

Apesar de mais recorrentes em *Alkamar, a Minha Amante*, as fabulações com mulheres imersas em um imaginário orientalista também aparecem no livro *Poemas*, como é o caso do já citado "Baila, Beduína, Baila" e
outros como este "Idílio Árabe":

Tu que és Suad, Surur, Shamsennahar, Zarifa,
canta! Libra pelo ar suave
a tua voz vibrátil e ágil como uma ave!
Estende a tua voz como tênue alcatifa
veludosa e inefável....
[...]

E canta agora, amor, com acentos ligeiros,
essa velha canção dos cameleiros![19]

Nesses poemas, tanto a turca dos olhos grandes como a Suad que canta procedem de um universo exótico e longínquo, de maneira que o poeta
verte sua pulsação erótica distanciando-se do imaginário literário associado à cultura brasileira. Estabelecendo um paralelo com a lógica que
permeia os pensamentos de Nunes e Bastide, nos livros anteriores à obra
A Lua do Remorso, o poeta também parece atribuir sua lírica erótica a um
"outro lugar".

---

17. Jamil Almansur Haddad, "Ópio", *Alkamar, a Minha Amante*, 2. ed., p. 17.
18. Jamil Almansur Haddad, "Primeira Noite", *Alkamar, a Minha Amante*, 2. ed., p. 21.
19. Jamil Almansur Haddad, "Idílio Árabe", *Poemas: Orações Roxas, Novas Orações Negras, Orações Vermelhas*, p. 183.

Em *A Lua do Remorso*, o tom sóbrio de versos dos anos 1930 e 1940 cede espaço a um sentido de humor de feições modernistas, que se faz presente em poemas como "Canção da Axila"[20], "Canção do Zipe"[21], "Maria e o Chope Duplo" e "Canção da Dor de Corno":

[...]
Por ti, Maria das Graças,
adolescentes neófitos
e coronéis hipertensos,
viram que dos chopes duplos
subia a chama votiva
do cone das tuas coxas.
[...][22].

Valei-me, Nossa Senhora das Tempestades,
que o naufrágio é certo
no gim com tônica.
[...][23].

Ao analisar *A Lua do Remorso*, Sérgio Milliet reconheceu a existência de um "esforço rítmico modernizante" e defendeu que, nele, o poeta lutou "contra seu sentimento gongórico":

Jamil é um poeta do verbo. Imaginação fértil e sensualismo obcecante são as características do seu livro *A Lua do Remorso*. [...] Um pouco discursiva, por vezes, sempre preciosa, musical, porém mais de orquestra sinfônica do que de música de câmara. Romântica no espírito e na expressão, apesar do esforço rítmico modernizante, essa poesia tem um mérito grande: o de não trair o poeta. O da sinceridade, portanto. Nenhum efeito, nela, obedece a injunções da moda[24].

20. Jamil Almansur Haddad, "Canção da Axila", *A Lua do Remorso*, p. 70.
21. Jamil Almansur Haddad, "Canção do Zipe", *A Lua do Remorso*, p. 87.
22. Jamil Almansur Haddad, "Maria e o Chope Duplo", *A Lua do Remorso*, p. 76.
23. Jamil Almansur Haddad, "Canção da Dor de Corno", *A Lua do Remorso*, p. 119.
24. Sérgio Milliet, *Diário Crítico*, vol. VIII: *1951 e 1952*, São Paulo, Martins/Edusp, 1981, p. 96.

Para o crítico, a poesia de Jamil apresenta caráter discursivo porque o autor se deixa dominar pela sonoridade das palavras, de maneira a arredondar as frases e a "balanceá las numa compensação de ritmos que se equilibram sempre com perfeição". Por esse motivo, ele "insiste em completar suas metáforas, em esclarecê-las, tirando-lhes o poder sugestivo com uma quase explicação"[25], movimento que Milliet observa nos seguintes versos:

Elas são pálpebras pisadas.
Os pés da vida pisaram as pálpebras.
Os pés da vida esmagaram violentamente as pálpebras.
Elas são as serenas esquimosadas[26].

Milliet equipara a poesia de Jamil à sonoridade de uma orquestra sinfônica, composta por grupos amplos de músicos e por múltiplos instrumentos e que costuma se apresentar para grandes plateias. Essa comparação dá conta de explicar dois aspectos significativos de *A Lua do Remorso*, na medida em que indica o caráter multifacetado e a sensação de estilhaçamento que emerge de alguns poemas, mas também coloca em destaque seu aspecto declamatório. De fato, os versos de Jamil parecem afinar-se à concepção de "poesia de palanque"[27], ou seja, parecem ter sido escritos para uma multidão e são despojados de caráter intimista ou confessional. Porém, se em 1943 Milliet criticou a "grandiloquência" e as "facilidades barrocas" da poesia que Jamil tinha escrito até então[28], agora, ao analisar *A Lua do Remorso*, ele muda o tom ao tratar das mesmas características:

[...] não lhe censuro a tendência. Tão somente a anoto, pois creio ser ela uma característica de sua personalidade. E se o poeta se dedicasse a uma forma mais

25. *Idem, ibidem.*
26. Jamil Almansur Haddad, "Balada das Pálpebras Azuis", *Revista Brasileira de Poesia*, fev. 1949, *apud* Sérgio Milliet, *Diário Crítico*, vol. VIII: *1951 e 1952*, p. 96.
27. Álvaro Alves de Faria e Carlos Felipe Moisés, *Antologia Poética da Geração de 60*, São Paulo, Nankin Editorial, 2000, p. 98. Nesse livro, os autores dividem a poesia produzida na década de 1960 em três vertentes, sendo uma delas a "poesia de palanque", que parece dirigir-se a multidões e se opõe às noções de "poesia de salão" – de caráter intimista e confessional – e "poesia de gabinete", que apresenta aspecto experimental.
28. Sérgio Milliet, *Diário Crítico*, vol. II: *Janeiro de 1943*, p. 49.

sóbria, ou mais reticente, por certo não exprimiria com fidelidade sua emoção tumultuosa, seu temperamento arrebatado[29].

A mencionada luta de Jamil contra seu "sentimento gongórico" parece manifestar-se tanto nos já citados poemas de feições modernistas, mas também em versos como os de "Nupcial e Amargo" – poema que contém os versos que dão título ao livro:

O marinheiro trouxe-te a pérola e o pastor a grinalda de acanto,
eu trago um pedaço de crepúsculo e um rio de pranto.
És sombra. Em vão se procura o teu corpo,
ó raio de invisível estrela.

Na terra deserta eu construirei a paisagem,
erguerei para a altura montanhas de desalento
e estenderei o céu como um tapete de pregos.
E arrancarei depois os olhos de meu rosto
para fazer com mãos ensanguentadas,
a lua do remorso e a lua do desgosto.

E haverá uma chuva de lágrimas no silêncio das estradas,
feitas das artérias principais de meu corpo.
Para a noiva, os pastores trouxeram dois cordeiros bucólicos:
só tenho para dar dois olhos melancólicos[30].

O poema contém imagens dramáticas, como a do amante que arranca os olhos para lamentar uma desilusão, mas as contrabalanceia com um desespero contido e um sentido de humor melancólico: enquanto o marinheiro e o pastor presenteiam a mulher amada com pérolas e grinaldas, o narrador lírico tem a oferecer apenas "olhos melancólicos" e "um rio de pranto". O poeta erguerá à altura uma "montanha de desalento", fazendo do seu desgosto um monumento, que será construído em uma terra deserta, iluminada por luas de desgosto e remorso. O tom de melancolia amarga presente em

29. *Idem, ibidem.*
30. Jamil Almansur Haddad, "Nupcial e Amargo", *A Lua do Remorso*, p. 55.

poemas como "Nupcial e Amargo" foi outro ponto de atenção de Milliet ao analisar *A Lua do Remorso*[31], além dos poemas de amor dos quais emerge uma "urgência emotiva" e quando "o clima sensual se realiza de verdade, envolvente"[32]. Milliet também valorizou o fato de que Jamil, mesmo premiado pela Academia Brasileira de Letras em 1937, não tenha evoluído para um conservadorismo literário, resistindo-se à consagração oficial[33].

Ao colocar em primeiro plano as referidas imagens de um lirismo fúnebre e exaltar um erotismo profano, o livro de 1951 parece reverberar o momento ambíguo vivenciado pelo poeta em sua vida afetiva. Entre o final dos anos 1940 e o começo dos anos 1950, Jamil estava imerso no processo de luto pela morte da adorada mãe, mas também conhecera a mulher que seria o primeiro grande amor de sua vida. Assim, o calado e introspectivo Jamil – alguns diriam, até mesmo, misantropo – escreveu a dramática carta para anunciar o falecimento materno à irmã quando acabara de se instalar na casa de sua primeira esposa. E tanto a tristeza profunda ocasionada pela perda de Sada quanto a felicidade trazida pelo primeiro casamento representam a experiência de emoções intensas e contraditórias, que só poderiam caber em um projeto de livro surrealista, que coloca em evidência os ecos do inconsciente e no qual prevalece a expressão de sentimentos e sensações.

31. Sérgio Milliet, *Diário Crítico*, vol. II: *Janeiro de 1943*, p. 49.
32. *Idem, ibidem.*
33. Sérgio Milliet, *Diário Crítico*, vol. VIII: *1951 e 1952*, p. 89.

Capítulo 5

O Encontro com o Amor e
a Viagem ao Líbano

No mesmo ano em que Jamil perdeu a mãe, ele também foi nomeado médico da Secretaria do Trabalho[1] e se casou com a mulher que seria sua companheira pelos dez anos seguintes. Apesar de ter sido lembrado por familiares e amigos como um homem bonito e com muitos flertes[2], Jamil casou-se somente aos 34 anos. Seu primeiro matrimônio, no entanto, não poderia ter vindo de lugar mais improvável: Helena Silveira, pertencente a uma família tradicional de fazendeiros paulistas, irmã da escritora Diná Silveira de Queiroz e colunista social da *Folha da Manhã*, era uma mulher extrovertida e repleta de compromissos sociais. Jamil e Helena se conheceram durante uma noitada no bar do Hotel Marabá, em São Paulo, onde também estavam presentes outros escritores e jornalistas. Na mesma manhã, ela viajou ao Rio de Janeiro, por causa de compromissos de trabalho. Jamil que, à época, já tinha traduzido Petrarca e Omar Khayyam ao português, escreveu cartas de amor a ela no mesmo dia em que se conheceram. Mais tarde, alguns desses versos foram incorporados, com modificações, aos seus livros

1. Renard Perez, "Jamil Almansur Haddad", p. 11.
2. Conforme as lembranças de familiares do poeta, entre eles a sobrinha-neta Fernanda Moukdessi, hoje detentora do seu espólio. Foram feitas diversas entrevistas pessoais com Fernanda em São Paulo, no decorrer do desenvolvimento pesquisa, entre os anos 2013 e 2016.

de poemas[3]. Helena estava separada do primeiro marido, com quem tivera dois filhos. No Brasil da década de 1940, o divórcio era proibido, mas Jamil e Helena queriam formalizar sua união. Por isso, em 1948, viajaram para se casar no Uruguai. O poeta mudou-se à casa de Helena, localizada na Rua João Moura, na Vila Madalena, em São Paulo, passando a compartilhar o espaço com os dois filhos da esposa e seus três cachorros:

> Minha casa na Rua João Moura era liberal e frequentada por muita gente de esquerda, do Partidão. Minha mãe não militava, mas era amiga dos militantes, além de ter vários amigos *gays*, algo que não era comum para uma mulher do seu tempo e da sua classe social[4].

Jamil encheu a nova casa de livros de uma maneira que eles passaram a ocupar não somente a biblioteca, mas também as salas, os dormitórios e até mesmo os banheiros[5]. O poeta acumulava papéis e referências, incluindo desde recortes de jornais que posteriormente usava para escrever, até registros com a repercussão das suas publicações. Guardava, ainda, os manuscritos de suas obras, repletos de anotações caóticas, correções, comentários e ideias escritas a caneta ou a lápis – rabiscos que deixam à vista parte do seu método criativo. Assim, Jamil, primeiramente, costumava redigir seus escritos com a máquina de escrever para, depois, fazer inúmeras correções manualmente, que davam origem a segundas versões dos textos críticos, traduções ou poemas. Essas segundas versões eram passíveis de novas correções e inclusões de ideias, até que o poeta chegava à versão final enviada à editora.

Em seu livro *Paisagem e Memória*, de 1983, Helena Silveira escreveu que só percebeu a quantidade de livros que tinha em casa quando o casal se mudou da Vila Madalena e viu que o assoalho afundara alguns centímetros[6]. No caminhão de mudança, foram transportados mais de quinze mil livros.

3. Helena Silveira, *Paisagem e Memória*, pp. 60, 71.
4. Conforme depoimento de Luiz Alcino Teixeira Leite, filho mais velho de Helena Silveira. A entrevista com Luiz Alcino foi realizada em sua casa em São Paulo, em agosto de 2013.
5. Helena Silveira, *Paisagem e Memória*, p. 72.
6. *Idem*, p. 71.

Fragmento de texto inédito com reflexões autobiográficas: "[...] não conheço éter, nem o das mesas de operações nem o haurido, burlando a vigilância da polícia no Carnaval [...]".

Segundo Helena, Jamil era um "exilado do cotidiano", de uma "mudez que chegava a causar hostilidade"[7]. Desleixado, saía para compromissos sociais vestindo camisas com o colarinho amassado[8]. O casal fazia viagens em ônibus até São Vicente, onde Helena tinha comprado um apartamento, momentos nos quais travavam discussões intermináveis sobre política e literatura.

[Jamil] foi uma das criaturas mais singulares que conheci na minha vida. Um ser apaixonado, mas de tal forma carente de amor, exclusivista, ciumento, competitivo, vivendo a literatura muito mais intensamente que a vida[9].

Apesar de afinados em questões estéticas e ideais políticos, havia um assunto que, com o passar dos anos, passou a gerar brigas cada vez mais intensas entre eles: a procedência aristocrática da família de Helena. Jamil

7. *Idem*, p. 107.
8. Conforme depoimento de Luiz Alcino Texeira Leite, filho mais velho de Helena Silveira. Vide fotografia de Jamil reproduzida no Capítulo III.
9. Helena Silveira, *Paisagem e Memória*, p. 71.

acusava a esposa de se privilegiar do fato de ser "bem-nascida" para se inserir no mundo literário:

> Se ele não fosse tão extraordinariamente inteligente, diria que era competitivo. Creio que prefiro dizer que ele era ingenuamente competitivo. Claro que minha condição menor de cronista social dava-me uma notoriedade que ele, com todo peso de sua singular cultura (e talvez por isso mesmo), com todo seu valor literário, não alcançava[10].

Após as brigas, Helena afirmava, em tom de brincadeira, que Jamil era um "turco orgulhoso"[11]. Como "imigrante" e pobre, ele costumava ser o alvo de comentários maliciosos das pessoas do círculo social de Helena:

> Pode-se dizer que, nesta nossa sociedade paulistana, um dos mais fortes preconceitos existentes é com a falta de dinheiro. E em minha juventude, na minha primeira mocidade, vi muito preconceito com o imigrante e seus descendentes: o italianinho, o turquinho, o judeu, mesmo enriquecidos. [...] Mas o imigrante, enriquecendo logo, criou, ele também, seus redutos. Sobrenomes que podiam causar estranheza logo ao início da segunda década do século tornaram-se cheios de títulos nobiliárquicos. [...] Jamil, posteriormente pude ver, sofreu na carne o drama das famílias de imigrantes não enriquecidas[12].

Helena testemunhou que Jamil guardava "terríveis lembranças" de uma sociedade para a qual ele era "o turquinho" e, mesmo consciente dessa ferida, ela própria confessou fazer brincadeiras com sua "turquicidade"[13]. Mas, apesar de Helena se referir a Jamil como "turco" em um contexto de brincadeira, a expressão também era usada por outras pessoas do círculo do casal por meio de um tom jocoso ou pejorativo, como foi o caso de Oswald de Andrade. Inicialmente, o escritor modernista, amigo do casal, ironizava com o fato de uma mulher da alta sociedade como Helena ter se casado com um "estrangeiro" pobre. Em seu livro de memórias, Helena recordou de uma conversa que teve com Oswald, quando este afirmou que ela capri-

10. *Idem*, p. 110.
11. *Idem*, p. 112.
12. *Idem*, p. 105.
13. *Idem, ibidem.*

chara tanto que conseguira conhecer e se casar com o "único turco pobre de São Paulo"[14]. Oswald frequentava o lar de Helena e Jamil, mas, apesar da relação afável, se referia, com frequência, ao "exotismo" do poeta, como se observa nas crônicas que ele publicou na coluna "Telefonema", posteriormente reunidas em um livro de mesmo nome. Sobre uma festa organizada pela jornalista, Oswald escreveu:

> Seja como for, Helena Silveira mostrou-se à altura da sua fama de primeira cronista elegante de São Paulo. Não só serviu na linha de apetite do seu oriental marido como conseguiu magistralmente combinar os seus convivas[15].

Em 1954, ao comentar o livro que Carlos Burlamaqui Kopke escreveu sobre Jamil em 1943, Oswald considerou que Kopke:

> [...] começou muito mal a sua carreira de crítico. Escrevendo um livro sobre os "caminhos poéticos" dum alarve que tinha como único título um prêmio da nossa fanada Academia Brasileira de Letras. Esse pégaso sem asas, novo turco do sonetão, ocupou páginas e páginas do jovem Kopke, que trazia uma tradição intelectual de família. Mas o livro se perdeu entre milhares de obras inúteis, editadas pelo carinho do elogiado[16].

Essas declarações podem ter sido alimentadas pelas desavenças estéticas que existiam entre Oswald e Jamil no campo da literatura. No ensaio introdutório de sua antologia *História Poética do Brasil*, Jamil afirma que o livro *Pau Brasil*, de Oswald, é apenas "citável" no rol de outros livros importantes que foram publicados por autores modernistas. Jamil menciona comentários de Paulo Prado sobre o livro de Oswald, segundo os quais a obra seria uma "afirmação desse nacionalismo que deve romper os laços que nos amarram desde o nascimento à velha Europa decadente e esgotada". Por causa disso, Jamil defende que o trabalho de Oswald possui "notável valor político e polêmico", porém é "neorromântico" e dotado de valor poético menor[17]. Oswald, por sua vez, criticava os autores relacionados à Geração de 45 – de quem Jamil

14. *Idem*, p. 106.
15. Oswald de Andrade, *Telefonema*, p. 470.
16. *Idem*, p. 613.
17. Jamil Almansur Haddad, *História Poética do Brasil*, p. 38.

era próximo – considerando-os formalistas, despolitizados e cujos projetos literários acusava de serem desprovidos de caráter inovador[18].

As desavenças cresceram e acabaram por adquirir tom de ataque pessoal em 1952, quando os autores tiveram um embate polêmico na imprensa. Segundo acusações de Jamil, Oswald teria recebido recursos financeiros do governo de Ademar de Barros para desenvolver um projeto editorial que, no final, não concretizou, utilizando dinheiro público em benefício próprio[19]. Em entrevista publicada no jornal *Última Hora*, Oswald, furioso, tentou justificar a suspensão do projeto e concluiu: "São os esclarecimentos que tenho a dar, mais ao ilustre público de *Última Hora* que ao clandestino da poesia modernista que é o Sr. Jamil Almansur Haddad"[20]. Além de considerá-lo um *outsider* ao meio literário brasileiro, Oswald também atacou Jamil pelo fato de ele "não ter uma profissão certa": "e o médico Jamil Almansur Haddad, que não qualifico por não ter profissão certa. Médico? Não clinica. Poeta? Não sabe o que é poesia"[21].

As discussões travadas entre eles foram consideradas uma "coleção de xingamentos" pela imprensa[22] e aconteceram em um momento no qual Oswald, doente e em meio à ruína financeira, teve brigas irreconciliáveis com diversos outros intelectuais e jornalistas, entre eles a própria esposa de Jamil. No embate com o poeta, Oswald se referiu reiteradas vezes a ele como "ensaísta turco":

> Haddad é o único turco pobre de São Paulo. Não quer nada de trabalho. Casou-se com dona Helena Silveira, para comer doces nas festas grã-finas, porque esta é a profissão de sua esposa. O Haddad chega assim e convida os amigos: "Como é, vocês não querem comer doces?". E assim entrou para a poesia[23].

Em uma das respostas a Oswald publicada no jornal *Última Hora*, Jamil escreveu:

18. Oswald de Andrade, *Telefonema*, p. 375.
19. Maria Eugênia Boaventura, *Os Dentes do Dragão*, p. 193.
20. *Idem*, p. 192.
21. *Idem, ibidem*.
22. *Idem, ibidem*.
23. *Idem*, p. 194.

João Miramar, escuta, ninguém tem medo de cadáver. O mais que pode acontecer é que se seja superticioso e se queira figa quando o Necrosado passar. Você tomou por medo um sentimento que era simplesmente de pena por seu itinerário de paquiderme taquicardíaco. Neste caso, a minha intervenção se faz indeclinável, pois como o próprio Cloacário proclama aos quatro ventos e escreveu nas suas *Memórias* [...] ele me deve a própria vida, graças à intervenção minha no seu caso clínico, sugerindo-lhe o nome de um colega que atinou com sua doença, impedindo que ele morresse[24].

As discussões entre os dois esfriaram com o passar das semanas, porém eles não se reconciliaram. No entanto, quando Oswald morreu em outubro de 1954, Jamil esteve presente no seu enterro[25].

Apesar de refletirem a veia provocativa de Oswald que, no final da vida, estava empenhado em fazer *boutades* de todos os tipos com gente do seu meio, as referências a Jamil como "turco" se relacionam a um certo uso que se fazia dessa denominação no Brasil. Nesse sentido, o cientista social Oswaldo Truzzi levantou situações em que a caracterização como "turco" apareceu associada a aspectos pejorativos, entre elas um depoimento de Ellis Júnior, que, nos anos 1930, foi um estudioso brasileiro de referência sobre a imigração árabe. Nesse relato, Ellis Júnior afirma que os "turcos falavam idioma gutural e incompreensível; muitos dos padres ortodoxos eram barbados e usavam chapéus altos e de formato diferente e desusado", marcando as diferenças desses imigrantes em relação aos imigrantes "ocidentais"[26]. Para Truzzi, depoimentos como o de Ellis Júnior seguem uma "linha etnocêntrica de desagrado pelo não habitual" e manifestam a defesa de uma política de imigração seletiva, que favorecesse a chegada de pessoas europeias e cristãs[27]. Nesse panorama, os imigrantes sírios e libaneses procuravam se afirmar como cristãos para dissociarem-se de costumes tidos como exóticos e "típicos dos turcos", entre eles o fanatismo religioso e a poligamia[28].

24. *Idem, ibidem.*
25. Helena Silveira, *Paisagem e Memória*, p. 167.
26. Oswaldo Truzzi, *Patrícios: Sírios e Libaneses em São Paulo*, p. 85.
27. *Idem, ibidem.*
28. *Idem, ibidem.*

Foto do passaporte que Jamil utilizou nas viagens internacionais realizadas na década de 1950. Crédito: Espólio do poeta.

Jamil, aquele poeta "turco", tantas vezes designado como um estrangeiro, ou como um ser exógeno ao contexto literário brasileiro, pisou pela primeira vez no Oriente Médio somente nos anos 1950. Se no Brasil o suicídio de Getúlio Vargas foi o acontecimento político mais marcante de 1954, na biografia de Jamil esse ano também representou um divisor de águas. Desde março, ele exercia o cargo de presidente no Clube de Poesia, mas, em agosto do mesmo ano, recebeu um convite do então chanceler Vicente

Rao para desenvolver atividades culturais em alguma embaixada brasileira. Na ocasião, deparou-se com a possibilidade de conhecer o Oriente Médio, uma realidade que sempre visitara em suas fantasias poéticas. Decidiu candidatar-se para atuar como adido cultural nas embaixadas do Líbano e da Síria, países que, na década de 1950, sofriam as consequências da criação do Estado de Israel, em 1948, registrando a chegada massiva de palestinos em campos de refugiados. A proposta de Jamil – que previa uma estadia de dois anos nos países – logo foi aceita pelo chanceler.

Em outubro de 1954, Jamil viajou de avião para Beirute, enquanto Helena ficou no Brasil durante algumas semanas para organizar a vida dos filhos, que permaneceriam no país. Ela também precisava resolver sua situação laboral na *Folha da Manhã*, comprometendo-se a enviar as crônicas no período que estivesse fora. Em relação aos filhos, ela sentia-se culpada por ter de deixá-los, mas sabia que arriscava jogar o casamento para o alto caso não acompanhasse Jamil em sua jornada pelo Oriente Médio. O poeta a acalmava e garantia que, durante as férias escolares, traria a prole da esposa a Beirute[29]. Então, Helena juntou-se a Jamil algumas semanas mais tarde, fazendo a travessia do oceano em navio.

Instalado em uma cobertura no bairro de Sanaia, o casal bebia *arak* e discutia a imagem que, até então, tinha da cidade, visão que era mediada pelos relatos e escritos de autores românticos e orientalistas franceses, como Gustave Flaubert, Alphonse de Lamartine, Ernest Renan, Maurice Barrés Volney e Gérard de Nerval[30]. Jamil costumava se encerrar no escritório para escrever ou ler durante horas a fio, enquanto Helena admirava a vista para o Mediterrâneo e a visão privilegiada que tinha da cidade. Nessas situações, ela reclamava do marido ausente e indiferente à paisagem tão exótica. Como resposta, Jamil costumava dizer, ironicamente: "Sou um poeta sem paisagem. Você ainda não descobriu isso?"[31]

Enfim em contato com a realidade empírica daquele Oriente fabulado em sua poesia, Jamil planejava escrever um livro para publicá-lo no regresso ao Brasil, cujo nome seria: *Canções Libanesas ou Fabricantes de Bailari-*

29. Helena Silveira, *Paisagem e Memória*, p. 165.
30. *Idem*, p. 164.
31. *Idem*, p. 107.

nas. A obra jamais foi publicada. No entanto, alguns versos que formariam parte dela, mais tarde, foram incorporados com modificações em outros livros, como é o caso do poema seguinte:

– Poeta, as tuas pupilas serenas
têm brilho perdido de maldito fósforo.
– Sou pobre. Não tenho casa própria. Sou apenas proprietário das paisagens do Bósforo.
– Sabemos que a tua mão é repleta
de ouro e sabemos a glória a que te destinas.
– Sou pobre, nada sou além de poeta e de dia fabrico bailarinas.
– O que fazes à noite em seu transe mediúnico, ó amigo descrente?
– Sou poeta. No meu plantão noturno construo o Oriente[32].

Nesse poema elaborado em forma de diálogo, o poeta tem as pupilas serenas, com o brilho perdido de um fósforo (ou luz) maldito. Afirma ser dono das "paisagens do Bósforo", ou seja, do estreito que liga o Mar Vermelho ao Mar de Mármara e que marca os limites entre os continentes asiático e europeu na Turquia. "Sem casa própria", se diz dono de uma paisagem localizada entre o Oriente e o Ocidente, fronteira para onde leva frequentemente suas fantasias poéticas. Em seu "plantão noturno" e em um "transe mediúnico" – versos que remetem ao imaginário escuro e às "experiências de manipulação da realidade" que permeiam livros como *A Lua do Remorso* – o poeta "constrói o Oriente", passagem que alude a um processo criativo presente no percurso literário de Jamil.

Jamil e Helena se encontravam frequentemente com escritores, diplomatas, jornalistas e políticos locais. Em 1955, meses após chegarem ao Líbano, se reuniram com o poeta Chafic Maluf, que havia imigrado ao Brasil e visitava o país em companhia da esposa e da filha, Rosemay Maluf. Junto à família Maluf, o casal alugou um carro para passear pelo Vale do Bekaa, chegando até a cidade de Zahlé, onde foi organizado um jantar no qual compareceram diversos poetas e escritores, inclusive alguns libaneses que haviam regressado recentemente do Brasil[33].

32. *Idem*, p. 142.
33. *Idem*, p. 145.

Em meio à tensão crescente entre o casal – Helena se afligia por causa das frágeis condições de saúde de um dos filhos no Brasil[34] – eles organizaram uma viagem à cidade de Ebel El Saki, em um dos momentos mais simbólicos da estadia de Jamil no Oriente Médio. Finalmente, o poeta conheceria aquele lugar que uma vez considerou a "capital mais importante do mundo"[35], a vila da qual escutara falar desde a infância e desde onde a irmã Faride, em suas longas viagens pelo Líbano, costumava enviar-lhe cartas emocionadas.

Quando Helena e Jamil chegaram de carro à cidade, familiares e amigos os aguardavam junto a uma construção de pedra, que era a antiga residência dos Haddad. O edifício, que fora construído no século XIX, tinha sido parcialmente destruído por bombas inglesas, mas o terreno ainda abrigava algumas oliveiras da época em que a mãe de Jamil se locomovia no lombo de um burro para estudar na cidade vizinha. Em frente à casa de pedra, Jamil encontrou as ruínas de uma forja, que fora erguida por Haddad, seu patriarca. Também moendas circulares com as quais a família tirava azeite puro de azeitonas[36].

A estadia na cidade seria curta, porém Jamil não queria deixar de conhecer um objeto simbólico à sua imaginação sobre Ebel El Saki. Ainda ocupando lugar de destaque na decoração da casa de um familiar, ele encontrou o armário de madeira talhado de arabescos que a mãe tinha ganhado de presente de casamento. Era, realmente, bonito, da maneira como ela sempre o descrevera. Sada imigrou deixando para trás o valioso objeto, com a expectativa de voltar a utilizá-lo, no seu retorno glorioso a Ebel El Saki, algo que jamais aconteceu. Apesar disso, seus cinco filhos nascidos no Brasil guardaram o apreço pela cidade natal da mãe e sonhavam com o dia que, finalmente, poderiam admirar a beleza do famoso armário. Agora, por fim diante dele, Jamil se emocionou. Ao olhar para o armário, reencontrou a mãe morta. Viu-se diante de um passado de riqueza e de uma viagem sem volta.

Após a estadia em Ebel El Saki, Helena e Jamil regressaram a Beirute. O clima entre eles estava péssimo. Depois de sete meses, a distância dos filhos

---

34. *Idem, ibidem.*
35. Em carta escrita à Faride em 1948, enquanto tratava de dissimular a tristeza pela recente morte da mãe, Jamil afirmou que a capital mais importante do mundo não era Londres, Viena, Madrid ou Paris e sim Ebel-el-Saki, a aldeia natal dos seus antepassados.
36. Helena Silveira, *Paisagem e Memória*, p. 145.

se tornara insustentável para Helena, principalmente por causa das condições de saúde de Eduardo, o mais novo, que apresentava indícios de distúrbios psicológicos que, mais tarde, o levaram à morte. O emprego no jornal também demandava a sua presença. Embora enviasse periodicamente crônicas que eram publicadas no caderno de cultura, o editor avisou que, em breve, colocaria outra pessoa para ocupar o cargo de colunista social do jornal.

Com pesar, Helena comunicou a Jamil sua desistência do posto de "mulher do assessor cultural" da embaixada brasileira no Líbano. Contrariado, Jamil aceitou a decisão da esposa, mas propôs que, antes do regresso, eles fizessem uma viagem de despedida pela Itália, país onde Helena tomaria o navio de regresso ao Brasil. Durante a viagem, ele refletia sobre os rumos do seu casamento e da permanência tão sonhada no Oriente Médio, além de tomar um tempo diário para escrever poemas que, a exemplo de outros, também foram incorporados em livros posteriores, com algumas modificações:

> Itália, meus versos constroem um berço e cantam canção de acalanto.
> Cabes inteira em meus braços.
> Beijo-te os pés calçados de jade em Reggio Calábria,
> Dou-te o colo em Milão para que a cabeça repouse
> No Lago Maggiore, teus olhos me fitam,
> As pálpebras descem. E há um sono espesso de morte
> leve em Amalfi e Nervi.
> Amo-te presente e não arcaica,
> Não a das ruínas Greco romanas
> Nem das bombas da RAF;
> Mas assim como és, coberta de glória e de brumas,
> Sob a forma de jovem montada em garupa de Vespa[37].

Nesse poema, os olhos que fitam e as pálpebras que descem, trazendo um sono espesso de morte, assim como a imagem da jovem que passeia montada na garupa de uma Vespa, evocam o ar de melancolia vivenciado pelo casal durante seus últimos dias juntos na Itália. Por fim, em Gênova, Helena tomou o navio de regresso ao Brasil. Queria partir e queria ficar. Sabia que a decisão

---

37. *Idem*, p. 192.

que tomara representava o fim do relacionamento com Jamil, que tampouco permaneceu no Líbano pelo tempo inicialmente previsto[38].

Jornal libanês noticia a visita de Jamil: "Professor Jamil Haddad descobre com emoção seu país de origem". Crédito: Espólio do poeta.

38. *Idem*, p. 165.

Em São Paulo, feliz por reunir-se novamente com os filhos, dedicou cuidados especiais a Eduardo, debilitado por causa dos problemas de desequilíbrio mental. Ao fazer um balanço da estadia no Líbano e do casamento com Jamil, Helena escreveu que o libanês imigrado ao Brasil é "conservador, cioso das suas tradições e zeloso de seus bens", diferente do libanês de Beirute, que é "cosmopolita e, até certo ponto, hedonista"[39]:

> Emigrado no fim do século XIX ou no início deste [século XX], o libanês preservou para as gerações de seus netos e bisnetos não o espírito de um país, mas de uma época. O emigrante não leva com ele apenas a saudade da paisagem, mas sim extratos de costumes [...]. Mal sabíamos nós, brasileiros mais velhos, que naqueles baús de "turco" percorrendo, com andar rapsodo, Brasil de norte a sul, não iam só pentes, loções, sabonetes, perfumes, sedas, joias, mas todo um programa de comportamento[40].

Durante a estadia no Líbano, além da distância dos filhos, a posição de "esposa do adido cultural" também parece ter incomodado Helena, que se definia como uma mulher "gulosa de vida", enquanto considerava Jamil um homem extremamente fechado, "exilado do cotidiano"[41]. No seu livro de memórias, ela se refere mais de uma vez ao incômodo que sentia em relação a essa posição, como na passagem seguinte, na qual relata os preparativos à viagem ao Oriente:

> Logo Jamil chegaria à casa com passaportes nas mãos, cheio de uma alegria infantil. Eu me tornara em Helena Silveira Haddad, de prendas domésticas. Vivíamos em uma época em que o machismo não era posto em discussão. Compreendi ser imprescindível para o meu companheiro que eu se lhe tornasse dependente. Até então fora uma profissional atribulada de serviços. Era hora de ser tão somente sua mulher. [...] Éramos muito unidos, apesar do temperamento aparentemente distante de Jamil[42].

Na antologia *O Amor no Pensamento Humano*, publicada em 1947, Jamil aborda o que considera o "surto feminista" da época, afirmando que o mo-

39. *Idem, ibidem.*
40. *Idem,* p. 178.
41. *Idem, ibidem.*
42. *Idem,* p. 162.

vimento podia levar à "masculinização da mulher", de maneira que o amor do homem pela mulher "acabará sendo coisa muito parecida com a homossexualidade". Nesse texto, ele enxerga existir um panorama perigoso, motivado pela ascensão do feminismo e pelas condições da vida moderna: "a mulher [...] descobrirá que, no fim do caminho, já perdida a feminilidade, a ascensão levará para a queda fragorosa e irremediável"[43]. A considerar essas reflexões e as declarações de Helena sobre o "conservadorismo" e o "programa de conduta" dos libaneses imigrados, bem como às referências sobre ela ter se tornado a "esposa do adido cultural" ou mesmo sobre a organização indiscutivelmente machista da sociedade da época, é possível sugerir que o poeta, tão permissivo com as amantes em suas fabulações líricas, na realidade empírica adotava uma postura conservadora em relação à esposa.

Seis meses após a partida de Helena, em janeiro de 1956, Jamil também decidiu voltar. Tinha acabado de ministrar um curso, em árabe e em francês[44], sobre literatura brasileira em Damasco e chegou a São Paulo entusiasmado com a experiência na Síria. No entanto, o reencontro com Helena em São Paulo foi frio. Ela percebeu que jamais seria perdoada. A relação durou ainda três anos, mas a convivência entre o casal foi marcada por brigas, mágoas e desavenças[45].

Nos anos 1950, após a morte da mãe, o primeiro casamento e a longa estadia no Líbano e na Síria, Jamil vivenciou um processo de tomada de consciência em relação ao seu lugar no mundo. A estadia de cerca de um ano e meio na região permitiu que o "poeta clandestino e sem profissão certa" olhasse à realidade dos países sem a mediação da literatura ou das memórias maternas. Assim, o Oriente Médio real se materializou na vida do poeta que, a partir de então, abandonou as fabulações exóticas de antanho. O "Oriente" sempre esteve presente na poesia de Jamil, traçando paralelos com algumas experiências biográficas que ele teve como "estrangeiro" no Brasil. No entanto, a partir da viagem ao Líbano e à Síria, ele se imbuiu dessa condição de ser "alógeno", tendo escrito, por exemplo, uma

43. Jamil Almansur Haddad (org.), *O Amor no Pensamento Humano*, São Paulo, Flama Editora, 1947, p. 7.
44. Renard Perez, "Jamil Almansur Haddad", p. 11.
45. Helena Silveira, *Paisagem e Memória*, p. 193.

peça inédita e hoje perdida sobre os problemas de adaptação de um libanês à sociedade paulista, obra que teria sido entregue a Cacilda Becker, em 1959, com a intenção de que ela a encenasse[46]. Nos anos seguintes, esse processo de conscientização passou a funcionar como embrião à formulação da *persona* lírica do "estrangeiro simbólico"[47], ganhando corpo poético a partir do trabalho que ele desenvolverá em anos posteriores.

A experiência no Oriente Médio também parece ter motivado Jamil a começar a assumir a condição de "inclassificável" e "fora de lugar", movimento que se faz evidente, por exemplo, nas suas declarações sobre sentir-se um "poeta sem paisagem". Nos anos a seguir, veremos que comentários com essa tônica ganharão cada vez mais força e Jamil discorrerá, por exemplo, sobre o tédio que vivenciava ao ter de imergir-se em um único assunto; dará justificativas em relação à "incoerência" do seu trabalho como tradutor e experimentará vivências com ácido lisérgico que lhe permitirão conscientizar-se sobre a "fragmentação do seu eu". Na opinião de sua sobrinha-neta, Lilian Gattaz:

> Jamil foi um homem de rupturas. Buscava contrariar a ordem, o estabelecido. Era um pouco preso à ideia de liberdade interna, de não querer pertencer. Acho que ele se asfixiava um pouco, quando ficava muito dentro de alguma coisa. Não sei se é essa exatamente a palavra, mas ele tinha uma linhagem um pouco misantropa, era centrado, vaidoso, talvez egoico[48].

---

46. "Incumbida a CTCA de Organizar o Espetáculo Nacional em Paris – Peça de Jamil Almansur Haddad", *O Estado de S. Paulo*, 27 fev. 1959, p. 7.
47. Conforme o dicionário *Houaiss*, a palavra "simbólico" tem origens gregas e latinas, significando, respectivamente "o que explica por meio de um símbolo" ou algo que é "significativo". No contexto desse livro, ela representa "o que tem caráter ou o que serve como símbolo", "que consiste ou que opera por meio de símbolos, metafórico, alegórico" (cf. houaiss.uol.com.br).
48. O comentário de Lilian Gattaz foi feito em entrevista realizada em seu consultório em São Paulo, em 2013. Lilian afirma ter se tornado poeta por causa da influência de Jamil, que frequentava sua casa e era muito próximo a seu pai.

Capítulo 6
O Crítico e o Poeta

A fluidez e a intensidade do trabalho de Jamil em direção aos mais diferentes caminhos se mostram, em primeiro lugar, na sua trajetória como tradutor e crítico. Nos anos 1940, suas traduções envolveram autores como Safo e Petrarca e ele também produziu, entre outros, ensaios introdutórios para livros de poemas de Castro Alves, Gonçalves Dias e Guilherme de Almeida, assim como um estudo sobre a obra de Mário de Andrade, publicado na *Revista do Arquivo Municipal*[1].

No rol dessas atividades, também deve-se ter em conta seu trabalho como antologista, que o próprio Jamil considerava uma vertente de sua atuação crítica:

A antologia será pessoal por força dos atributos intelectuais do antologista, da sua sensibilidade, de seu gosto e de suas qualidades morais de isenção, que são em última instância as do juiz[2].

Nesse contexto, em 1943 ele elaborou a *História Poética do Brasil*, que pretende contar a história do país por meio de poemas, ou seja, uma his-

1. Vide, ao final deste volume, a Bibliografia de Jamil Almansur Haddad.
2. Jamil Almansur Haddad e Alfredo Buzaid, *Defesa e Ilustração da Antologia*, São Paulo, Companhia Editora Nacional, 1961, p. 55.

tória "que não seja apenas a aridez do fato objetivo"[3] e que Jamil considera poética desde os seus primórdios:

A História do Brasil é poema. A poesia aqui é inseparável da História, vive com ela, acompanha-lhe os passos, forma com ela um todo orgânico, uma simbiose vital. Esteve presente desde a hora auroral da descoberta, na carta de Pero Vaz de Caminha. Irradiava de Anchieta no poema inolvidável da Catequese[4].

Nos anos 1950, a vertente crítica do seu trabalho continuou em ascensão e ele escreveu introduções para livros de Joaquim Manuel de Macedo e do historiador de literatura Ferdinand Wolf; organizou antologias com a poesia completa e amorosa de Castro Alves, além de coletâneas com poemas religiosos brasileiros e contos árabes, entre outras publicações.

Jamil fez, ainda, a tradução integral e pioneira ao português de *As Flores do Mal*, de Charles Baudelaire, obra que representou um marco em sua vida literária e que ele considerou sua "maior façanha"[5]. Antes de Jamil, outros autores haviam feito traduções de poemas pontuais, algo que pode ter colaborado com o interesse de leitores de poesia pelo acesso integral ao famoso livro de Baudelaire. As duas primeiras edições do trabalho de Jamil saíram pela editora Difel, em 1958 e em 1964, sendo que em 1981 e 1985 a Max Limonad publicou outras duas edições. Em 1981 e 1995, o Círculo do Livro fez duas novas edições do livro, enquanto em 1984 a tradução saiu, também, pela Abril Cultural[6]. Anos após a morte de Jamil, a Martin Claret foi delatada por plagiar a sua tradução, acusação que a empresa negou[7] e que os herdeiros do poeta acabaram por não investigar.

Ao refletir sobre as traduções de *Flores do Mal* feitas por Jamil, Ivan Junqueira e Guilherme de Almeida, o pesquisador de poesia francesa Álvaro Faleiros defende que todas se apegam a questões formais, em detrimento

3. Jamil Almansur Haddad, *História Poética do Brasil*, p. 11.
4. *Idem*, p. 12.
5. Aramis Villarch, *Entrevista com Jamil Almansur Haddad*.
6. Clémence Marie Chantal Jouët-Pastré, *Jogos de Poder nas Traduções Brasileiras das Flores do Mal*, p. 20.
7. Luiz Fernando Vianna, "Editora Plagiou Traduções de Clássicos", *Folha de S. Paulo*, 4. nov. 2007, Ilustrada, p. E6.

das imagens, "produzindo um Baudelaire mais rigoroso e frio, de índole parnasiana"[8]. Faleiros recorre às próprias palavras de Jamil escritas à introdução de sua tradução, na qual ele afirma que apenas com base na estética parnasiana, que preza pelo apuro da linguagem e pela perfeição técnica, é possível fazer uma boa tradução dos poemas de Baudelaire. Nesse texto introdutório, Jamil considera que as traduções anteriores à sua eram "medíocres ou ruins", porque os tradutores colocaram sua personalidade nos versos vertidos ao português, apropriando-se dos poemas[9]. Para ele, nos casos de autores como Baudelaire, poetas clássicos, românticos, parnasianos e simbolistas, o apuro formal deve ser a regra.

Em um texto publicado no jornal *O Estado de S. Paulo* em 1943, Jamil fez reflexões sobre o trabalho de tradutor, afirmando que, em alguns casos, uma tradução "ao pé da letra" pode ser eficiente:

> Jamais pude concordar com o conceito comum de que a tradução de um poema só é possível alterando-se sensivelmente o original. Essas fugas do original seriam determinadas muitas vezes pelo que se chama de "espírito da língua". Não tenho tanto o feitichismo desse espírito. Acho até que as línguas são por demais parecidas entre si[10].

Apesar dessa defesa, Jamil argumenta que as escolhas técnicas do tradutor devem basear-se no tipo de poeta e obra com a qual se trabalha. Então, no caso de sua tradução das *Odes Anacreônticas*, publicada em 1952, ele optou por fazer uma versão livre, de maneira que "por vezes, o original é como um eixo em torno do qual se desenvolve poesia nossa"[11]. Ele justifica essa opção com o fato de que poucos poemas atribuídos a Anacreonte tenham sido, realmente, criados pelo autor. No entanto, mesmo que sejam liras falsas, essas odes procuravam imitar as legítimas. Por causa disso, ele

---

8. Álvaro Faleiros, "Sobre uma Não-Tradução e Algumas Traduções de 'L'Invitation au Voyage' de Baudelaire", *Alea: Estudos Neolatinos*, vol. 9, n. 2, jul.-dez. 2007, p. 261.

9. Jamil Almansur Haddad, "Baudelaire e o Brasil", em Charles Baudelaire, *As Flores do Mal*, São Paulo, Abril Cultural, 1984, p. 12.

10. Jamil Almansur Haddad, "Omar Khayyam em Português", *Folha da Manhã*, 23 set. 1943 (São Paulo), p. 7.

11. Jamil Almansur Haddad, "Introdução", em Anacreonte, *Odes Anacreônticas*, São Paulo, José Olympio, 1952 (Coleção Rubaiyat), p. 32.

optou pela versão livre, que inclusive também se baseia em poemas considerados ilegítimos[12].

Ainda sobre *As Flores do Mal*, em relação às traduções precedentes à sua, outra crítica de Jamil no texto introdutório envolve a omissão dos versos polêmicos ou de cunho erótico, com a finalidade de criar um "Baudelaire das famílias": "A sociedade que se escandalizou (e já adiantado o nosso século) com os arroubos sensuais de Gilka Machado não iria suportar 'Lesbos'"[13]. Apesar do viés "parnasiano" e diferentemente das traduções recatadas, no seu trabalho, Jamil afirma ter buscado o mesmo escândalo que Baudelaire produziu na França cem anos antes, quando publicou *Les Fleurs du Mal*[14].

Nessa introdução, Jamil também argumenta que o pêndulo poético de Baudelaire oscila entre o misticismo e o sexo, hibridando "céu e terra, amor profano e amor sagrado"[15], mistura que, como já vimos, ele enxerga haver existido durante o Romantismo no Brasil. A discussão entre o sentido sagrado ou profano de determinada poesia também esteve na base das reflexões de Jamil, no ensaio introdutório que acompanha outra tradução feita na década de 1950: o *Cântico dos Cânticos*, atribuído a Salomão. A partir da interpretação de outros teóricos e religiosos que escreveram sobre o livro, esse ensaio introdutório discorre sobre relatos de religiosos que evocam um "êxtase místico", entre eles o de Santa Teresa, no qual ela conta que teve a visão de um anjo que possuía um dardo de ouro com ponta de fogo que era afundado em seu coração[16]. Para Jamil, esse tipo de relato evidencia a intromissão de um elemento erótico no êxtase divino, algo que considera comum nas descrições das relações inefáveis com Deus, concluindo que "a linguagem lírica do *Cântico dos Cânticos* está mais ou menos na linha de expansões de fé e amor dos místicos do cristianismo"[17]. No seu entendimento, o valor dos *Cânticos* reside no fato de eles abarcarem dimensões divina e profana, algo que ele também pretende deixar transparecer em sua tra-

12. *Idem*, p. 9.
13. Jamil Almansur Haddad, "Baudelaire e o Brasil", p. 12.
14. *Idem*, p. 18.
15. *Idem*, p. 47.
16. Jamil Almansur Haddad, "Interpretação do Cântico dos Cânticos", em *Cântico dos Cânticos, Atribuído a Salomão*, São Paulo, Saraiva, 1950, p. 13.
17. *Idem, ibidem*.

dução: "E que Deus, Allah ou Jeová nos auxiliem para que, agora, os versos nossos possam ser não só borbulhantes de vinho como [...] perfumados de lavândula e mirra"[18].

A escolha por traduzir esses autores que, com sua poesia, navegam entre os limites do profano e do sagrado, ou mesmo sua opção por discutir tais poetas a partir desse olhar, permite traçar um paralelo com o próprio trabalho poético de Jamil, que, como já vimos, imbrica imagens de morte e erotismo nos mesmos versos. Esse movimento acontece, por exemplo, no já citado "Sexto Poema do Amor", de *Orações Negras*, no qual a amante aparece "esfumada na distância e diferente da vida", mas pede para o poeta ter cuidado, porque "a um sopro mau, rolaria o candor":

> O teu olhar como que diz: "– Cuidado!
> A um sopro mau, rolaria o candor,
> feito pétala de flor..."
>
> [...]
>
> Oh, brancura da espuma sobre os mares!
> Oh, pureza das toalhas dos altares![19]

No "Canto Elegíaco em Louvor da Amada", presente em *Poemas*, a amada é "branca como a sepultura" e entra-se no seu amor "como se entra em uma necrópole calma":

> A bem-amada é pura, pura...
> tem a brancura
> dos brancos círios longos queimando nas ecas...
> tem a brancura
> da sepultura...
>
> [...]

18. *Idem*, p. 21.
19. Jamil Almansur Haddad, "Sexto Poema do Amor", *Orações Negras*, p. 63.

A bem-amada é cheia de silêncios...
Entra-se em seu amor, divina alma,
como se a gente entrasse na necrópole calma...[20]

A diversidade dos interesses literários de Jamil também aparece na atuação que ele desempenhou na grande imprensa, durante os anos 1940 e 1950, quando publicou ensaios, crônicas e comentários políticos sobre assuntos variados. Principalmente na década de 1950, jornais como *Folha de S. Paulo*, *O Estado de S. Paulo*, *Correio da Manhã*, *Última Hora* e *Diário de Notícias* também noticiavam suas conferências, palestras, participações em eventos, cursos, viagens e lançamento de livros. No *O Estado de S. Paulo*, o poeta escrevia uma coluna periódica sobre literatura, em que publicava ensaios sobre temas como Rig Veda, Espinosa, o Simbolismo, o Indianismo, arte renascentista, arte medieval, o Modernismo, Anacreonte, Petrarca, Omar Khayam, entre outros. À *Folha da Manhã* e à *Folha de S. Paulo*, ele escreveu, entre outros, textos para discutir a influência islâmica na *Divina Comédia*, de janeiro a março de 1946. Às vezes, também assinava a coluna "Paisagem e Memória" que, habitualmente, era escrita pela esposa Helena Silveira.

Jamil se debruçava sobre temas diversos ao mesmo tempo, porque "não podia mais dominar o tédio que sentia com a imersão em um assunto único"[21]. Mas, em meio a esses interesses múltiplos, os três volumes da *Revisão de Castro Alves*, publicados pela Editora Saraiva em 1953, se sobressaem. Resultado de dez anos de trabalho, a trilogia foi elogiada por críticos como Antonio Candido, que a considerou inovadora em relação aos estudos precedentes. De acordo com Candido, as análises de Jamil se distanciam dos típicos artigos e ensaios que adotam um tom de exaltação, romantizam a biografia ou dão tratamento retórico ao liberalismo de Castro Alves, prejudicando a análise crítica. Diferentemente deles, a referida trilogia apoia-se em vários instrumentos de apreciação, que permitem desvendar a psicologia e a arte de Castro Alves, mas também traçar um panorama do tempo

20. Jamil Almansur Haddad, "Canto Elegíaco em Louvor da Amada", *Poemas: Orações Roxas, Novas Orações Negras, Orações Vermelhas*, p. 21.
21. Jamil Almansur Haddad, "Meu Trabalho Foi o de Apontar as Dimensões Exatas de Castro Alves", *Folha da Manhã*, Atualidades e Comentários, 13 set. 1953 (São Paulo), p. 2.

no qual o poeta romântico viveu, "num vasto esforço de integração metodológica"[22].

Com o lançamento da trilogia, a Editora Saraiva inaugurou a publicação da Coleção Cruzeiro do Sul, cujo objetivo era mostrar "obras representativas da cultura nacional"[23]. A apresentação do livro na contracapa, que não é assinada, descreve que Jamil "reúne em si duas qualidades diferentes e que são mesmo geralmente consideradas antagônicas: imaginação prodigiosa e percuciência crítica. Fantasia de mágico e agudeza de lógico"[24], contrastando o caráter sensorial de livros como *A Lua do Remorso* com a sobriedade e a minuciosidade do trabalho crítico desenvolvido pelo poeta.

No primeiro volume, Jamil se propõe a desnudar as raízes e os componentes socioeconômicos da poesia de Castro Alves, refletindo sobre ele desde a perspectiva do homem estético, do homem econômico, do homem político, social e religioso. Ele também analisa a criação e o desenvolvimento do mito que gira em torno do poeta romântico, destacando suas relações com tendências parnasianas, simbolistas e românticas e observando a recepção da crítica e a opinião de autores como Mário de Andrade. Ao fundamentar o método crítico que adotará para estabelecer as pontes entre a vida e a obra de Castro Alves, diverge "da dissociação classicamente estabelecida" entre as duas instâncias:

O caos que se procura forçar à disciplina é a própria existência do poeta até nós chegada sob a forma de minúcia biográfica, retrato, frases orais que a tradição recolheu, correspondência, manuscritos, gravatas, páginas de critica literária, artigos de polêmica, drama teatral, epígrafes, desenhos... A todo esse conjunto denominamos vida[25].

O autor defende que a obra não deve ser pensada como consequência da vida, na medida em que: "A vida estremece na obra, enviando-lhe rami-

22. Antonio Candido, *Formação da Literatura Brasileira: Momentos Decisivos*, São Paulo/Rio de Janeiro, Fapesp/Ouro sobre Azul, 2009, p. 769.
23. Jamil Almansur Haddad, *Revisão de Castro Alves*, São Paulo, Saraiva, 1953, vol. 1, contracapa.
24. *Idem, ibidem.*
25. *Idem*, p. 12.

ficações arteriais, inserções de músculo, emaranhado de plexo nervoso"[26]. Para Jamil, a obra deve ser considerada, também, como a vida do poeta, porque reflete seus processos de realidade interior. Ao sustentar essa imbricação entre vida e obra e, mais do que isso, defender que os dois âmbitos são a mesma coisa, Jamil também sugere que o trabalho dos escritores que Castro Alves "leu, traduziu e amou" devem participar desse emaranhado, desse caos[27].

Na conclusão, esse primeiro volume se propõe a desconstruir um conceito que balizou parte da fortuna crítica existente sobre Castro Alves e que o valorizava, principalmente, por causa dos elementos políticos e utilitários de sua poesia. Jamil discorda desse tipo de análise e defende que a literatura seja pensada como uma unidade estética:

Sentimentos, ideologias, programas contendo uma plataforma social, filosófica ou política, tudo isto está na obra de arte como conteúdo anestético. E para estimar-se o valor dessa obra será preciso decantá-la da presença de todos esses valores parasitários e fazer incidir o exame no resíduo puramente estético que ficou[28].

Jamil deprecia análises como as de Afrânio Peixoto, que defende ser Castro Alves o maior poeta brasileiro por ser o "poeta dos escravos", o "poeta republicano", ou o "poeta nacional", na medida em que "essas valorações fundam a glória de Castro Alves em um preconceito político"[29]. De acordo com ele, os elementos ideológicos dos versos do poeta romântico "tendem a expulsá-lo da literatura e a fazê-lo cair em cheio no plano da história das ideias políticas no Brasil"[30].

Essa concepção da literatura também aparece na introdução da antologia *História Poética do Brasil*, na qual Jamil recorre a um texto que publicou no jornal *O Estado de S. Paulo* para defender os ideais da Geração de 45, afirmando que a arte não deve ser valorizada apenas pelo caráter de compromisso social ou engajamento político. Nesse texto, Jamil concorda com a ideia de que a arte não deve ser apenas o "sorriso da sociedade", mas sustenta que:

26. *Idem, ibidem.*
27. *Idem*, p. 13.
28. *Idem*, p. 262.
29. *Idem*, p. 267.
30. *Idem*, p. 265.

"É preciso que a arte seja inicialmente 'arte pela arte' para que, secundariamente, possa servir com eficiência a qualquer outro ideal extra-artístico"[31].

Tanto as reflexões sobre a confluência entre vida e obra como as análises sobre o caráter social da poesia de Castro Alves nos dão pistas para refletir sobre a própria trajetória de Jamil que, em muitos momentos, foi tachado de poeta engajado, principalmente por causa dos versos de *Orações Negras* e *Primavera na Flandres*. Apesar desse rótulo e da forte orientação política dos referidos livros, *A Lua do Remorso* é desprovido desse tom de engajamento, ao criar, como já vimos, um imaginário que busca imbricar fantasias de amor e morte. Além disso, as análises desse primeiro volume da trilogia podem ser entendidas como uma resposta aos críticos que denunciaram o niilismo e o formalismo da Geração de 45[32], de quem Jamil era próximo.

O segundo volume da trilogia se propõe a levar luz à realidade íntima do poeta, considerando fatores hereditários, ambientais, humorais e neuropsíquicos. Para Jamil, Castro Alves tinha um temperamento paranoico e perturbações psíquicas que o levavam a dois caminhos diferentes: à misantropia ou à poesia[33]. Outro ponto de atenção nesse volume envolve a erótica do poeta que, para Jamil, expressava o sentido híbrido de nacionalismo e universalidade de sua poesia, através das imagens de mulheres, como se observa no poema a seguir:

O amor, que açula o riso ao lábio da Francesa
Que dá filtros fatais à filha de Madrid,
Que mais lânguida torna a pensativa Inglesa,
A Grega mais audaz! mais indolente Huri!
O amor na Italiana estala em harmonia...

Minha Maria é bonita,
Tão bonita assim não há;
O beija-flor, quando passa
Julga ver o manacá[34].

31. Jamil Almansur Haddad, *História Poética do Brasil*, p. 42.
32. Nelson Werneck Sodré, *História da Literatura Brasileira*, p. 635.
33. Jamil Almansur Haddad, *Revisão de Castro Alves*, vol. 2, p. 87.
34. Castro Alves, "Consuelo", *apud idem*, p. 177.

Nesses versos, o poeta parece descrever as vivências do amor de acordo com as mulheres de diferentes países, de maneira que o sentimento "dá filtros fatais à filha de Madri e estala em harmonia na italiana", enquanto "no Brasil Maria fica tão bonita quanto a flor de manacá".

Ao analisar as personagens femininas da poesia de Castro Alves, Jamil se distancia, novamente, dos críticos de seu tempo que tentavam identificar, na vida real, quem seriam as musas inspiradoras de cada poema. Partindo do pressuposto da imbricação entre vida e obra, ele afirma que as mulheres fabuladas por Castro Alves são "nutridas de muita literatura" e representam um "misto de sangue e letra de forma, carne e composição poética", enquanto as amantes da vida real tendem a aproximar-se do protótipo feminino criado no âmbito literário, mas sem "jamais estabelecer uma justaposição perfeita"[35].

As personagens femininas também servem de ponto de partida para Jamil contestar leituras nacionalistas da poesia de Castro Alves. Diferentemente de outros críticos, que enxergavam a presença de mulheres morenas como símbolos de elementos puramente nacionais, ele argumenta que essas personagens derivam do caráter exótico de poetas do Romantismo europeu – como Assis Chateaubriand, Lorde Byron e Alfred de Musset – que colocavam "morenas espanholas e mouras ciganas" no centro de sua poesia lírica[36]:

Esses, embriagaram-se de goianas e guitarras, touradas e castanholas, e da dolência de rios líricos, como Guadiana, Douro, Guadalquivir. Naqueles tempos o dândi que se prezasse tinha o dever de se apaixonar por espanhola ou italiana[37].

Segundo Jamil, essa atenção dada a mulheres morenas teria inspirado poetas românticos brasileiros como Castro Alves a poetizarem as morenas locais: "as morenas de Byron e Musset auxiliaram os poemas do Brasil a se libertarem de suas louras artificiais e importadas"[38].

Jamil também se detém na presença da morte na poesia de Castro Alves, elemento que reflete a trágica realidade social vivenciada pelos escravos, mas também simboliza uma ideia de libertação. De acordo com Jamil,

35. Jamil Almansur Haddad, *Revisão de Castro Alves*, vol. 2, p. 178.
36. *Idem*, p. 180.
37. *Idem, ibidem*.
38. *Idem*, p. 185.

o escravo busca a liberdade por meio do suicídio, de maneira que a morte, para ele, também significava tornar-se livre[39].

O segundo volume da trilogia aborda diversos outros aspectos que procuram revelar a "realidade íntima" de Castro Alves. Porém, as atenções dadas ao hibridismo entre nacional e universal – que se evidencia, por exemplo, nas fabulações sobre mulheres – e as interpretações sobre o simbolismo da morte chamam a atenção, mais uma vez, por estabelecerem vínculos com a própria poesia de Jamil. Em entrevista dada à *Folha da Manhã*, em setembro de 1952, ele afirma que, após a publicação da trilogia, o poeta romântico passou a acompanhá-lo "pela vida afora, como um fardo que jamais poderá depor"[40] e que muitos dos problemas que os livros debatem "são daqueles que passamos a vida meditando"[41] – frases que evidenciam o impacto que a produção do trabalho sobre Castro Alves causou nas atividades literárias de Jamil.

Mesmo que de forma embrionária, o poeta parece buscar esse movimento de hibridismo entre universal e local que enxerga existir em Castro Alves no projeto geral do livro *Primavera na Flandres*, ao voltar suas preocupações a diferentes cidades afetadas pela Segunda Guerra Mundial, por meio de poemas como "Litania da França", "Balada Londrina" e "Natal em Berlim". Apesar de fabularem sobre os impactos da guerra em lugares específicos, o sofrimento e a destruição são elos comuns a todas as cidades europeias e estão presentes, também, no Brasil, conforme sugerido no capítulo "Poemas da Guerra do Brasil":

[...]
O inimigo, com suas hordas ebriadas
invadiu os teus templos,
conspurcou o recesso de tuas catedrais sagradas.
Eles cospem no nome do teu filho,
injuriam-te os sacerdotes,
trucidam-te os fiéis!

39. *Idem*, p. 199.
40. Jamil Almansur Haddad, "Meu Trabalho Foi o de Apontar as Dimensões Exatas de Castro Alves", p. 2.
41. *Idem, ibidem.*

Senhor Deus dos exércitos, faze a nossa força mais robusta!
A nossa Guerra é pura! A nossa guerra é justa!
[...]⁴².

Ainda sobre o movimento de hibridar universal e local, observamos como os hímens do citado "Poema Ritual das Virgens" funcionam como símbolos de uma universalidade, remetendo a mulheres célebres de países como Itália, França, Palestina e Brasil. Aqui, da mesma maneira que Castro Alves no poema sobre o amor referido por Jamil, há um movimento de nomear e caracterizar os hímens de mulheres simbólicas na cultura de diferentes países:

[...]
E o de Beatriz que é beato; e o de Laura que é louro;
e o de Heloísa castíssimo: e o de Hemengarda, desejada do presbítero;
e o de Sulamita, moreno mas formoso; o de Joana d'Arc, flamejante;
o verdolengo de Iara; o de Cloé, pastoral.
[...]⁴³.

Sobre os paralelos entre as personagens femininas, Jamil afirma que as morenas em Castro Alves derivam do exotismo presente no romantismo europeu, algo que parece fazer sentido, também, para alguns versos de sua autoria, entre eles os de "Baila, Beduína, Baila"⁴⁴. Mesmo sem referências à tonalidade da pele ou do cabelo da personagem, o poema evoca um universo de exotismo, por meio de elementos como a castanhola ou a imagem da beduína. Embora esse poema tenha sido publicado dez anos antes que a trilogia sobre Castro Alves, as associações sinalizam que o interesse de Jamil pelo poeta romântico pode remontar aos primórdios de suas atividades literárias.

Já a defesa que Jamil faz sobre a morte como símbolo de liberdade no contexto da escravidão também encontra ecos em sua produção poética.

42. Jamil Almansur Haddad, "Nossa Guerra", *Primavera na Flandres*, p. 92.
43. Jamil Almansur Haddad, "Poema Ritual das Virgens", *A Lua do Remorso*, p. 12.
44. Jamil Almansur Haddad, "Baila, Beduína, Baila", *Poemas: Orações Roxas, Novas Orações Negras, Orações Vermelhas*, p. 159.

Assim, poemas como o "Segundo Poema da Morte" também parecem versar sobre uma experiência de liberação:

Depois da morte
haverá uma pira,
e nela se queimará meu corpo.

[...]
Cada partícula minha
se dispersará no ar,
se alará.
Que glória deslumbrante!
Na ascensão esventolante!
No meu final cremante!
[...][45].

O poeta também dá esse sentido à morte no poema de abertura de *A Lua do Remorso*, quando o narrador lírico parece despedaçar-se em um mar de tumbas e lápides, "gravado de epitáfios" e liberando-se por um "imponderável céu de pulverizadas tumbas"[46].

No terceiro volume da trilogia sobre Castro Alves, Jamil coloca em evidência, justamente, a questão das interferências literárias[47], que, como vimos, já o preocupava nos anos 1940, quando ele defendeu, por exemplo, a existência de um sadismo precursor nos poetas do Romantismo. Nesse volume, ele argumenta que, como reflexo de um espírito colonial, o brasileiro sente fascinação pelas coisas estrangeiras, tanto o modo de vida como a literatura. Ele opõe essa característica ao conceito de *Weltliteratur* cunhado por Goethe e segundo o qual a literatura de todos os países tende à universalidade, independentemente

---

45. Jamil Almansur Haddad, "Segundo Poema da Morte", *Orações Negras*, p. 45.
46. Jamil Almansur Haddad, "Gravatas Pretas", *A Lua do Remorso*, p. 7.
47. Embora, em seu livro, Jamil utilize o termo "influência" para se referir ao diálogo que Castro Alves estabelecia com escritores de todo o mundo, aqui, preferimos empregar o termo "interferência". Este vocábulo dá conta de ilustrar melhor o fluxo recíproco de diálogo que há entre os autores e se distancia da ideia de passividade que pode acompanhar o uso do termo "influência".

do seu patamar de desenvolvimento econômico e social[48]. A partir do conceito de Goethe, Jamil discute a leitura que se faz do Romantismo brasileiro como o momento no qual a literatura local ganhou "autonomia": "O Romantismo caracterizou-se pela preocupação do cosmopolitismo literário e por uma onda de exotismo que assolou a literatura do mundo"[49]. Aqui, Jamil questiona, novamente, a atitude de estabelecer relações rigorosas de causa e efeito entre o fluxo das influências literárias, defendendo que o crítico deve "buscar a atmosfera em que medram as criações e os mitos da literatura"[50], algo que ele afirma fazer na sua *Revisão de Castro Alves*: "Se não houvesse Europa para dar-nos o molde do Romantismo, tê-lo-íamos descoberto alhures? Efetivamente, em toda literatura coexistem um elemento nacional e um universal"[51]. Nesse caminho, ele analisa as raízes francesas, inglesas, alemãs, portuguesas, italianas e norte-americanas que enxerga existirem em Castro Alves, desenhando, inclusive, um mapa para sistematizar e ilustrar o fluxo dessas interferências:

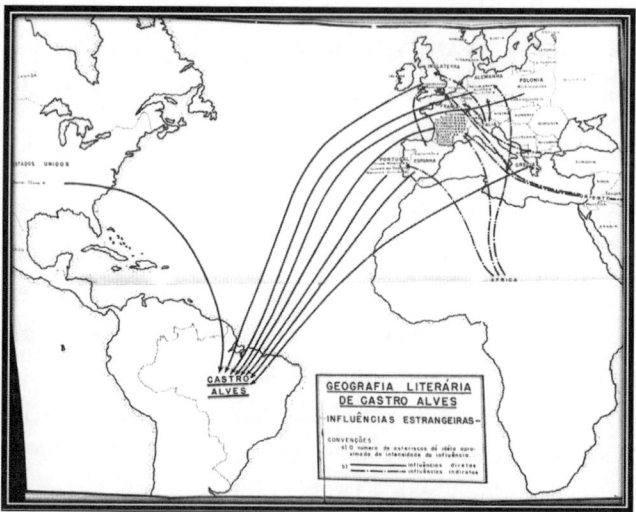

Cartografia literária de Castro Alves: mapa elaborado por Jamil que procura ilustrar as influências transnacionais do poeta brasileiro. Crédito: Jamil Almansur Haddad, Revisão de Castro Alves, *vol. 3, p. 161.*

48. Jamil Almansur Haddad, *Revisão de Castro Alves*, vol. 3, p. 5.
49. *Idem*, p. 6.
50. *Idem*, p. 7.
51. *Idem*, p. 8.

Em um ensaio publicado no jornal *O Estado de S. Paulo*, em 1944, antes de formular sua teoria sobre as influências transnacionais de Castro Alves, Jamil tinha se oposto à tradição crítica de pensar a literatura brasileira como "autônoma" em relação à Europa, a partir do Romantismo. Nesse texto, intitulado "Sentido do Indianismo Brasileiro", ele discute a postura daqueles que querem dividir a literatura em fases: "Nenhuma literatura do mundo consegue circundar-se de muralhas chinesas. A ideia de autonomia é absurda porque é incompatível com a ideia de influência"[52]. Jamil lembra que o indianismo brasileiro costuma ser apontado como produto de importação e que "os exportadores constituem uma firma franco-americana: Chateaubriand e Cooper"[53]. Ele refuta essa ideia, afirmando que cada poeta indianista tentou retratar a sua própria realidade, de maneira que os autores brasileiros foram tão influenciados pelos europeus como podem ter sido "pelo sangue índio, negro e português que pulsava em suas veias"[54].

Essa mesma ideia aparece na já citada antologia *História Poética do Brasil*, quando Jamil contesta a visão de Silvio Romero quanto ao país não possuir passado mítico, sendo desprovido de uma tradição cultural. Jamil sustenta que se o Brasil legou as tradições de Portugal e, por influência indireta, herdou aportes dos países com quem Portugal se relacionou historicamente, também recebeu influxos de culturas africanas e indígenas[55].

Os textos nos quais Jamil combate a ideia de "autonomia" para refletir sobre a literatura nacional estabelecem diálogo com as ideias de Antonio Candido presentes no clássico *Formação da Literatura Brasileira*. Publicado primeiramente em 1959, a obra discute a formação do cânone nacional, ao diferenciar "sistema literário" de "manifestação literária". *Grosso modo*, nesse livro, o célebre crítico considera que, para fazer parte da Literatura do país – ou sistema literário –, o autor ou a obra devem apresentar caráter de continuidade e um sentido de coerência em relação ao momento anterior: "O eixo do trabalho interpretativo é descobrir a coerência das produções literárias, seja interna, das obras, seja a externa, de uma fase, corrente e

52. Jamil Almansur Haddad, "Sentido do Indianismo Brasileiro", *O Estado de S. Paulo*, 2 dez. 1944, p. 4.
53. *Idem, ibidem.*
54. *Idem, ibidem.*
55. Jamil Almansur Haddad, *História Poética do Brasil*, p. 24.

grupo"[56]. Candido explica que coerência significa a integração de diferentes elementos e fatores, que permitem formar uma diretriz e um tom:

> [...] a coerência é, em parte, descoberta pelos processos analíticos, mas, em parte, inventada pelo crítico. [...] todos sabem que toda geração descobre e inventa o seu Gôngora, o seu Stendhal ou seu Dostoievski[57].

Isso significa que, no processo de busca por coerência em autores ou obras, estão presentes elementos de escolha e risco que são particulares e subjetivos de cada crítico. E, para Candido, esse processo de escolha é fundamental à criação de escritores considerados canônicos, o que torna a crítica um ato arbitrário e criador e não somente registrador.

Candido sustenta que obras que fogem à tendência geral de seu tempo devem ser entendidas como "manifestações literárias". Com base nesses argumentos, defende, por fim, que a Literatura brasileira começou, de fato, após 1850, quando escritores e poetas do Romantismo passaram a refletir sobre o que é a identidade nacional. Candido atrela, assim, o início da história literária do país à temática do nacionalismo.

Opondo-se à ideia geral do livro de Candido e preocupado em estabelecer pontes entre os autores estudados e o Brasil, Jamil recordou, no ensaio introdutório que acompanha sua tradução de *As Flores do Mal*, que a literatura nacional anterior a 1922 chegou a ser apresentada como "deserto de homens e ideias". Ele discorda dessa perspectiva, por considerar que a história deve ser contada sem a "fascinação dos ápices", já que os poetas menores apresentam uma "beleza de circunstância" e "partículas de agitação, de fecundação, de suscitação de novos estados de espíritos poéticos que os hieráticos sublimes, rafaelescos ou racinianos, por vezes longe estão de apresentar"[58]. Nesse caminho, ele celebra a existência de outros autores que também reconhecem a importância dos poetas ditos menores, como é o caso de Baudelaire, que afirma:

56. Antonio Candido, *Formação da Literatura Brasileira: Momentos Decisivos*, p. 39.
57. *Idem, ibidem.*
58. Jamil Almansur Haddad, "Baudelaire e o Brasil", p. 40.

Felizmente apresenta-se, de tempos em tempos, os que retificam erros, críticos, amadores, curiosos, que afirmam que nem tudo está em Rafael, nem tudo está em Racine, que os poetas menores possuem alguma coisa de bom, de sólido e de delicioso; e, enfim, que por muito amar a beleza geral que é expressa pelos poetas e artistas clássicos, não se irá desdenhar a beleza particular, a beleza de circunstância e o traço dos costumes[59].

A preocupação em refletir sobre a importância de poetas "menores", que Jamil afirma compartilhar com Baudelaire, permeou suas análises críticas durante toda sua trajetória. No ensaio "Os Românticos Esquecidos", publicado na *Revista do Arquivo Municipal*, em 1946[60], ele defendeu que os poetas menores transparecem, de maneira mais nítida, aspectos da mentalidade, dos valores estéticos e da índole da sociedade de seu tempo, se comparados aos autores "fundamentais". Nesse ensaio, Jamil analisou a lírica de alguns poetas românticos "menores" – ou esquecidos –, como Antonio Prado, Macedo Soares e Salvador de Mendonça, e concluiu que, neles, é possível observar que o byronismo foi um mal epidêmico e não era exclusivo da poesia de Álvares de Azevedo. Por causa disso, Jamil deduziu que esses autores sentiam a obrigação de escrever versos de luto, melancólicos e desesperados, orbitando ao redor do "astro maior", que era Álvares de Azevedo[61]:

Na São Paulo dos tempos de Álvares de Azevedo, o byronismo foi mal epidêmico, afetando todos os poetas que se sentiam forçados a vestir seus poemas com um luto espesso, desesperadíssimo. Era uma enorme e soturna florada de poetas melancólicos[62].

Mesmo reconhecendo que o gênio poético desses autores "menores" não apresenta qualidade suficiente para sobreviver por séculos, Jamil considerou que sua poesia pode revelar dados interessantes sobre a estética e a índole do povo brasileiro.

No mesmo campo de discussão, assim como defendeu a importância de poetas menores, também criticou o processo de "endeusamento" de alguns

59. Charles Baudelaire, *As Flores do Mal*, São Paulo, Abril Cultural, 1984, p. 41.
60. Jamil Almansur Haddad, "Os Românticos Esquecidos", *Revista do Arquivo Municipal*, ano XIII, vol. CIX, jul.-ago. 1946 (São Paulo), p. 18.
61. *Idem*, p. 23.
62. *Idem*, p. 16.

poetas brasileiros – como Carlos Drummond de Andrade e Cecília Meireles – que, mortos, deixaram o "povo brasileiro poeticamente órfão"[63]:

Cecília Meireles morreu em [19]64 – data fácil de guardar – e há um pequeno detalhe: ela era a maior poetisa brasileira – ou de língua portuguesa – e com absoluta justiça. E há um pequeno detalhe: não lhe foi dada substituta. Não se fabricou o nome da nova grande poetisa brasileira. E não se fabricando o novo grande nome de poeta das letras brasileiras não vai ficar ninguém. [...] Aliás, uma teoria pessimista, que, no meu caso pessoal, absolutamente não me interessa, mas sou obrigado a constatar o que eu acho que é uma verdade, em vez de me entregar à minha técnica do avestruz e fechar os olhos[64].

Quando discute o conceito de "poesia menor", o crítico e poeta norte-americano T. S. Eliot defende que, apesar do consenso que existe a respeito da grandeza e da importância de poetas hoje consagrados, poucas reputações permanecem inteiramente inalteradas, de uma geração a outra:

[...] trata-se de uma bolsa de valores em constante flutuação. Há os nomes consagrados que só flutuam dentro de uma estreita faixa de pontos [...]. Outros que variam mais intensamente de modo que seu mérito deve ser julgado conforme uma média tomada durante muito tempo [...]. Há certos poetas que constituem bons investimentos para algumas pessoas, embora sem preço algum de cotação no mercado. [...] Conquanto haja um objetivo ideal de gosto ortodoxo em poesia, nenhum leitor pode ser, ou deveria tentar ser, inteiramente ortodoxo[65].

Eliot recusa a imagem depreciativa que é comumente associada ao conceito de poesia menor e considera poetas menores aqueles que somente lemos em antologias; aqueles com poucos poemas dignos de serem lidos ou os que escrevem poemas longos com poucas passagens de interesse[66]. No entanto, Eliot lembra que as valorizações de um poeta considerado menor também

---

63. Jamil também atacou o processo de canonização de Gibran Khalil Gibran. Para ele, além das qualidades literárias, o fato de Gibran ter escrito, principalmente, em inglês, foi o grande fator para ele ser considerado "o maior poeta da imigração".

64. Aramis Villarch, *Entrevista com Jamil Almansur Haddad.*

65. T. S. Eliot, *De Poesia e Poetas*, p. 69.

66. *Idem*, p. 56.

flutuam, de maneira que características inicialmente tidas como negativas podem ser repensadas, conforme os ideais de novas gerações literárias.

Leyla Perrone-Moisés atribui essa busca de valor em autores que estão fora do cânone literário à proliferação, a partir do século xx, dos escritores-críticos, perfil no qual Jamil se encaixa. Desvinculados das escolhas de autoridades institucionais – responsáveis por estabelecer o cânone religioso, por exemplo – esses escritores empreendem uma busca de sentido em autores do passado, por meio de um olhar sincronizado com os valores estéticos do presente:

Ao perturbar a concepção linear da história pelo princípio da retroatividade e da coexistência, os escritores-críticos tendem a negar a ideia de progresso da história, abandonando o finalismo religioso ou marxista[67].

Se, por um lado, Jamil dedicou páginas significativas dos seus ensaios para entender a importância dos "poetas menores", por outro, ele também foi analisado desde essa perspectiva. Dois anos antes da publicação do ensaio "Os Românticos Esquecidos", Antonio Candido publicou o texto "Notas de Crítica Literária: Poetas Menores de Hoje", na *Folha de S. Paulo*. Nesse ensaio, Candido procura analisar o livro *Poemas* e conceitua Jamil como um poeta menor, devido ao fato de seus versos apresentarem valor desigual e um caráter tradicional, transparecendo influências da poesia romântica e simbolista[68]. Apesar de defender o *status* de Jamil como "poeta menor", Candido conclui sua resenha afirmando que ele deve ser considerado maior do que os outros poetas menores analisados no mesmo ensaio, ou seja, Almir Rodrigues Bento e Eliézer Demenezes, sustentando que:

[...] nos seus bons instantes, Jamil parece ocupar posições já ultrapassadas. Varia largamente em torno de problemas e temas que pertencem ao passado e o seu tom não é o de quem, como Schmidt, voltou para ir mais adiante, mas de quem voltou e permaneceu[69].

---

67. Leyla Perrone-Moisés, *Altas Literaturas: Escolha e Valor na Obra Crítica de Escritores Modernos*, São Paulo, Companhia das Letras, 1998, p. 45.
68. Antonio Candido, "Notas de Crítica Literária: Poetas Menores de Hoje", *Folha de S. Paulo*, 14 maio 1944, p. 7.
69. *Idem, ibidem*.

Além de Candido, outros críticos como Ivan Junqueira e Sérgio Milliet também atribuíram caráter negativo às relações da poesia de Jamil com a estética de poetas parnasianos ou românticos. No entanto, as críticas ao "passadismo" da poesia de Jamil podem justificar-se a partir das reflexões da pesquisadora Eneida Maria de Souza no ensaio "Estéticas da Ruptura". Nesse texto, a autora explica que as revoluções sociais do século xx, assim como as contribuições teóricas das ciências humanas, se balizavam pelo culto da novidade como sinal de progresso científico e do corte com os princípios ideológicos do passado:

A ditadura do novo representou uma tendência comum às teorias vanguardistas brasileiras que, à feição das europeias, pretendiam acompanhar no nível cultural as transformações modernizantes da técnica e da revolução industrial[70].

Eneida considera que obras que ficavam à margem dessa "estética da ruptura" acabaram sendo menos privilegiadas no discurso crítico. Nesse contexto, ela lembra que, apesar das propostas diferentes de leitura da história literária, tanto a corrente dos Noigandres como a da família intelectual de Candido privilegiaram a ideia de "ruptura" ao refletirem sobre a produção cultural brasileira. Para ela, essa valorização do novo explica por que os versos de natureza religiosa de Murilo Mendes e Jorge de Lima, ou os ensaios sobre o messianismo escritos por Oswald de Andrade, tenham ficado de fora do cânone modernista[71]. Distante da estética vanguardista que balizou a produção de alguns autores contemporâneos, a trajetória poética de Jamil parece ter resvalado nesse processo de valorização das "estéticas da ruptura".

70. Eneida Maria de Souza, *Crítica Cult*, p. 96.
71. Em 1965, Glauber Rocha dá continuidade a esse debate, ao escrever o manifesto "Uma Estética da Fome". Nele, o cineasta defende que não se pode falar em Cinema Novo sem considerar as relações de dependência política, econômica e social às quais a América Latina está submetida. Com isso, diferentemente da devoração antropofágica da estética internacional, proposta pelos Concretistas (ou Noigandres) – o que permitiria, de certo modo, "igualar" a produção cultural das "colônias" com aquilo que se faz nas nações "desenvolvidas" –, Rocha sustenta que o cinema latino-americano deve se apropriar de uma "estética da fome", para se tornar "material de exportação". Isso significa assumir sua posição marginal em relação à indústria e ao mercado das nações desenvolvidas e trabalhar em favor da "alegorização da miséria" e não de um "cinema digestivo".

Além disso, a ausência de um imaginário poético vinculado à ideia de identidade nacional também pode ter colaborado com a leitura que a crítica fez dele como poeta "fora de lugar". A pesquisadora Francini Ricieri lembra que, pelo menos no caso dos poetas simbolistas brasileiros – que, assim como Jamil, foram influenciados por Baudelaire – o caráter cosmopolita dos seus trabalhos prejudicava as apreciações dos críticos. Diferentemente dos autores românticos que, segundo ela, apresentavam empenho nacionalista e queriam "construir um projeto de nação através da literatura" os simbolistas "jamais pretenderam servir à causa nacional e foram usualmente representados como alienados, desenraizados, fúteis, irracionalistas, incompreensíveis, colonizados"[72]. Em relação a Jamil, até agora, esse ideal de cosmopolitismo literário ao qual se refere Ricieri se manifestou de maneira mais evidente no seu percurso como crítico, que se balizou pela busca de influências literárias estrangeiras e, muitas vezes, desvinculadas do tempo cronológico, nos autores que ele analisou.

No entanto, se como crítico seu olhar ficou marcado por esse caráter transnacional, a poesia que ele produziu até meados da década de 1940 manifestava um sentimento de "arabidade" construído por meio de um processo de criação artificial de sentido, originando imagens exotizadas da cultura do "Oriente". A partir da década de 1950, apesar de abandonar essas imagens orientalistas, o poeta seguirá usando o mote de ser um "estrangeiro" ou um "imigrante" como motor criativo de seu repertório poético.

Outro conceito que acompanhou a leitura crítica que se fez da poesia de Jamil entre os anos 1930 a 1950 envolve a pecha de inclassificável em relação às tendências literárias de seu tempo. Nesse sentido, a crítica Leyla Perrone-Moisés considera artificial o esforço de encaixar fenômenos particulares em um panorama geral, ou seja, atrelar poetas e escritores a movimentos literários abrangentes, já que "autores considerados grandes nunca são exemplares de uma generalidade"[73], como é o caso, por exemplo, de Charles Baudelaire, tido, ao mesmo tempo, como clássico e moderno, romântico, parnasiano e simbolista.

---

72. Francini Ricieri (org.), *Antologia da Poesia Simbolista e Decadente Brasileira*, p. 35.
73. Leyla Perrone-Moisés, *Altas Literaturas: Escolha e Valor na Obra Crítica de Escritores Modernos*, p. 48.

Góngora transciende el estilo barroco, Garciliaso el Toscana, Rubén Darío el modernista. El poeta se alimenta de estilos. Sin ellos, no habría poemas. Los estilos nacen, crecen y mueren. Los poemas permanecen y cada uno de ellos constituye una unidad autosuficiente, un ejemplar aislado, que no se repetirá jamás[74].

O escritor Octavio Paz questiona as visões da literatura que pretendem "reducir a géneros la vertiginosa pluralidad del poema"[75]. Para ele, nessas generalidades não cabem obras como *Os Cantos de Maldoror*, do Conde de Lautréamont, ou *Nadja*, de André Breton. De acordo com Paz, se aceitamos todas as exceções e formas intermediárias, sejam elas decadentes, selvagens ou proféticas, a classificação se torna um catálogo infinito. Além disso, ele sustenta que "clasificar no es entender. Y menos aún comprender"[76]. Com isso, apesar de reconhecer que essas classificações são úteis como ferramentas de trabalho para o crítico, Paz defende que elas se tornam inúteis quando a missão é um entendimento mais sutil do que uma simples organização externa: "Gran parte de la crítica no consiste sino en esta ingenua y abusiva aplicación de las nomenclaturas tradicionales", critica Paz[77]. Para ele, elementos externos ao poema – como a história do país ou a biografia do autor – podem ajudar a entender os motivos e como determinados versos foram escritos.

Nos anos 1950, a trajetória poética de Jamil ficou marcada pela desconstrução dos elementos exotizados da cultura árabe e islâmica, que permeiam obras anteriores como *Alkamar, a Minha Amante* e *Poemas*, fermentando o caldo à composição da *persona* lírica de um estrangeiro, ou de um "imigrante simbólico". Esse processo de construção da voz poética de um estrangeiro na obra de Jamil também foi alimentado, por um lado, pela leitura de alguns críticos, que insistiram em ressaltar o aspecto "exógeno" de seus versos. Por outro, a própria biografia de Jamil parece ter colaborado com esse encaminhamento, na medida em que seu sobrenome Almansur Haddad foi associado, desde a infância, a uma presença estrangeira que se estabelecia no Brasil. E tanto as vivências dos tempos de escola, quando colegas e professores se dirigiam a ele, acima de tudo, como um menino que

---

74. Octavio Paz, *El Arco y la Lira*, México, DF, Fondo de Cultura Económica, 1996, p. 18.
75. *Idem*, p. 15.
76. *Idem, ibidem*.
77. *Idem, ibidem*.

vinha "de fora", como a recepção da crítica em relação ao seu trabalho poético parecem ter deixado marcas na trajetória intelectual e na vida de Jamil.

O sociólogo argelino radicado na França Abdelmalek Sayad considera
que lembrar constantemente uma pessoa sobre sua condição de imigrante
– da maneira como acontecia com Jamil, mesmo ele sendo brasileiro – é,
também, uma forma de marcar como ela é de "outro lugar" – lugar para o
qual deverá voltar, mais cedo ou mais tarde[78]. Esse processo de tomada de
consciência em relação à identidade nacional aconteceu, por exemplo, com
o sociólogo polonês Zygmunt Bauman por meio de influências externas. Ele
afirma que começou a prestar atenção ao tema da sua nacionalidade apenas
quando ela foi colocada em xeque, em 1968, questionamento que, logo, o
levou a exilar-se, devido à perseguição política que veio a sofrer pelo governo de seu país[79]. Nascido no Brasil e imerso, até então, nas discussões estéticas que marcaram a história da literatura nacional durante os anos 1930
a 1950, Jamil parece ter iniciado nos anos 1950 um processo de "digestão"
de suas experiências literárias e biográficas como "estrangeiro", passando a
utilizá-las como mote poético. Desde a infância tendo de deparar-se com a
questão da origem real de sua nacionalidade, Jamil passou a trabalhar essas
vivências como ser exógeno ao contexto do país no seu projeto literário, deixando de utilizar fabulações "orientais" de maneira exotizante e recriando
sua *persona* literária a partir da figura do imigrante.

78. Abdelmalek Sayad, *A Imigração ou os Paradoxos da Alteridade*, São Paulo, Edusp, 1998,
p. 62.
79. Zygmunt Bauman, *Identidade: Entrevista a Benedetto Vecchi*, Rio de Janeiro, Zahar,
2005, p. 18.

Parte III
A Lua dos Profetas
1960–1988

Para os que acharem que Livro das Suratas é Oriente,
responderei: Para onde vou levo o Brasil nas costas.
Jamil Almansur Haddad, *Folha de S. Paulo*

Hoje, no Brasil, o ácido lisérgico sou eu.
Jamil Almansur Haddad, *manuscrito inédito*

Jamil na década de 1970. Crédito: Espólio do poeta.

Capítulo 7

Política e Ironia em Versos Enxutos e Populares

Entre os anos 1950 e a década que se segue, a atuação política de Jamil se intensifica e o envolvimento com movimentos de esquerda se torna dia a dia mais evidente, causando reflexos imediatos em seu projeto literário. Na década de 1960, é possível observar sua trajetória por meio de artigos e notícias que saíram na grande imprensa. Se por um lado se nota que foram publicados menos ensaios de sua autoria, se comparados ao volume das décadas de 1940 e 1950, por outro, notícias que envolvem a sua figura chamam a atenção, tanto pelo caráter político como por seu teor polêmico.

Em 1968, no começo dos anos de chumbo da ditadura, Jamil foi convidado a participar de um programa de televisão, no qual seria entrevistado por diferentes pessoas. Estava no centro da roda que era transmitida ao vivo e da qual faziam parte intelectuais, advogados, juristas, médicos, jornalistas e um delegado de polícia. Antes de fazer as perguntas, os primeiros entrevistadores reverenciaram o grande intelectual, o grande poeta e seu grande conhecimento em literatura. Quando chegou a vez do delegado, este disse: "E aí, como vai, doutor maconheiro?". Sem hesitar, Jamil respondeu: "E por que o doutor?"[1].

---

1. Segundo a filósofa e professora Olgária Mattos e Daher Elias Auada, Jamil deu essa entrevista na TV Cultura, no programa que, mais tarde, originou o atual *Roda Viva*.

Conhecido pelo sentido de humor provocativo e pela postura irreverente, já no final dos anos 1950 Jamil tinha uma posição estabelecida entre o meio literário. Seus cinco primeiros livros de poesia motivaram debates controversos entre os especialistas e sua trajetória como crítico, tradutor e professor – tanto na Universidade de São Paulo como em cursos promovidos pela Secretaria Municipal de Cultura e por centros culturais – garantiu-lhe um espaço significativo entre os intelectuais. Nos anos 1960, seu percurso literário tem algumas tendências acirradas, sendo a veia provocativa e contestatória uma delas. Além disso, a biografia de Jamil ficou marcada por experimentações no campo médico, desenvolvidas em um ambiente político polarizado que, em 1964, resultou no golpe militar.

No final dos anos 1950, o governo de Juscelino Kubitschek começou a discutir propostas para realizar reformas de base, com a finalidade de reduzir as desigualdades sociais no Brasil. Durante o mandato de Kubitschek, ou seja, de 1956 a 1961, o Produto Interno Bruto (PIB) brasileiro cresceu cerca de 7% ao ano, a indústria se desenvolveu e a capital foi transferida para o centro do país, a partir da construção de Brasília. Com a chegada de João Goulart à presidência da República, em 1961, essas reformas se tornaram bandeiras do governo, que prometia colocar em prática mudanças nas estruturas bancária, fiscal, urbana, administrativa, universitária e agrária do Brasil. Dar direito de voto aos analfabetos e aumentar a participação do Estado na economia e nos investimentos estrangeiros eram outras diretrizes de Goulart que batiam de frente com os anseios da classe política conservadora, cada vez mais receosa e à procura de formas de fazer a manutenção dos seus privilégios na sociedade.

Por outro lado, movimentos populares se fortaleceram e pressionavam o governo para que as reformas de base saíssem rapidamente do papel. A década de 1960 também foi marcada pela constituição de grupos guerrilheiros, entre eles a Ação Popular, criado em 1962 e ligado à juventude católica; o grupo Política Operária, que nasceu em 1961; e a Ação Libertadora Nacional, de 1968. Esse clima de polarização entre os grupos guerrilheiros de esquerda e a classe dirigente à direita criou o caldo necessário à instauração do golpe militar no dia 31 de março de 1964[2].

2. "As Reformas de Base", *Dossiê Jango*, CPDOC/FGV (cpdoc.fgv.br/producao/dossies/Jango/artigos/NaPresidenciaRepublica/As_reformas_de_base).

A deposição de Goulart foi seguida pelo incêndio da sede da União Nacional dos Estudantes (UNE), no Rio de Janeiro, e da promulgação do Ato Institucional número 1, que suspendeu os direitos políticos, caçou mandatos legislativos e aposentou ou demitiu funcionários públicos afinados com tendências de esquerda. A Universidade de Brasília foi invadida e estudantes e professores presos, dando início a um processo de perseguição política que se acirrou nos anos seguintes, interferindo no trabalho de poetas e escritores de todo o país, assim como no do próprio Jamil:

> [...] como muita gente, eu paguei os meus tributos. Quando a gente descobre [...] a presença da liberdade, de poder dizer o que quiser, e que essa liberdade, durante largas fases, foi controlada. Em todo caso, eu continuei escrevendo. Sem a esperança e sem planos de publicar[3].

Profundamente envolvido com as movimentações do cenário político, Jamil foi filiado ao Partido Comunista Brasileiro (PCB), o "Partidão" fundado por Luiz Carlos Prestes em oposição ao Partido Comunista do Brasil, que estabelecera alianças com nações capitalistas após sair da clandestinidade, no final da ditadura de Getúlio Vargas, em 1945. Porém, o poeta rompeu com o partido quando soube do acordo fechado entre Prestes e lideranças nazistas para entregar Olga Benário – judia e mulher do líder comunista – aos alemães, em 1942. "Conheci Jamil em 1953 e o rompimento com o Partidão ainda era uma pauta quente em nossas conversas", disse, em entrevista, Orestes Nigro, que foi professor na Faculdade de Filosofia, Ciências e Letras (FAFI) de Ribeirão Preto, quando Jamil também era docente da instituição. Mais tarde, o PCB fez circular a informação de que Jamil fora expulso do partido quando, na verdade, o próprio poeta solicitara sua desfiliação[4].

Apesar da proximidade com lideranças e partidos de esquerda, Jamil se definia como um "livre-pensador", conforme as lembranças de Nigro:

> Ele foi perseguido porque era comunista, mas não era um militante panfletário e sim um pensador político. Um dia eu perguntei a ele: "Jamil, o que eu sou?" E ele me disse: "Você é um livre-pensador, como eu". Desde então, eu adotei essa

---

3. Aramis Villarch, *Entrevista com Jamil Almansur Haddad*, 1984.
4. Entrevista com Orestes Nigro realizada pelo telefone em agosto de 2014.

definição. Jamil usava terno porque, naquela época, todos usavam terno. Mas era informal e não alinhava bem a gravata. Era um homem muito simpático[5].

No final dos anos 1950, Nigro foi responsável por fazer o convite para que Jamil lecionasse na recém-criada Faculdade de Filosofia, Ciências e Letras de Ribeirão Preto. À época intelectual reconhecido e com a agenda repleta de compromissos, Jamil não comparecia para dar as aulas, o que enfureceu a comunidade acadêmica da cidade. Grande admirador do poeta, Nigro lembra-se de ter ficado em uma situação constrangedora por ter de chamar a atenção dele diversas vezes. As ausências foram tantas que Jamil acabou por ser demitido, o que não diminuiu a admiração de Nigro pelo poeta:

> Após a morte de Vargas, em 1954, houve um predomínio do conservadorismo no ambiente político e, no ambiente intelectual, ser de esquerda estava na moda. Mas Jamil não participou dessa esquerda festiva. Ele tinha sede de viver os acontecimentos mundiais e, inclusive, foi à China conhecer Mao Tse-Tung. Porém, não expressava atitude de adesão e mantinha uma equidistância das correntes ideológicas[6].

Ao redor de Jamil, circulavam diferentes tipos de intelectuais e políticos que lutavam contra o regime militar. Como a casa do poeta era vigiada pela polícia, ele costumava marcar, tarde da noite, reuniões com essas pessoas na casa da sua irmã Faride que, apesar de pouco engajada na militância, gostava de receber todo tipo de gente – inclusive os "subversivos". Os encontros do pessoal de esquerda na casa de Faride enfureciam Alfredo, o irmão mais velho da família, que se indignava, principalmente, porque a casa da irmã ficava no bairro dos Jardins, a apenas uma quadra do Departamento de Ordem Política e Social (Dops).

As relações de Jamil com os movimentos e as lideranças de esquerda eram vigiadas pelos militares desde 1944, ano em que ele foi fichado como comunista pela primeira vez. Nos arquivos do Dops, há um dossiê[7] que

5. *Idem.*
6. *Idem.*
7. Jamil Almansur Haddad – Prontuário 133520 – Arquivo Geral, São Paulo, Secretaria de Segurança Pública do Estado de São Paulo, Departamento de Ordem Política e Social (Dops), Arquivo Público do Estado de São Paulo.

acompanha sua trajetória política e que indica que ele era constantemente vigiado, tendo sido preso duas vezes, em 1964 e 1969. Nesse dossiê, há relatórios que descrevem os interrogatórios feitos a Jamil e nos quais consta que ele afirmou ter realizado viagens custeadas por organizações comunistas a diferentes países, principalmente à China e à Rússia. Segundo esses relatórios, Jamil afirmou que era adepto da linha chinesa do Comunismo, algo que foi confirmado por Daher Elias Auada, marido de Beatriz, uma das sobrinhas de Jamil[8].

Se nos primeiros anos da década de 1960 o acirramento da perseguição aos intelectuais de esquerda foi o elemento mais significativo à trajetória de

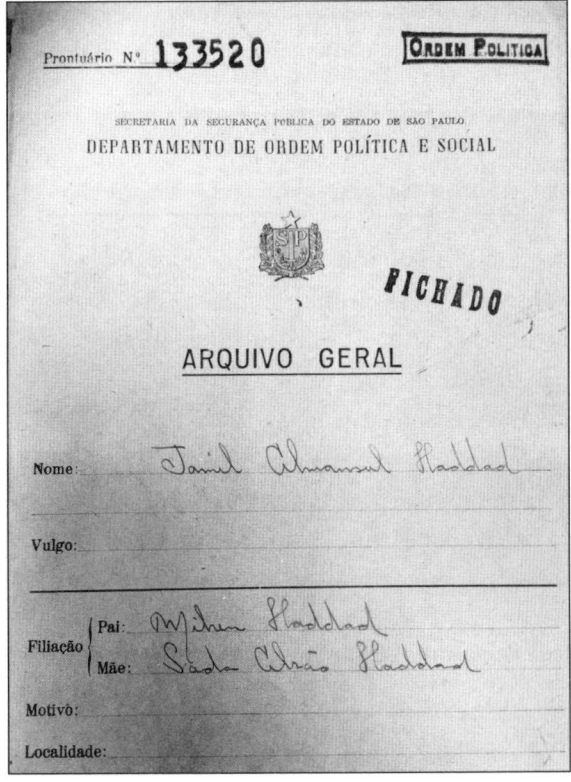

Dossiê do Dops acompanha atividades políticas "subversivas" de Jamil. Crédito: Arquivo Público do Estado de São Paulo.

8. Foram realizadas duas entrevistas pessoais com Daher Elias Auada em São Paulo.

Jamil na esfera política, no âmbito literário as discussões centradas no legado do Modernismo cederam espaço ao surgimento e à ascensão de novos movimentos de vanguarda, entre eles o Concretismo, a Poesia-Práxis e o Poema-Processo. Enquanto o Concretismo de 1956 defendia o abandono do verso em favor de uma sintaxe espacial, opondo-se à poesia intimista que caracterizou parte dos escritores da Geração de 45[9], a Poesia-Práxis, de 1962, absorveu a modernidade vanguardista e o engajamento comunista de forma crítica. Isso porque o movimento surgiu como alternativa ao didatismo populista dos Centros de Cultura Popular, ligados ao Partido Comunista, e também, ao "tecnocracismo" dos concretos[10]. Já o Poema-Processo, de 1968, foi considerado uma radicalização dos ideais dos concretos, ao apoiar-se na construção visual dos poemas e na tática de *performances*[11]. Como diretriz comum, na década de 1960 a arte era vista como caminho à tomada de poder[12].

Jamil (na fileira de cima, terceiro da direita à esquerda) em comitiva que visitou Mao Tse-Tung (sexto, na fileira de baixo). A foto não tem data, mas pela aparência de Jamil indica ser de meados dos anos 1950. Crédito: Espólio do poeta.

9. Alfredo Bosi, *História Concisa da Literatura Brasileira*, p. 476.
10. Heloisa Buarque de Hollanda, *Impressões de Viagem: CPC, Vanguarda e Desbunde. 1960/70*, São Paulo, Aeroplano, 2004, p. 23.
11. *Idem, ibidem.*
12. *Idem, ibidem.*

Em entrevista feita nos anos 1980, um repórter questionou Jamil sobre sua posição em relação às vanguardas como o Concretismo, que o poeta costumava criticar em seus ensaios. Como resposta, Jamil disse que as experiências concretas corroboram sua teoria de que a poesia morreu, algo afirmado, também, pelos próprios "corifeus desse tipo de poesia", quando defendem que a poesia tradicional acabou. Nessa conversa, Jamil garantiu que não se apegava a questões formais, como era comum escutar de alguns críticos: "a liberdade da técnica não é ficar sem técnica e sim inventar uma técnica pessoal, que vem de posse da técnica tradicional"[13]. Com essa afirmação, Jamil parece querer refutar a pecha de "poeta do passado" que, muitas vezes, acompanhou as análises críticas feitas sobre os versos que ele escreveu até os anos 1950. De fato, nos versos publicados a partir dos anos 1960, há um movimento de transformação em certos aspectos poéticos.

Em meio à eclosão de novas vanguardas literárias e como reflexo do envolvimento pessoal de Jamil com grupos de esquerda, em 1960 ele publica pela editora Brasiliense seu livro de poemas mais declaradamente político, o *Romanceiro Cubano*[14]. O título da obra deve ser lido na relação que estabelece com o *Romanceiro Gitano*, do célebre poeta espanhol Federico García Lorca, assassinado em 1936 por agentes militares durante a ditadura de Francisco Franco (1892-1975). Em 1949, durante o governo de Juan Domingo Perón, Jamil viajou a Mendonza, na Argentina, para participar do Primer Congreso Nacional de Filosofía, organizado pela Universidad Nacional de Cuyo, ocasião em que apresentou o artigo "Axiologia e Crítica Literária"[15]. Acompanhado da esposa Helena Silveira, viajou em seguida a Buenos Aires para assistir a uma peça de Lorca encenada na

13. Aramis Villarch, *Entrevista com Jamil Almansur Haddad*.

14. Há que se lembrar que o último poemário publicado por Jamil antes do golpe militar, o sucinto *Romance do Rio da Guarda ou o Governador e os Mendigos*, de 1963, também é um livro declaradamente político. Com 45 páginas e dezessete poemas, a obra evoca um ar sombrio, mediante o uso de palavras como "náufrago", "forca", "olheiras" e "corvos". Consideramos que o livro pode representar uma premonição dos anos obscuros que se aproximavam.

15. Jamil Almansur Haddad, "Axiologia e Crítica Literária", *Actas del Primer Congreso Nacional de Filosofía*, Mendoza, Universidad Nacional de Cuyo, tomo III, sesiones VII – Estética, pp. 1475-1479, 1950.

cidade pela atriz catalã Margarita Xirgu[16], experiência que impactou fortemente o casal. Em seu livro de memórias, Helena afirma:

Impossível descrever, com as tintas precisas, sua atuação no palco. Impressionei-me até as lágrimas e, foi assim, rosto lavado de choro, que a encontrei em seu camarim. Falou-me do poeta granadino, de suas discussões a cada peça. Contou-me que Lorca não a acompanhara no navio, deixando Barcelona, porque não conseguira localizar um amigo comprometido politicamente. Ao dia seguinte da partida de Xirgu, ele seria morto pelos soldados de Franco[17].

No ensaio que acompanha o *Romanceiro* de Jamil, o poeta escreve que imitou o título usado por Lorca em sua obra célebre e que escrever com versos de sete sílabas é uma forma de torná-lo popular, de maneira que o "povo o entenda"[18]:

A poesia moderna não comunica mais. O povo não entende. Mas há uma coisa mais grave ainda: um poeta nem sempre entende outro poeta. Ninguém entende ninguém[19].

Romanceiro Cubano reflete o engajamento do poeta com causas sociais e, conforme anunciado já na contracapa, simboliza a insurreição contra a exploração dos miseráveis e a intervenção dos Estados Unidos em países latino-americanos. Assim, apesar de distanciar-se dos movimentos de vanguarda, o livro contém alguns dos componentes centrais do clima literário da época, ao abordar questões sociais por meio de uma voz preocupada em ser entendida por multidões[20]. "Este é um livro político"[21], escreve Jamil na primeira frase do ensaio que acompanha o poemário e no qual ele também afirma que, naquele momento, ressurgia o conceito romântico de missão do poeta, que devia pregar seus ideais em praças públicas[22]. Nesse texto, ele

---

16. Uma das atrizes catalãs mais famosas de todos os tempos, Margarita nasceu em Molins de Rei, em 1888, e morreu em 1969 no Uruguai, onde se exilou voluntariamente após a eclosão da Guerra Civil na Espanha. Ela encenou diversas peças de Lorca em países da América do Sul.
17. Helena Silveira, *Paisagem e Memória*, p. 73.
18. Jamil Almansur Haddad, *Romanceiro Cubano*, p. 229.
19. *Idem*, p. 232.
20. Alfredo Bosi, *História Concisa da Literatura Brasileira*, p. 476.
21. Jamil Almansur Haddad, *Romanceiro Cubano*, p. 221.
22. *Idem, ibidem*.

exalta o espírito de engajamento dos artistas russos e afirma que essa tônica não era apenas fruto do dirigismo dos líderes políticos, mas sim emanava dos anseios da própria população. Segundo esse ensaio, esse espírito de engajamento é "unanimemente oriental" e o escritor do Oriente tem uma "integração profunda na sociedade em que vive", de maneira que quando o dirigismo literário, nesses países, assume aspectos formais e legislativos, "não acrescenta nada demais ao que vinha sendo costume e rotina do povo nas suas maneiras de apreciar o fato literário"[23]. Jamil afirma, ainda, que com o livro pretende elaborar uma "filosofia de participação política para a realidade ocidental e burguesa em que nos formamos e dentro de cuja atmosfera vivemos"[24]. Em alguns momentos do ensaio, transparece um discurso doutrinado, talvez como resultado da fascinação e das viagens que Jamil realizou à China e à Rússia, a convite de lideranças políticas. É curioso notar, também, como o poeta elogia as lideranças russas, mas não faz referências aos crimes cometidos por Joseph Stalin, que foram denunciados pelo então primeiro-secretário Nikita Kruschev, durante um Congresso do Partido Comunista da União Soviética, realizado em fevereiro de 1956.

Nesse ensaio, Jamil reconhece que sua obra é um livro de "temas", que pretende deixar de lado a preocupação com a forma poética e colocar em evidência os problemas do homem[25]. Também compara o trabalho do poeta ao de um "louco visionário" e afirma que "a poesia contemporânea que se preza é sempre de raiz surrealista", destacando que sua obra pretende colocar em síntese dialética "razão e irracionalismo"[26]. Assim, seu livro ambiciona ser "a antítese das experiências mais ousadas da poesia moderna, não para desprezá-las, mas para em boa dialética incorporá-las numa síntese posterior"[27]. Apesar de compromissado com a realidade, o poeta também defende o caráter onírico do imaginário mobilizado na obra, na medida em que "Cuba, como toda utopia, participa do onírico. Surrealisticamente"[28].

23. *Idem*, p. 225.
24. *Idem*, p. 226.
25. *Idem*, p. 227.
26. *Idem*, p. 228.
27. *Idem*, p. 229.
28. *Idem, ibidem*.

Por um lado, nesse texto introdutório, Jamil define a poesia política como um caminho natural, na medida em que "poesia é o empenho de transformar palavras, enquanto a política o de transformar o mundo, de maneira que não deve haver dificuldade em fazer coincidir as duas transformações"[29]. No entanto, por outro, enfatiza que a poesia dita popular não deve ser apenas "concisão, simplicidade e ingenuidade", mas também repleta de "sensações fortes", cantada como se fosse um grito de angústia[30]. Nesse aspecto, ele considera que todo poeta político é necessariamente exilado, porque precisa se afastar do "mundo em que a cornucópia das benesses dos donos da vida não faça sentir a sua possível atuação"[31]. O poeta define, assim, que para ser político é preciso escrever sob impulsos de liberdade, distanciando-se de um universo de poesia panegírica feita para reis e mecenas[32].

Romanceiro Cubano reflete um momento de entusiasmo dos intelectuais de esquerda com a Revolução Cubana. Entre 1956 e 1959, Fidel Castro, Ernesto "Che" Guevara e Camilo Cienfuegos lideraram um grupo de cerca de oitenta combatentes em uma guerra de guerrilhas que culminou com a queda do governo de Fulgencio Batista em Cuba. Os primeiros anos do governo revolucionário foram marcados pelo otimismo da população e pela ideia de que a revolução teria de espalhar-se a outras nações do continente americano e também do mundo, trazendo justiça social a quem foi historicamente explorado por potências coloniais. Inspirado pelo êxito revolucionário conduzido pelo grupo de Fidel Castro e Che Guevara, no seu novo livro, o poeta parece imbuir-se do ideal de lutar pela emancipação dos países de terceiro mundo, desejo que ele também expressa no livro de ensaios *Revolução Cubana, Revolução Brasileira,* publicado um ano após *Romanceiro Cubano* como resultado de uma viagem que ele fez a Cuba:

Deveras, a Revolução não é apenas construção visando ao futuro, mas pretende melhorar de súbito as condições do presente. Esse é um detalhe impressionante num momento em que os países do tipo mundo livre não fazem outra coisa senão

29. *Idem*, p. 230.
30. *Idem*, p. 233.
31. *Idem, ibidem.*
32. *Idem, ibidem.*

apelar ao espírito de sacrifício da geração atual, em benefício da grandeza vindoura da Nação[33].

O fascínio pela Revolução Cubana e o ideal de poesia popular e engajada se manifestam em poemas como "Arte Poética", que exalta as conquistas do comunismo em Cuba, adotando um tom idealizado:

> Para cantar-te a fragrância –
> Terra que é um sonho e uma ilha –
> Canto uma canção da infância,
> No ritmo da redondilha.
> [...]
>
> (Pois em toda a sua vida –
> Ah! não canto canção nova! –
> Meu povo que sofre e lida
> Só sabe exprimir-se em trova.)
> [...][34].

Como no poema acima, muitos versos de *Romanceiro Cubano* são aferrados a um idealismo político, que parece adquirir um tom didático para conseguir explicar a importância da revolução à população. Em "Torre de Marfim", por exemplo, o poeta, para idealizar Fidel Castro, perverte o sentido de uma metáfora usada tradicionalmente para definir a postura de quem se distancia dos anseios do povo:

> Esta é a torre sobre o mar,
> Projetada no porvir.
> Não de poeta se isolar,
> Porém de povo subir.
>
> Torre em meio do simum,
> Nova Torre de Babel,

33. Jamil Almansur Haddad, *Revolução Cubana, Revolução Brasileira*, São Paulo, Civilização Brasileira, 1961, p. 22.
34. Jamil Almansur Haddad, "Arte Poética", *Romanceiro Cubano*, p. 20.

Mas de linguagem comum,
Esta que fala Fidel.
[...]³⁵.

Esse impulso de perverter sentidos, de escrever sob o signo da contradição e de romper com o tom sóbrio adotado anteriormente para versar
sobre temas políticos favorece a incorporação de uma veia satírica ao seu
idealismo, como transparece no belo poema "Credo":

Creio na lua,
Posta na Estrada,
Creio na rua
Da Namorada.

Creio no sangue,
Creio no amigo,
Na aurora langue,
Creio no trigo.

Creio no riso
E na criança
Como no friso
Que orna a esperança.

E no alabastro
Que o açúcar tem,
E em Fidel Castro...
Amém!³⁶

Esse poema parece buscar a essência dos elementos que são significativos à vida de quem o escreve, a começar pela imagem da "Lua posta na
estrada", que evoca a ideia de liberdade; seguindo pela "rua da namorada",
em uma referência óbvia ao amor; o "sangue" e o "amigo", palavras que

35. Jamil Almansur Haddad, "Torre de Marfim", *Romanceiro Cubano*, p. 35.
36. Jamil Almansur Haddad, "Credo", *Romanceiro Cubano*, p. 49.

exaltam a revolução e os companheiros da jornada guerrilheira. Colocados no mesmo patamar de importância do "trigo", ou seja, da comida, as ideias de liberdade, amor e revolução são os eixos nos quais *Romanceiro Cubano* se organiza, de maneira que a beleza desse poema também está em condensar o sentido geral da obra em apenas poucos e concisos versos. O poema possui um tom romântico e positivo, mas que é atravessado por um sentido de humor, em primeiro lugar, por se organizar como uma oração, referindo-se ao "Credo" católico. Essa oração, no entanto, é escrita em homenagem ao herói revolucionário do poeta.

A ideia de união do terceiro mundo em prol da emancipação das potências globais era um elemento comum no discurso da esquerda, tendo em Che Guevara sua figura mais simbólica nesse sentido, na medida em que o líder tentou multiplicar a revolução desencadeada em Cuba em países da África e na Bolívia, onde foi posteriormente assassinado por militares, em 1967[37].

Mas, se pensado no contexto específico da trajetória poética de Jamil, esse apelo transnacional ganha um significado particular, na medida em que o poeta passou a criar imaginários nacionais múltiplos que, com o decorrer dos anos, o levaram a um ideal de universalidade poética. Em desenvolvimento desde o livro *Primavera na Flandres*, no qual, como vimos, há uma preocupação em descrever as dores do mundo a partir do sofrimento causado pela Segunda Guerra Mundial, o sentido de transnacionalidade emerge com força em *Romanceiro Cubano*. Assim, o livro se divide nos seguintes capítulos: "Romanceiro Cubano", "Romance do Interrogatório", "Intermezzo Satírico", "Fora de Compasso", "Canções de Brasília", "As Novas Orientais", "Colônia do Brasil", "Vozes d'África", "A Decadência do Ocidente" e "O Continente Amargo". Alguns dos títulos de poemas são "Serenata Cubana", "Eixo Havana-Ilhéus", "Partida para Citera", "Soneto Japonês", "Brasília é Nossa", "Canção Árabe", "Canção Libanesa", "Canção Espanhola".

Ao remeter a esses universos literários transnacionais, a obra destoa do discurso de outras produções do período, centradas na ideia de um nacionalismo que vai além das diferenças de classe[38]. Desde essa perspectiva, o

37. Jon Lee Anderson, *Che Guevara, Uma Biografia*, Rio de Janeiro, Objetiva, 2012, p. 796.
38. Heloisa Buarque de Hollanda, *Impressões de Viagem*, p. 21.

poema "Hino" pode ser visto não apenas na relação que estabelece com as guerrilhas ao redor do mundo, mas também sob o prisma de um movimento de sabotagem das fronteiras nacionais:

Ergo meu canto
Numa homenagem
– Alger de espanto –
à sabotagem.

Suporta agora
Franca Marselha
A luz da aurora,
A luz vermelha

Da gasolina
Que na hora mística,
Loura, e eucarística,
Céus ilumina.

Muito nos ame
Na hora feroz
A Notre Dame
Que ora por nós.

Amamos França
E ela repele
– Ó Esperança! –
Jacques Soustelle.

Penda o clarão
– ó voz que impreca –
Em direção
Da nobre Meca[39].

39. Jamil Almansur Haddad, "Hino", *Romanceiro Cubano*, p. 150.

Em *Romanceiro Cubano*, a veia satírica e combativa do poeta transparece de maneira mais recorrente nos versos em que ele não trata de Cuba, como por exemplo naqueles alocados no capítulo "Intermezzo Satírico". Nesta parte, ele ensaia o uso da fórmula poética que ganhará corpo em sua última obra, criando versos que são entrecortados por citações e referências alheias, como acontece em "Canção Neomalthusiana", em que o poeta escreve a partir de uma citação de jornal, ironizando a declaração do ministro:

O Sr. Ministro da Fazenda entende que a expansão demográfica é responsável
[pela nossa inflação. (Dos jornais)

E num tom nada sinistro
Como nada irreverente,
Sua Excelência, o Ministro,
Diz ao povo brasileiro
Que se nascer muita gente
Desvaloriza o cruzeiro.
[...]⁴⁰.

A exemplo do que está declarado no poema "Hino", há um movimento de sabotagem que permeia todo o livro e que pode ser observado quando o narrador se vale de sarcasmo para versar sobre os oprimidos – algo que, anteriormente, foi realizado por meio de um tom sóbrio e moralista. Também quando o poeta aposta na construção de formas mais concisas, em oposição à tendência prévia de escrever versos longos, repletos de uma emoção não contida. E, por fim, quando ele evoca um imaginário transnacional nos versos, tendência que se opõe ao nacionalismo da poesia engajada da época.

Esse ideal de transnacionalismo provocativo está estampado na própria capa do livro, onde há a figura de uma meia-lua que remete ao símbolo da cultura islâmica, mas que também pode ser interpretada como uma banana, imagem representativa do universo dos países latino-americanos.

---

40. Jamil Almansur Haddad, "Canção Neomalthusiana", *Romanceiro Cubano*, p. 63.

Outro aspecto que salta aos olhos é que *Romanceiro Cubano* abandona o tom orientalista, tão forte em versos precedentes. Quando o poeta se vale do elemento "oriental", é para compor um imaginário transnacional e não mais retratar um universo onírico e particular de desertos, palmeiras e beduínas sensuais. Essa transformação se evidencia na referida imagem da lua e também em alguns poemas do capítulo "As Novas Orientais" – o mais longo do livro –, entre eles, "Ladainha", em que o poeta evoca as lutas da Síria, Egito e Argélia contra seus carrascos:

Síria de Alepo e Damasco,
Voa como o Albatroz.
Temos o mesmo carrasco,
Luta por nós!

Felá do perdido Egito,
Nós já perdemos a voz...
Vê teu deserto infinito...
Luta por nós!

[...]

Mártires da Argélia em pranto,
Glória ao teu destino atroz!
Nas tumbas caladas tanto,
Lutai por nós,

Enquanto rezamos nós[41].

Assim como as guerrilhas latino-americanas, o poeta fabula sobre a emancipação de países do Oriente, incluindo não apenas o mundo árabe como também a Índia, o Irã e o Japão. No contexto dessa luta, todas as nações do terceiro mundo são iguais e o imaginário da cultura árabe evocado nos versos de *Romanceiro Cubano* perde sua particularidade exótica.

41. Jamil Almansur Haddad, "Ladainha", *Romanceiro Cubano*, p. 118.

Parte dessa mudança de visão poética em relação à região dos ancestrais pode ser vista na relação que estabelece com a estadia de quase dois anos de Jamil no Líbano, o que lhe permitiu ver *in loco* a realidade que visitava em suas fantasias literárias. Assim, no livro de 1960, o Líbano deixa de aparecer como símbolo de uma identidade nacional ou como ponto de partida de raízes culturais e começa a ser poetizado a partir de uma perspectiva universal, ou seja, a luta contra a opressão, que é comum a todas as nações do terceiro mundo.

No entanto, em um panorama literário em que prevalecia a temática social, Jamil, que conheceu Mao Tse-Tung, Che Guevara e Fidel Castro[42] e, nesse momento, expressava máximo comprometimento com as causas do Socialismo, também escreveu um livro que fugia totalmente à vertente do engajamento. *Sonetos do Artífice*[43] versa sobre temas amorosos e cotidianos ancorado na figura de um "pobre-diabo". Apesar de premiada em 1961 pela Academia Paulista de Letras, a obra não foi publicada.

A figura do "pobre-diabo" foi evocada com intensidade por romancistas brasileiros durante a década de 1930, sendo o livro *Angústia*, de Graciliano Ramos, um dos pontos altos da tendência. O poeta e crítico José Paulo Paes lembra que, apesar de recorrente durante a segunda fase do Modernismo, esse personagem deriva de figuras relacionadas ao universo da burguesia frustrada. Paes elucida que o "pobre-diabo" não pertence ao proletariado, ou seja, não é um herói de ficção politicamente engajado, e tampouco se vincula ao "lumpemproletariado", o que seria uma versão degradada do proletário. O "pobre-diabo" é, então, um "patético pequeno-burguês" que "vive à beira do naufrágio econômico"[44]. Em consonância com a definição de Paes, o crítico Luís Bueno explica que o "pobre-diabo" pertence à classe média, está sempre sozinho e se sente constantemente fora de lugar[45].

---

42. No livro *Revolução Cubana, Revolução Brasileira*, Jamil descreve aspectos da viagem que fez a Cuba a convite das lideranças políticas do país: "Ouvi de Guevara que ele pertence a um Governo que prefere edificar mil casas a construir uma grande fábrica, embora saiba que a fábrica possa representar maior significação econômica" (Jamil Almansur Haddad, *Revolução Cubana, Revolução Brasileira*, p. 21.

43. Jamil Almansur Haddad, *Sonetos do Artífice*, 1961. Manuscrito inédito encontrado em seu espólio.

44. José Paulo Paes, *Armazém Literário: Ensaios*, São Paulo, Companhia das Letras, 2008, p. 45.

45. Luis Bueno, *Uma História do Romance de 30*, São Paulo, Edusp, 2006, p. 188.

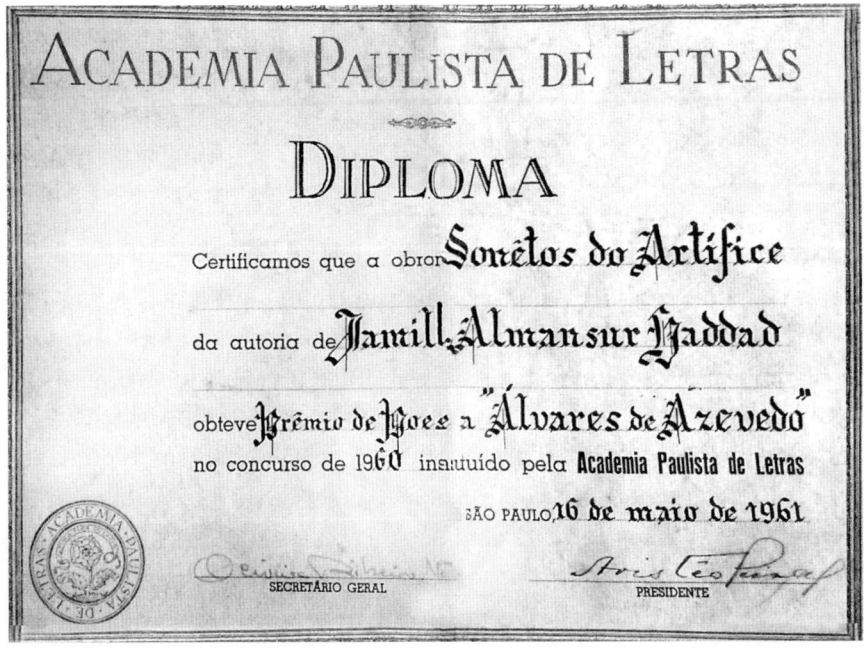

Sonetos do Artífice obtém prêmio da Academia Paulista de Letras. Crédito: Espólio do poeta.

Em *Sonetos do Artífice*, Jamil se vale dessa figura para compor sua voz poética, por meio de versos organizados singelamente em sonetos. Assim, o referido artífice que atua como narrador incorpora um tom satírico para afirmar que possui apenas uma certeza na vida, "a dos exames de laboratório"[46] e também canta as glórias da sua "Julieta de balcão de bar"[47]. No "Soneto do Funcionário", em meio à rotina burocrática e entediante, o narrador agradece ironicamente por ter sido transferido a uma cidade onde é "amigo do prefeito", mas lamenta que sua vida até então tenha sido um "erro tático":

[...]
Eu hei de amar teu riso azul ferrete,
Pousado no oficial de gabinete,
Enquanto a vida me é um erro tático.

46. Jamil Almansur Haddad, "Primeiro Soneto do Hospital", *Sonetos do Artífice*.
47. Jamil Almansur Haddad, "Soneto da Garçonette", *Sonetos do Artífice*.

E por entardeceres de lamentos,
teu vulto surge entre outros documentos,
como um tácito lírio burocrático[48].

Versos como esses evocam a figura de um sujeito que vive na iminência da total precariedade, seja o funcionário público à mercê da burocracia do Estado, que ganha pouco e se consola com sua musa, a Julieta balconista do bar, como também no âmbito médico, conforme aparece no "Segundo Poema do Hospital", em que o doutor canta:

[...]
Um caranguejo entre amarílis nada.
Dou-te um regime de cachorro-quente
Porém com mostarda nitrogenada[49].

Sonetos do Artífice também chama a atenção pelos versos em que uma voz pervertida emerge declaradamente, retomando uma poética que nasceu com *Alkamar, a Minha Amante* de maneira embrionária e envolta em orientalismos e ganhou ares mórbidos com *A Lua do Remorso*. Esses versos de caráter libertino estão presentes em inúmeros sonetos, entre eles no "Soneto da Prostituta", no "Soneto da Santa" ("crucificada em um orgasmo"), ou mesmo no "Soneto da Gravidez" e no "Soneto do Sadismo" em que se lê, respectivamente:

Há vinte horas depus na tua furna mágica
As sementes do amor para que na vindima
Desponte a nossa filha ou puta ou bailarina
E noiva sepulcral, doce ninfa pelágica.
[...][50].

[...]

48. Jamil Almansur Haddad, "Soneto do Funcionário", *Sonetos do Artífice*.
49. Jamil Almansur Haddad, "Segundo Poema do Hospital", *Sonetos do Artífice*.
50. Jamil Almansur Haddad, "Soneto da Gravidez", *Sonetos do Artífice*.

Amo-te as negras carnações lascivas,
Mordo-te os olhos: como-te as gengivas;
Amo-te o itinerário de destroços;

Amo-te o coração, perdido o abismo,
Amo soprar nas horas de lirismo
Como um nevoeiro a poeira dos teus ossos[51].

Entretanto, apesar de *Romanceiro Cubano* e *Sonetos do Artífice* fluírem aparentemente em direções opostas – ou seja, enquanto o primeiro se centra em um idealismo político, o segundo evoca um tom satírico e um ideal libertino – há características comuns que aproximam as duas obras. Em primeiro lugar, ambas demonstram a preocupação do poeta em trabalhar com versificações populares (redondilhas e sonetos), sinalizando a uma intenção de depurar e decantar sua poesia, talvez como resposta – consciente ou não – aos comentários dos críticos, empenhados, de maneira quase unânime, em criticar a "verborragia" ou o "barroquismo" dos seus cinco primeiros livros.

Por fim, outra movimentação que aproxima as duas obras diz respeito ao tratamento que Jamil dá aos temas poéticos, seja no caso do idealismo político de *Romanceiro Cubano*, seja nos versos satíricos e libertinos de *Sonetos do Artífice*. Se comparados às cinco primeiras obras – que, como já vimos, também tangenciam questões sociais e insinuam um erotismo profano – nos livros dos anos 1960 o narrador lírico abandona o tom sóbrio que prevaleceu em grande parte dos versos anteriores, incorporando uma verve satírica e um sentido de humor que, em muitos momentos, desnorteiam a expectativa do leitor em relação ao poema que é lido. No caso de *Romanceiro Cubano*, essa característica se apresenta nos versos de "Credo", que faz uma brincadeira com uma oração do culto católico; na "Canção Neomalthusiana", que ironiza com uma declaração do ministro da Fazenda; ou mesmo em "Partida para Citera", que brinca com o poema de Manuel Bandeira "Vou-me Embora para Pasárgada" ao escrever:

51. Jamil Almansur Haddad, "Soneto do Sadismo", *Sonetos do Artífice*.

[...]
Vou-me embora pra Brasília,
Aqui não sou mais feliz.
Lá descobrirei uma ilha,
À sombra dos pilotis.
[...][52].

---

52. Jamil Almansur Haddad, "Partida para Citera", *Romanceiro Cubano*, p. 31.

Capítulo 8

Lisérgico e Polêmico:
Dois Movimentos de Isolamento

Além de múltiplas atividades desenvolvidas no campo literário e uma atuação política caracterizada pela aproximação a grupos de esquerda e líderes socialistas de todo o mundo, Jamil também desempenhava tarefas médicas, com as quais garantia boa parte do seu sustento econômico. Funcionário público do Estado, atuava com medicina do trabalho, fiscalizando fábricas e empresas a fim de garantir condições mínimas de segurança e saúde a operários e funcionários[1]. Também na posição de médico, tornou-se conhecido por causa dos experimentos realizados com ácido lisérgico, ou LSD, que tinham o objetivo de tratar problemas psicológicos e psiquiátricos de pacientes, amigos e familiares. Sua visão médica e científica da substância foi defendida em um texto publicado em 1970 na coluna "Underground" do jornal *O Pasquim*, em que Jamil critica a maneira sensacionalista com que a imprensa aborda o assunto e propõe reflexões sobre as "verdades científicas" que rondam a droga. Segundo esse texto, o LSD deve ser encarado como um remédio, na medida em que aumenta a capacidade de percepção de quem o toma e também cura doenças, como neuroses, psicoses e alcoolismo. Mesmo não sendo recomendado aos cardíacos, Jamil argumenta que o LSD não vicia e tampouco causa alucinações:

1. Conforme depoimento de Sônia Alvim, sanitarista e última namorada do poeta, em entrevista realizada pessoalmente em São Paulo, em setembro de 2014.

Quando a pessoa toma LSD tem "alucinoses" e não alucinações. A diferença é que nas "alucinoses" a pessoa tem uma visão crítica do que vê, ou seja, o usuário sabe que tudo não passa de fantasia[2].

O interesse por difundir e estudar a substância também levou Jamil a traduzir, em 1969, o livro *Psicoterapia com LSD e Outros Alucinógenos*, do médico argentino Alberto Fontana, que aborda os tratamentos possíveis com a droga para enfermidades somáticas, psicóticas, histerias, entre outras[3].

Além dessas publicações, no espólio do poeta há fragmentos de textos inéditos e escritos à máquina, em que ele relata aspectos da sua experiência pessoal e médica com LSD. Em um desses documentos, o poeta escreve que a substância chegou ao Brasil pela primeira vez em 1962 e que ele a experimentou em 1963 ou 1965. Nesse texto, Jamil relata ter passado por uma experiência lisérgica mística e afirma que quem toma LSD apresenta um "desdobramento da personalidade":

Desdobramo-nos. Se repetirmos a sessão lisérgica ela com a sua tendência a não se repetir, tresdobramo-nos. Aparecem de cada vez aspectos novos da nossa personalidade [...]. Pessoalmente, submeti-me a uma experiência lisérgica mística [...]. Eu vi no tapete figurarem-se hastes luminosas, terminando por inflorescências fantásticas. [...] O mandala, no caso, acaba realizando – insistimos – êxtase. O êxtase para o cristão, para o sufi o "fana", para o ioga o samadi, para o zen budista é satori[4].

Nessas reflexões inéditas sobre a droga, Jamil também associa suas experiências lisérgicas a vivências literárias, como se ambas fossem duas faces da mesma moeda, ou seja, capazes de revelar a verdade íntima da sua poesia:

Seja como for, tenho vivido como realmente sou e como posso e devo fazê-lo. Sinto-me autêntico. Reli toda a minha obra publicada: vi que nunca menti a mim mesmo, o que é uma maneira de não mentir nunca aos meus leitores. Mais ainda: descobri que tudo o que eu vi durante a minha experiência lisérgica já estava escrito nos versos que compus na adolescência e na primeira juventude.

2. Jamil Almansur Haddad, "As Verdades sobre o LSD", *O Pasquim*, n. 51, pp. 20-21, 17 jun. 1970 (Rio de Janeiro).
3. Alberto de E. Fontana, *Psicoterapia com LSD e Outros Alucinógenos*, São Paulo, Mestre Jou, 1969.
4. Jamil Almansur Haddad, original inédito pertencente ao espólio do poeta.

Para Jamil, o LSD permite que as pessoas estabeleçam uma relação mística com o mundo, além de sanar problemas psiquiátricos por meio de um "novo nascimento" da consciência. Essa proposta de experimentar um segundo nascimento a partir da ingestão do ácido lisérgico foi vivenciada pelo próprio Jamil e também por alguns familiares e amigos[5], entre eles o poeta e crítico Cláudio Willer, que afirmou, em entrevista:

> Tomei LSD em um consultório dele [de Jamil] junto ao Dr. Cesário Morei Hossri, em abril de 1967. Aos remanescentes da turma do Partidão, ele distribuiu deliberadamente LSD, na década de 1960. Um deles foi o artista plástico Mário Gruber, que já se foi. Jamil se uniu ao médico Cesário e eles abriram um consultório num sobrado muito bonito na Basílio Machado [na realidade, na casa de Jamil]. Eu, inclusive, achei que era pouco – tenho alta tolerância para essas coisas. Então, pedi mais uma dose e ele me deu dose dupla. [...] Em uma dada altura, convenci Jamil de me deixar sair. Eu estava com minha namorada, que não tinha tomado nada. Estava chovendo fortemente, as ruas alagadas e eu achei que meu carro era um iate e que eu estava segurando um leme. [...] Aquela historia do LSD teve repercussões e consequências que eu não sabia. Anos depois, o Mário Gruber me contou como foi pra ele, que foi fundamental [...]. O Jamil produziu, junto ao Cesário, um bando de velhos militantes alucinados. [...] o interesse dele [de Jamil] era aquela parte de nascer de novo, de se sentir completo no útero e sair para se refazer[6].

Apesar de bem-recebida entre intelectuais e familiares, a proposta de tratamento de questões de saúde mediante o uso do ácido lisérgico não agradou ao meio médico. Nos manuscritos inéditos em que faz reflexões sobre a droga, o poeta relata sua participação em um colóquio de psicanalistas, quando afirma ter "rompido um tabu" ao revelar que usava LSD para tratar pacientes e se autoanalisar, algo que lhe valeu uma "repercussão profana" entre o meio médico. Jamil defendia que o LSD permitia acelerar o tratamento psicológico e que os médicos não queriam utilizar a substância justamente para não esvaziar seus consultórios: "Os médicos são sócios ine-

5. Em entrevistas pessoais realizadas em São Paulo, o poeta e crítico Cláudio Willer e Daher Elias Auada relataram ter passado por essa experiência.
6. Entrevista com Cláudio Willer realizada pessoalmente em São Paulo em 2013.

xoráveis da doença e da morte", escreveu em seus manuscritos[7]. Por causa desses conflitos com os mentores da psiquiatria tradicional, Jamil relata ter ficado cada vez mais isolado da comunidade médica e também conta ter sofrido perseguição por parte do então diretor da Faculdade de Medicina da USP, que reprimia todas as conversas que ele tentava organizar a respeito dos seus tratamentos alternativos:

> [...] bastou ali falar em LSD para estar configurado o rompimento. Na polêmica, não houve sequer a clássica repartição em grupos antagônicos: o quadro verdadeiro era dado por uma unanimidade antilisérgica, quebrada apenas por quem vos fala. Aqui, fui levado a cunhar o nome de uma condição psicossocial nova: o Complexo de Galileu, a capacidade de viver sozinho com a sua verdade[8].

Nessas reflexões, Jamil mostra-se incomodado com esse isolamento. No entanto, não desistiu de utilizar a substância em seus tratamentos, mesmo após ela ter sido proibida no país. Na ocasião, ele escreveu a um amigo que trabalhava na embaixada do Brasil em Berna, na Suíça, para pedir que lhe conseguisse legalmente a droga. Em carta datada de 1966 e escrita em papel timbrado da embaixada como resposta ao pedido de Jamil, o interlocutor, que se identifica como "patrício e confrade", informa ao "caro amigo" que o produto teve suas vendas proibidas até mesmo para fins médicos[9].

Fragmento de texto inédito em que Jamil escreve sobre suas experiências lisérgicas. Crédito: Espólio do poeta.

7. Jamil Almansur Haddad, original inédito pertencente ao espólio do poeta.
8. *Idem.*
9. Carta escrita em papel timbrado da embaixada brasileira em Berna pertencente ao espólio do poeta e cuja assinatura não permite identificar o nome de quem a escreveu.

Independentemente dos resultados médicos, para a filósofa Olgária Chaim Féres Matos, que foi próxima ao poeta na época dos experimentos lisérgicos, "a relação de Jamil com as drogas dialogava com uma metafísica do efêmero, com a tentativa de ir além da transitoriedade e buscar a grandeza do instante"[10]. Filha do poeta de ascendência árabe Assis Féres – que também era tradutor e editava a revista *Laiazul*, publicada no Chile e no Brasil desde os anos 1930 –, Olgária enxerga semelhanças na visão que Jamil e seu pai tinham da poesia: "Ambos pensavam a palavra como se fosse o invólucro da alma", afirmou ela. De acordo com a filósofa, ele frequentava os almoços dominicais da família, dos quais também participavam outros estudantes, interessados em escutar seus comentários satíricos a respeito de política e literatura:

Jamil começou a frequentar minha casa por volta de 1967. Usava óculos de lentes grossas, por conta de uma forte miopia. Era muito bem-humorado, irreverente e se valia de ironia fina para falar sobre temas polêmicos. Ele acompanhava os estudos que, à época, eram desenvolvidos na Tchecoslováquia, para tratar algumas doenças com mescalina, e começou a adotar esses tratamentos em seu consultório psiquiátrico. Era crítico ferrenho da indústria farmacêutica, em uma época em que ninguém ousava falar sobre isso[11].

Também interessado em refletir sobre as reverberações das suas experiências com drogas no campo literário, Baudelaire, no célebre ensaio "Paraísos Artificiais", questiona:

Se naturezas grosseiras e embrutecidas por um trabalho diário e sem atrativos podem encontrar no ópio vasta consolação, qual será o efeito deste num espírito sutil e letrado, numa imaginação ardente e culta, sobretudo se ela foi prematuramente lavrada pela dor fertilizadora, – num cérebro marcado pelo devaneio fatal[12].

No caso de Jamil, o efeito do LSD em seu "espírito sutil e letrado" pode ter colaborado, principalmente, com um processo de desdobramento da

10. Depoimento de Olgária Matos, em entrevista realizada em sua casa em São Paulo em março de 2014.
11. *Idem*.
12. Charles Baudelaire, "Paraísos Artificiais", *Poesia e Prosa: Volume Único*, Rio de Janeiro, Nova Aguilar, 1995, p. 401.

personalidade, conforme ele próprio descreveu em textos inéditos. Esse movimento de desdobramento parece relacionar-se com a ideia do poeta "fora de lugar" que apareceu frequentemente na leitura dos críticos. Incapaz de permanecer por muito tempo em apenas um único assunto, Jamil fragmentou-se em múltiplas personalidades literárias, que se refletem na sua produção poética ao mesmo tempo "pornográfica e passadista", "brasileira e oriental". Também nos seus interesses como tradutor, que foram taxados de incoerentes em algumas situações, o motivando a reafirmar sua trajetória contraditória:

> Pede-se a minha experiência sobre tradução de poesias. Justifica-se: minhas excursões por esses meandros são longas, numerosas, polimorfas, quando não contraditórias: Omar Khayyam, *Cântico dos Cânticos*, Petrarca, Bocaccio, Carducci, Safo, Anacreonte, Kipling, Verlaine, Baudelaire e uma infinidade de coisas no limbo do ineditismo [...]. Venço, antes de mais nada, uma resistência psicológica: a pouca disposição em falar de mim mesmo. Mas o que fazer se os outros não falam? A questão não é de somenos: uma abolição ou atenuação da crítica pode levar à autocrítica [...]. Falei no caráter às vezes contraditório do meu elenco de obras traduzidas: não há nada de afim entre Omar Khayyam e Rudiard Kippling. Contradições também de mim comigo mesmo: Kipling é poeta do imperialismo e eu nada tenho que ver com a história (ou a História). Reclamo, portanto, o direito à incoerência[13].

Se no âmbito literário é possível traçar um paralelo entre o "desdobramento da personalidade" descrito por Jamil a partir do uso de LSD e o desenvolvimento de uma trajetória intelectual cada vez mais "incoerente", no campo biográfico pode-se afirmar que as experiências lisérgicas colaboraram com seu isolamento definitivo do meio médico.

Além disso, apesar de vigiado pelos militares desde 1944, houve um episódio na década de 1960 que marcou a trajetória de Jamil, colocando-o no centro das atenções da imprensa que buscava noticiar a atuação "subversiva" de intelectuais brasileiros. Em 1963, a milionária Lígia Freitas Vale Jordan foi internada a contragosto pelo pai e marido em um hospital psi-

---

13. Jamil Almansur Haddad, "Confissões de um Tradutor de Poesia", *Tradução e Comunicação*, n. 2, mar. 1983, p. 97.

quiátrico, com o pretexto de que enfrentava um surto psicótico[14]. Na realidade, os motivos da internação estavam relacionados ao fato de a *socialite* querer divorciar-se do esposo e também pela amizade que mantinha com intelectuais e políticos de esquerda – entre eles Jamil. Segundo a família de Lígia, essas pessoas estariam se aproveitando de sua fragilidade psíquica para extorquir dinheiro e financiar atividades subversivas. Internada e impedida de comunicar-se com os amigos, Lígia foi "resgatada" por Jamil, Helena Silveira e o médico Alberto Gastiel que, mais tarde, tiveram prisão preventiva decretada. Após denúncias do marido da *socialite*, interrogatórios feitos ao grupo e declarações da própria Lígia – que inocentaram os supostos "sequestradores da *gang* vermelha"[15] – a polícia decidiu não levar o processo adiante e os três foram inocentados[16].

Esse acontecimento ficou registrado no prontuário que o Departamento de Ordem Política e Social (Dops) mantinha sobre Jamil, como uma prova a mais de que o poeta era subversivo e deveria ter suas atividades controladas. Um relatório da polícia política elaborado em maio de 1972 para avaliar um pedido de viagem de Jamil ao exterior resume suas "atividades subversivas", destacando as seguintes informações:

> Em 1962, esteve presente na Convenção do ex-Partido Comunista, na qual esteve presente proeminentes figuras do comunismo [cit.]. [...] Que em abril de 1964, foi indiciado em Inquérito Policial como incurso da Lei de Segurança Nacional, tendo sido solicitada sua Prisão Preventiva [...]. Que em fevereiro de 1969 foi preso por suspeita de subversão[17].

Na primeira vez que foi preso, em 1964, os policiais entraram em sua casa, buscando "livros vermelhos". Como desconheciam quem eram os autores "comunistas", Jamil se colocou à disposição para ajudá-los, oferta que

14. "Lígia Jordan Isenta Amigos", *Correio da Manhã*, 13 set. 1963 (Rio de Janeiro), Primeiro Caderno, p. 8.
15. "*Gang* vermelha" foi a denominação dada ao grupo que resgatou Ligia pela edição extra da revista *O Cruzeiro*, ano II, n. 60, 21 set. 1963 (São Paulo), capa.
16. "Lígia Jordan Isenta Amigos", p. 8.
17. Jamil Almansur Haddad – Prontuário 133520 – Arquivo Geral, São Paulo, Secretaria de Segurança Pública do Estado de São Paulo, Departamento de Ordem Política e Social (Dops), Arquivo Público do Estado de São Paulo.

foi aceita com desconfiança por parte dos policiais. Assim, com uma atitude irônica, Jamil entregou todos os livros "de esquerda" que tinha em sua biblioteca aos policiais, que os apreenderam e, em seguida, levaram o poeta preso. Ele foi solto após alguns dias, por causa das reclamações e protestos das irmãs na própria delegacia do Dops[18].

Na segunda vez que o poeta foi preso, em 1969, a experiência parece ter sido mais dramática, porque ele ficou durante semanas na solitária. No seu espólio, há uma carta dirigida à Faride e escrita em papel timbrado do Ministério da Aeronáutica, na qual ele garante que "estava bem e era bem tratado" e pediu o envio de roupas e objetos de higiene, além de livros "só em francês, mas não de política"[19]. Também no espólio, há uma carta escrita por Faride no dia 3 de março de 1969 e dirigida ao diretor da divisão de Higiene e Segurança do Trabalho, da Secretaria do Trabalho e Administração, onde Jamil trabalhava. A carta explica que o poeta estava "à disposição das autoridades policiais" e solicitava ao responsável "regularizar a situação do Dr. Jamil", na repartição onde atuava.

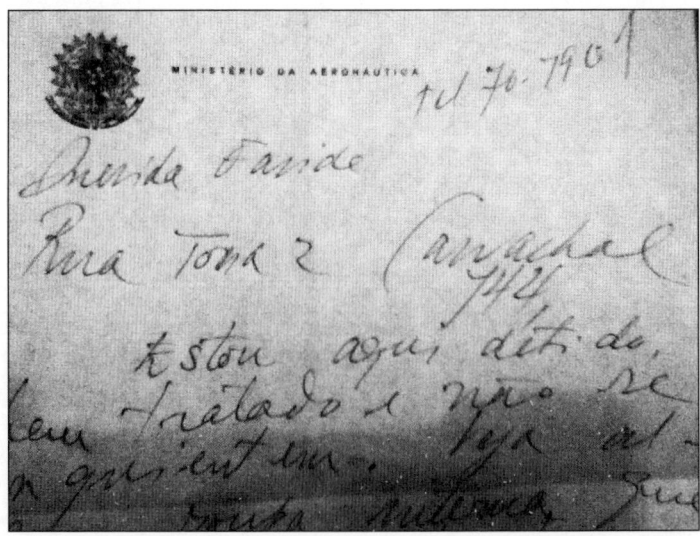

Fragmento de carta que Jamil escreveu a Faride enquanto esteve preso. Crédito: Espólio do poeta.

18. Conforme depoimentos de Daher Elias Auada.
19. Carta que Jamil escreveu à irmã Faride em papel timbrado do Ministério da Aeronáutica, espólio do poeta.

O segundo encarceramento de Jamil aconteceu no marco do estabelecimento do Ato Institucional número 5 (AI-5), em 1968, que fechou o Congresso Nacional e as Assembleias Legislativas estaduais; cassou mandatos eletivos, suspendeu direitos políticos, demitiu ou aposentou juízes, funcionários e professores universitários e autorizou o julgamento de crimes políticos nos tribunais. No contexto global, vivia-se a Guerra Fria, a Guerra do Vietnã, os golpes militares na América Latina, a proliferação de movimentos estudantis e operários na França, Itália, em Praga e na Cidade do México. No Brasil, após o predomínio dos movimentos de contracultura nos anos 1960[20], o AI-5 desencadeou perseguições de lideranças, intelectuais e trabalhadores envolvidos com movimentos de esquerda, que foram encarcerados, exilados ou mortos. A Universidade de São Paulo, onde Jamil lecionava, passou por uma de suas piores crises, em decorrência das sucessivas investidas do regime militar[21].

Se por um lado as perseguições políticas pretendiam eliminar qualquer forma de resistência ao regime, por outro, o governo militar ignorava as necessidades do povo, gerando um aumento da desigualdade econômica no país. Em 1974, o salário mínimo atingiu seu patamar mais baixo desde que foi estabelecido em 1940, motivando a classe trabalhadora, exausta e na miséria, a organizar manifestações recorrentes, em São Paulo e no Rio de Janeiro. Diante da recessão eminente, o regime militar tentava manter vivo o mito do "milagre econômico" para garantir sua legitimação no poder.

No marco de uma época em que o regime ditatorial procurava reafirmar-se e empreendia a perseguição de seus opositores, a pesquisadora Beatriz Vieira de Moraes – autora da tese de doutorado *A Palavra Perplexa: Experiência Histórica e Poesia no Brasil nos Anos 70* – identifica que o período foi marcado pela construção de uma cultura subjetiva. Isso aconteceu porque conforme a vida pública se tornava cada vez mais difícil, a sociedade se voltava à esfera privada:

20. Um dos movimentos de contracultura surgido em meados dos anos 1960 foi o Tropicalismo. Suas manifestações artísticas misturavam gêneros, referências culturais, índices políticos sociais, elementos eruditos e populares, imagens de cultura de massa e da história nacional.

21. Beatriz de Moraes Vieira, *A Palavra Perplexa: Experiência Histórica e Poesia no Brasil nos Anos 70*, Tese de Doutorado, Rio de Janeiro, Instituto de Ciências Humanas e Filosofia, Universidade Federal Fluminense, 2007, p. 201.

Era preciso encontrar um ponto intermediário entre ser revolucionário e ser apolítico. [...] Buscava-se uma autocoerência que impedisse, ou tentasse, a fragmentação interna[22].

O filósofo e linguista búlgaro que viveu radicado em Paris, Tzvetan Todorov, identifica que esse processo de desdobramento do sujeito é comum em países que vivem sob regimes totalitários. Nesse contexto, as pessoas se acostumam a adotar um discurso público e outro privado:

A diferença entre o sujeito dos países totalitários e o de outro país é que o sujeito de um país totalitário não ignora a divisão introduzida em seu discurso pela separação entre público e privado, entre verdade de adequação e verdade de conformidade, além do sentimento de não poder escapar, não importa o que faça, ao erro e à culpabilidade[23].

Quando relembrou suas atividades literárias nos anos de chumbo da ditadura, Jamil também fez referências a um processo de fragmentação que, no seu caso particular, se apresentou de forma "curiosa", conforme suas próprias palavras:

É curioso porque quando se escreve sem o objetivo de publicar é quando a gente atinge a liberdade de expressão máxima. Estamos livres da censura oficial, do editor, pois o editor censura; da crítica, pois o crítico censura; do leitor, porque o leitor censura e a gente atinge a liberdade de expressão máxima, exatamente desse desinteresse da publicação do que está escrevendo[24].

Em depoimentos, Jamil explicou que, a partir de 1966, sentiu-se obrigado a fazer versos também em francês, devido à censura e à dificuldade crônica de publicar poesia no Brasil[25]. Com isso, de 1963 a 1977, o autor deixou de publicar poesia – mas não de escrever. Alguns conhecidos e familiares, inclusive, relatam que o poeta viveu isolado nos anos de ditadura[26].

22. *Idem*, p. 56.
23. Tzvetan Todorov, *O Homem Desenraizado*, Rio de Janeiro, Record, 1999, p. 51.
24. Aramis Villarch, *Entrevista com Jamil Almansur Haddad*.
25. "Morre o Poeta e Psiquiatra Jamil Almansur Haddad", *O Estado de S. Paulo*, 5 maio 1988, p. 17.
26. Daher Elias Auada e o poeta Cláudio Willer mencionaram o isolamento de Jamil nos anos de ditadura. Willer, inclusive, usou o termo "misantropo" para descrever a atitude

Na década de 1960, seu gradativo isolamento da comunidade médica e o aumento da perseguição política foram acompanhados, ainda, pela publicação de artigos e ensaios de caráter polêmico. Em alguns deles, Jamil travou embates com personalidades da cena literária paulistana. Nesse caminho, uma das polêmicas mais significativas aconteceu com o escritor José Geraldo Vieira, membro da Academia Brasileira de Letras e que em 1943 prefaciou o livro *Poemas* de Jamil, fazendo referência aos aspectos "orientais" dessa obra.

No artigo "Um Caso de Mistificação Literária", publicado no suplemento literário do jornal carioca *Diário de Notícias* em fevereiro de 1962, Jamil acusou Vieira de escrever livros apócrifos em nome de sua esposa, Maria de Lurdes Teixeira[27], que também organizava um salão e um prêmio literário:

Adotamos, no caso, técnica habitual de nossa vida de colaborador de jornal. Estreamos sempre com os artigos perigosos, incômodos, verdadeiras batatas quentes nas mãos dos que devem cuidar da sua divulgação. No começo, o jornal não tem intimidade para nos dizer: "Tenha paciência, companheiro, isto dá galho". E publica as nossas verdades mais agressivas[28].

Nesse texto, Jamil acusa o meio literário de ser conivente com o plágio, entre outros motivos por medo de ter vetada a participação no salão de Maria de Lurdes que, segundo Jamil, tinha se transformado "no centro da vida literária paulistana"[29]:

Um acontecimento dessas coisas não pode ser atribuído a nenhum tipo de responsabilidade individual. Temos aí um tenebroso e terrível trabalho de equipe. [...] o furto, o peculato, o contrabando, que são hoje contingências habituais e cotidianas da vida brasileira, de há muito que invadiram os terrenos da literatura [...]. E no tocante a São Paulo, esse laboratório de experiências mistificatórias é fantástico, continuação daquela indústria da marmelada que foi a primeira fábrica que se instalou aqui no Planalto[30].

de Jamil nessa época. A última namorada, Sônia Alvim, trinta anos mais jovem do que Jamil e que conviveu com ele a partir de 1984, afirmou que ele era um homem reservado. A entrevista com Sônia foi realizada pessoalmente em sua casa em São Paulo, em 2014.

27. *O Cruzeiro*, 7 abr. 1962 (São Paulo), p. 21.

28. Jamil Almansur Haddad, *Literatura e Mistificação*, p. 14.

29. *Idem*, p. 26.

30. *Idem, ibidem*.

Para o poeta, sua acusação de plágio não devia ser encarada como um assunto pontual, mas sim como retrato da sociedade e sintoma de uma dinâmica que corrompia todo o sistema literário brasileiro. A denúncia motivou um intenso debate na imprensa, com ambas as partes publicando acusações mútuas[31]. Vieira atribuiu as acusações de Jamil a desavenças pessoais, entre elas o fato de ele ter vencido o poeta na eleição para assumir uma cadeira na Academia Paulista de Letras[32]. Além disso, fez menções racistas para atacar o poeta, ao afirmar que a tendência de Jamil era política, de "virar mascate nas Caraíbas"[33]. À revista *O Cruzeiro*, Vieira afirmou ainda: "O solitário e complexadíssimo J. A. H. aproveita a sua carga de xantinas para conspurcar primeiro uma senhora, depois uma série de instituições e finalmente o Brasil e São Paulo"[34].

Para reunir os textos em que defendia sua posição, em 1967, Jamil decidiu editar por conta própria – já que nenhuma editora com quem trabalhava se interessou pela proposta – o livro *Literatura e Mistificação*. Na obra, ele explica e traz argumentos para comprovar as acusações contra Vieira e Maria de Lurdes, além de reforçar os ataques contra a conivência do meio literário[35]. Devido a essas críticas, Jamil afirma ter motivado a "cólera descontrolada" de muitos escritores, de maneira que ele sofreu uma "mobilização maciça de desafeições" maior do que as que padeceram autores como Oswald de Andrade e Gregório de Matos[36]. Publicações da época deram conta de registrar essa mobilização contra o poeta, conforme mostra a revista *O Cruzeiro*:

O apartamento de Maria de Lurdes conserva-se cheio de intelectuais que vão hipotecar solidariedade. O telefone não para de tocar. Escritores do Rio e de São Paulo preparam uma homenagem de desagravo ao casal famoso, enquanto Jamil é atacado em programas de televisão e artigos[37].

31. Reportagem publicada na revista *O Cruzeiro*, 7 abr. 1962 (São Paulo), p. 21.
32. *Idem, ibidem.*
33. Jamil Almansur Haddad, *Literatura e Mistificação*, p. 35.
34. *Idem, ibidem.*
35. *Idem*, p. 26.
36. *Idem, ibidem.*
37. Reportagem publicada na revista *O Cruzeiro*, 7 abr. 1962 (São Paulo), p. 21.

Em entrevista à mesma revista, Jamil manifestou preocupação com a situação, inclusive afirmando que temia pela própria vida: "Desconfiem muito se eu aparecer misteriosamente morto. Não há motivo para isso"[38]. Nesse artigo, a revista também publicou depoimentos de vários outros escritores desaprovando a atitude de Jamil, entre eles: Domingos de Carvalho da Silva (poeta que fez parte da Geração de 45 e escreveu textos sobre Jamil na *Revista Brasileira de Poesia*); Solano Trindade (poeta, folclorista, pintor e teatrólogo de Recife, filho de um sapateiro); Luís Martins (jornalista, crítico e memorialista); Paulo Bonfim (poeta e membro da Academia Paulista de Letras); Marcos Rey (escritor e roteirista); e Mario Donato (jornalista e escritor).

Em *Literatura e Mistificação*, que saiu cinco anos após a polêmica travada na imprensa, Jamil também discorre sobre o isolamento que sentia em relação ao meio literário paulistano e considera que sua situação não é de ausência, "já que os ausentes não podem ver", mas sim de marginalidade:

[...] que é ao mesmo tempo ausência, por ser uma presença à margem, presença na periferia, que, ao mesmo tempo que exclui do fenômeno, põe o observador em condições de observá-lo e interpretá-lo. Sentimos na carne o quanto custa sair à rua para dizer o que meio mundo estava cansado de saber: que o rei estava nu[39].

No livro, Jamil acusa, ainda, Maria de Lurdes de manter relações com o ditador espanhol Francisco Franco[40] e manifesta sua indignação em relação à perseguição que escritores de esquerda sofriam à época, inclusive de seus próprios pares. Nessa direção, o poeta critica os prêmios literários que, segundo ele, assim como o Nobel, eram concedidos somente a artistas de direita: "*Pas de ennemis à droite. Regra de ouro para o caminho da imortalidade*"[41].

Em 1962, como resultado do embate, Maria de Lurdes afirmou que processaria Jamil, algo que ele menosprezou, na medida em que já tinha sido alvo de dois processos por crimes de imprensa e inocentado dos mesmos. No primeiro deles, a ação judicial aconteceu por causa de um artigo que ele escreveu para criticar uma situação na cadeira de Árabe da Faculdade de

38. *Idem, ibidem*.
39. Jamil Almansur Haddad, *Literatura e Mistificação*, p. 80.
40. *Idem*, p. 28.
41. *Idem*, p. 24.

Filosofia de São Paulo[42] e, na segunda, devido à peça de teatro *O Fundo do Poço*, escrita em 1950 em parceria com Helena Silveira e na qual há a encenação de um crime hediondo ocorrido na cidade de São Paulo[43].

Em 1968, em meio aos anos de chumbo da ditadura e quando os embates causados por *Literatura e Mistificação* ainda reverberavam no meio literário, Jamil fez uma compilação dos *Sermões* do Padre Antônio Vieira, propondo uma leitura nada ortodoxa dos escritos do padre, no ensaio introdutório que acompanha a antologia. Nessa introdução, o poeta chama a atenção para a maneira como Vieira descreve o sofrimento dos mártires católicos em seus sermões, defendendo que nessas passagens transparece um aspecto sadomasoquista da personalidade do religioso: "E quando compendia dilacerações de mártires, a componente sadomasoquista de nosso Padre revela-se com esplendor"[44]. No ensaio, Jamil afirma que *Cântico dos Cânticos* foi o livro que mais fascinou o padre, devido ao fato de ser, ao mesmo tempo, profano e sagrado. De acordo com o poeta, todos os sermões de Vieira são construídos com base nessa contradição, na medida em que "vivem da consciência do pecado"[45].

Longe de ser uma particularidade individual, esse componente sadomasoquista que Jamil enxerga existir nos sermões do Padre seria uma característica comum de toda sociedade brasileira, ideia que ele também defendeu em outros ensaios que já abordamos. Como evidência dessa particularidade, Jamil menciona o imaginário popular que há em torno ao Alejadinho, segundo o qual este teria feito esculturas célebres apenas com o toco das mãos. Conforme tivemos a oportunidade de mencionar em capítulos anteriores, no começo da década de 1960 Jamil já tinha discutido o sadismo *avant la lettre* da sociedade brasileira no prefácio do livro *Novelas do Marquês de Sade e um Estudo de Simone de Beauvoir*[46]. Em 1959, ele publicou um livro com sua tese *Álvares de Azevedo, a Maçonaria e a Dança*, em que também identifica aspectos profanos no autor analisado.

---

42. Jamil apenas menciona e não especifica a situação à qual se refere em relação à cadeira de Árabe.
43. Jamil Almansur Haddad, *Literatura e Mistificação*, p. 22.
44. Jamil Almansur Haddad, "Introdução a Vieira", p. 53.
45. *Idem*, p. 28.
46. Jamil Almansur Haddad, "Sade e o Brasil", p. 3.

No Brasil, revelador de uma psicose sadomasoquista coletiva é o caso do Alejadinho. Não que sadismo e masoquismo transluzam obrigatoriamente de suas estátuas e igrejas. Mas muito mais do que isto. O sadismo está no mito que se criou: o que imagina o escultor, de mãos decepadas, esculpindo seus anjos e profetas [...]. Há um povo barroco, um povo sádico cuja imaginação se delicia inefavelmente com a urdidura de muitos desta ordem em que um grande artista do período colonial acaba por ter um martírio muito maior do que aquele que lhe devera ter sombreado a existência[47].

Além desses ensaios publicados, há outros inéditos em seu espólio que reforçam esse movimento de olhar para aspectos malditos nos autores que analisava ou traduzia. Entre eles, os originais do que seria uma antologia traduzida dos poemas profanos de Paul Verlaine, poeta que Jamil verteu ao português pela primeira vez em 1962 no livro *Poemas*[48]. Nesta tradução, há um ensaio em que Jamil discute os aspectos simbolistas da poesia do autor francês e os relaciona a versos de poetas como Alphonsus de Guimarães e Olavo Bilac. Já nos originais da tradução profana de Verlaine, Jamil afirma que, anteriormente, havia traduzido a parte familiar do poeta, enquanto agora a ideia é "verter a sua parte proibida", ou seja, "poemas vitais como o sangue e claros como o esperma, a marginalização da margem, um super delírio extremista, um terrorismo amoroso"[49].

Ainda no espólio, há os originais do que seria um livro de narrativas, denominado *Prosas Impuras*, cujos escritos à máquina e rabiscos feitos à mão sugerem um esforço para compor textos sobre temas como pederastia, sadomasoquismo e – pasme-se – misticismo religioso.

Talvez como resultado da perseguição política e dos embates com figuras que estavam no "centro da vida literária paulistana", entre o final dos anos 1960 e o começo da década de 1970 Jamil se aproximou de escritores vinculados à comunidade árabe de São Paulo, como foi o caso de Assis Féres. Em 1970, o poeta escreveu versos para uma antologia organizada em homenagem a um episódio envolvendo Rose, mulher do poeta libanês ra-

47. Jamil Almansur Haddad, "Introdução a Vieira", p. 54.
48. Paul Verlaine, *Poemas*, São Paulo, Difel, 1962.
49. Jamil Almansur Haddad, Tradução dos poemas profanos de Paul Verlaine, documento inédito do espólio.

3

> Os poemas que agora traduzimos são autênticos,portanto entranhados na sua sensibilidade, no seu inteleto, na sua ideologia do amor.Poemas vitais como o sangue e claros como e esperma.Mas já são a margonalisação da margem, um super-delírio extremista, um terro- rismo amoroso.A sociedade não poderia aceita-lo nem no seu pais, nem no seu mundo.Daí uma série de edições piratas ou não, seja como for clandestinas, mas hoje as condições são outras e a sociedade e o sexo igualmente outros.E nós que somos tradutores da parte"familiar" de Veláine,alegramo-nos de verter a sua parte proibida.Mas quem proibe o que depois do É proibido pribir de Maio de 1868 en França.Diga-se de passagem que este slogan n é primitivamente argentino. 1918, Deodoro Roca, Córdoba , na hora da Reforma Universitária ali efetuada. Grito sul americano, muito mais nosso portanto ,

Texto inédito de apresentação dos poemas profanos de Verlaine que Jamil traduziu. Cré- dito: Espólio do poeta.

dicado no Brasil Chafic Maluf. Durante uma reunião da Liga Andalusina realizada em 1962 na casa dos Maluf – da qual não se sabe se Jamil fez par- te – Rose presenteou um dos convidados – o também poeta Nicolás Maluf – com uma garrafa de *arak*, que teria sido trazida do Líbano. Quando no retorno a casa Nicolás Maluf abriu-a, viu que o frasco, na verdade, continha água de rosas. Então, ele inventou uma história que fabulava com a ideia de que Rose, na verdade, não tinha se equivocado, e sim operado o milagre de transformar *arak* em água de rosas. Essa história foi difundida entre os intelectuais da comunidade árabe que, nos anos 1970, escreveram poemas em árabe e em inglês em torno ao evento, publicados em uma antologia[50] que contou com a participação de oitenta poetas, entre eles Salomão Jorge, Jorge Medauar e Jamil, que escreveram em português.

Além dessa antologia, nos anos 1970 Jamil verteu do árabe ao português algumas obras de poetas vinculados à Liga da Pena[51], entre elas os livros:

50. *Colhedora das Estrelas: Rose Maluf,* São Paulo, [s.ed.], 1970.
51. A Liga da Pena foi fundada em 1968, em São Paulo, por escritores e poetas libaneses e seus descendentes, entre eles a libanesa imigrada Mariana Dabul Fajuri, que editou durante quase trinta anos a revista *Etapas,* voltada à comunidade árabe brasileira (Mar-

Brisas do Líbano, de Felipe Lutfalla[52] e *Ausência*, de José Fakhoury[53]. Como diretriz comum, esses trabalhos poetizam com o tema da nostalgia pela terra dos antepassados, como é o caso, por exemplo, do poema "Cedro Exilado", de Fakhoury:

Que importa que te sepultem em outra terra

e é tão estranho este sudário que te encerra?

Não te entristeça desta vida o mal.

Tanto lá quanto cá a Pátria é igual.

Trouxeste do Oriente a essência da eternidade,

o mistério da permanência,

e a consciência do tempo[54].

No final dos anos 1960, nações como o Líbano e a Síria, que tiveram suas independências declaradas oficialmente em meados dos anos 1940, viram esse processo se consolidar. No entanto, o clima na região era de desilusão, na medida em que a autonomia não gerou os ganhos esperados pela população. Além disso, a sensação de desilusão se acentuou após o Egito perder a Guerra dos Seis Dias, travada contra Israel em 1967[55]. Esses

celo Cintra de Souza, *A Imprensa Imigrante. Trajetória das Comunidades Imigrantes em São Paulo*, p. 103). Conforme entrevista realizada pessoalmente em São Paulo, Raul Fajuri, filho de Mariana, contou que cerca de quarenta intelectuais formaram a Liga da Pena, sendo que alguns deles como Habib Massoud também tinham se envolvido com as atividades da Liga Andalusina nos anos 1930. A Liga da Pena não apresentava caráter político e se voltada às atividades sociais e culturais da comunidade de imigrantes;

52. Felipe Lutfalla, *Brisas do Líbano*, São Paulo, [s.ed.], 1970.

53. José Fakhoury, *Ausência*, São Paulo, [s.ed.], 1975. O livro de Fakhoury foi planejado e ilustrado por Darcy Penteado, artista plástico que assumiu sua homossexualidade no final dos anos 1970 e que era envolvido com a luta contra a discriminação da comunidade LGBT ("Darcy Penteado", *Enciclopédia Itaú Cultural*, enciclopedia.itaucultural.org.br/pessoa5515/darcy-penteado).

54. José Fakhoury, *Ausência*, p. 9.

55. A Guerra dos Seis Dias foi um conflito travado entre Israel e Egito devido ao bloqueio que este último país impôs em importantes portos comerciais utilizados pelo estado judeu. Além disso, disputas por territórios e problemas relacionados à causa palestina também foram fatores importantes à eclosão do conflito. A derrota do Egito representou um fracasso político e militar para o país e também debilitou a estrutura de toda a sociedade das nações árabes (Bernabé López García, *El Mundo Árabo-Islámico: Una Historia Política*, pp. 222-223).

acontecimentos motivaram intelectuais de procedência árabe a abandonar de vez a ideia de regressar às suas regiões de origem, bem como a aceitar que morreriam no exílio, algo que aparece no referido poema de Fakhoury traduzido por Jamil.

No mesmo período, o poeta também passou a expressar um crescente interesse por questões religiosas e místicas, conforme observado nas descrições de suas experiências lisérgicas e também em alguns ensaios da década de 1950, entre eles o prefácio de sua tradução do *Cântico dos Cânticos*. Em 1966, Jamil publicou, ainda, o *Livro de Ouro da Poesia Religiosa Brasileira* pela Edições de Ouro, compilando versos religiosos de autores como Gregório de Matos, José de Anchieta, Santa Rita Durão, Machado de Assis, Oswald de Andrade e Henriqueta Lisboa[56].

Imerso em um ambiente político pouco propício a ideias progressistas; interessado na busca por experiências místicas que lhe permitissem transcender a realidade prosaica do cotidiano; perseguido pelos militares; renegado pelo meio médico e à margem do centro da vida literária paulistana, Jamil seguiu escrevendo, porém agora sem a intenção de publicar. Encerrado em sua casa localizada no bairro de Higienópolis – que havia sido reformada pelo arquiteto João Batista Vilanova Artigas, de quem Jamil era amigo[57] – o poeta seguiu buscando sua verdade íntima, em um esforço de digerir e compilar experiências literárias divergentes. E foi justamente nesse período de trabalho solitário que Jamil considera ter escrito seus versos mais libertários.

56. Jamil Almansur Haddad (org.), *O Livro de Ouro da Poesia Religiosa Brasileira*, São Paulo, Edições de Ouro, 1966.
57. Segundo depoimento da última namorada do poeta, Sônia Alvim.

Capítulo 9
Profeta em Terra Alheia

Marcada por tendências anti-intelectuais e antitécnicas e pela politização do cotidiano, a reorientação cultural que ocorreu no Brasil após 1970 abriu caminho para o desenvolvimento do que se denomina como "poesia marginal", que adotava uma postura de "desbunde", recusando os projetos políticos anteriores, populistas e de esquerda[1]. Por outro lado, diferentemente das vanguardas dos anos 1960, como o Concretismo e o Poema-Processo, essa poesia não defendia o experimentalismo, sinalizando uma rejeição à técnica e à ideia de novidade. Com isso, o poema marginal passou a ser visto como o registro ou o desejo imediato da ação, apresentando caráter de momentaneidade[2]. Ainda, artes com projeções coletivas, como o cinema e

1. O desenvolvimento da poesia marginal se deu a partir de meados dos anos 1960, por meio de identificações com o Tropicalismo e, ao mesmo tempo, tomando distância do engajamento populista e da ideia de vanguarda que caracterizou esse movimento. Após o AI-5 em 1968, surgiu a segunda geração de poetas marginais, que apresentava aversão a atitudes ortodoxas, incluindo o discurso da esquerda burocratizada. Os poetas do movimento empregavam o termo "marginal" para designar que estavam à margem do mercado e não necessariamente para caracterizar o tipo de literatura que produziam. Chacal, Paulo Leminski, Ana Cristina Cesar, Torquato Neto e Waly Salomão são alguns autores importantes da poesia marginal (Heloisa Buarque de Hollanda, *Impressões de Viagem*, p. 99).
2. *Idem*, p. 110.

os festivais de música, ganharam evidência, e a ficção sofreu o impacto do *boom* jornalístico, o que resultou no desdobramento dos gêneros da escrita e abriu espaço à criação de romances que parecem reportagens e contos que não se distinguem de poemas ou crônicas[3].

Contrário à incorporação de aspectos coloquiais na forma dos seus versos, Jamil foi vigiado pela polícia política até o final dos anos 1970 e permaneceu sem publicar poesia de 1963 a 1977. Em 1972, o poeta pediu permissão ao governo militar para viajar à Europa, que elaborou um relatório sobre sua atuação política antes de acatar o pedido, documento que hoje está armazenado nos arquivos do Dops[4]. De acordo com carta escrita à irmã Faride e encontrada no espólio, nessa viagem, Jamil procurava curar-se de uma depressão causada pela separação da poetisa Lúcia Ribeiro da Silva, que havia sido sua companheira nos últimos dez anos.

Silenciado pela censura e por desavenças com outros intelectuais, Jamil seguiu escrevendo poemas, mas já sem a intenção de publicar. Segundo ele, nesse momento, foi possível atingir um grau máximo de liberdade de expressão. Nesse período, seu envolvimento histórico com políticos e lideranças de esquerda e suas ideias libertárias estiveram no cerne de seu processo criativo. Encerrado em sua casa repleta de livros, Jamil iniciou um trabalho de compilação das experiências literárias, incorporando transformações em seus versos e abandonando, entre outros elementos, o tom obscuro que marcou sua poesia até meados de 1950.

Escrito na virada das décadas de 1960 a 1970, período em que o regime militar endureceu e ao mesmo tempo as reações subversivas aumentaram, e quando a poesia era vista como forma de resistência ao sufoco do momento, *Aviso aos Navegantes ou A Bala Adormecida no Bosque – O Primeiro Livro das Suratas* representa a síntese da sua poesia com seu trabalho ensaístico. Com a obra, o autor transforma sua erudição em material poético: "são poemas que querem basear-se na verdade, no fato atual ou histórico e não apenas na síntese de uma geração ou na simples inspiração da vida do poeta"[5].

3. Antonio Candido, *A Educação pela Noite e Outros Ensaios*, p. 245.
4. Jamil Almansur Haddad – Prontuário 133520 – Arquivo Geral, São Paulo, Secretaria de Segurança Pública do Estado de São Paulo, Departamento de Ordem Política e Social (Dops), Arquivo Público do Estado de São Paulo.
5. Aramis Villarch, *Entrevista com Jamil Almansur Haddad*.

Publicado no Brasil em 1980 pela Livraria Editora Ciências Humanas, o livro contém 55 poemas, todos intitulados "Suratas", à exceção do primeiro, denominado "O Senhor da Casa da Aurora". O poeta se mostra escrevendo motivado pela busca por justiça social e o combate ao autoritarismo da ditadura, e os versos são carregados do tom idealista presente em poemas políticos anteriores. Porém, apesar de o caráter político ser um componente central, *Aviso aos Navegantes* é diferente de *Romanceiro Cubano*, porque seu escopo poético também abrange componentes místicos e espirituais. Do *Romanceiro Cubano*, o novo livro parece extrair a carga de idealismo e a ironia para abordar temas políticos, além da forma de alguns versos, que são entrecortados por citações. Em relação às obras anteriores, *Aviso aos Navegantes* deixa de lado os versos líricos e as imagens de amantes fantasmagóricas; no entanto, retoma o sentido espiritual presente nos livros da década de 1950. Emerge, então, um Jamil político, mas que sofistica sua poesia idealista incorporando elementos místicos e religiosos, processo que se evidencia já nos títulos dos poemas. Nesse caminho, as referências mais comuns são os heróis políticos, em especial Che Guevara, bem como heróis da justiça social, como Lampião ou um pescador anônimo, além dos elementos que evocam religiões, em particular imagens vinculadas ao Islã.

No novo livro, o movimento de basear a redação dos versos no "fato histórico" envolve a incorporação de referências objetivas no corpo poético, incluindo notícias de jornais, trechos de ensaios de autoria diversa e citações alheias. Todas as referências – ao menos todas aquelas que pudemos verificar – aludem a pessoas que existiram e a fatos que aconteceram, indicando que Jamil extraiu material poético da própria realidade. Esse processo sugere uma inversão de referências, se considerarmos "a poesia fantasiosa"[6] produzida por Jamil anteriormente e repleta de noivas fantasmagóricas, personagens em cemitérios e beduínas orientais.

A abertura para o fato objetivo resulta na produção de um livro do qual emana uma atmosfera de caos e que precisa ser lido por meio de constantes interrupções para identificar as referências às quais ele recorre. De Stalin aos mitos gregos, passando pelo Velho Testamento, histórias de guerrilheiros do norte da África e da América Latina, poetas do Modernismo bra-

---

6. Sérgio Milliet, *Diário Crítico*, vol. II: *Janeiro de 1943*, p. 49.

sileiro e a Guerra do Vietnã, o livro se apresenta como um enigma a ser decifrado. O poeta se vale do seu repertório intelectual para fazer um jogo de associações entre a palavra poética e a palavra objetiva, e o livro deixa transparecer essa erudição. A rebeldia que prega no discurso se reflete na forma desordenada da obra, que contém poemas com versos ora livres ora metrificados, trechos de escritos alheios, entrevistas e notícias, além de notas de rodapé, que podem reforçar o caráter verídico do que retrata ou ampliar as possibilidades de associação das imagens evocadas. Jamil incorpora, assim, a fala de outros ao seu discurso, criando um coro multiforme que clama pela insurreição.

Com *Aviso aos Navegantes*, o poeta assume as contradições de sua poesia "incoerente", ao colocar, nos mesmos versos, elementos poéticos e ensaísticos, e ao abarcar imaginários múltiplos, por meio dos poemas suratas. Da mesma maneira que anteriormente ele utilizava o título de "orações" para nomear muitos dos seus versos, no novo livro os poemas são "suratas", o que indica mais um processo de inversão de referências. Se antes os versos se desenvolviam sob uma palavra que aludia ao universo religioso cristão, agora, eles se reúnem sob o imaginário associado à cultura árabe-islâmica.

Se durante toda a sua trajetória a questão da "poesia oriental" esteve no centro das reflexões dos críticos e também foi sugerida pelo próprio poeta por meio do uso recorrente de imagens orientalistas, agora, parece haver uma intenção de assumir essa condição de "pária", processo que nomeamos como a invenção da *persona* lírica de um estrangeiro simbólico.

No poema intitulado "Surata do Ferreiro", o poeta se refere a alguém que transportou o "milagre profético de Santa Clara" do Uruguai ao Brasil, munido de "pólvora e machete" e mudando o "cenário da briga" da "Sierra Maestra à Serra da Barriga"[7] – região localizada no Parque Memorial Quilombo dos Palmares, em Alagoas. No poema, ele cita nomes de guerrilheiros, como Che Guevara e Sandino, e também os sertanejos "que invocam Santa Clara nas horas de mau tempo"[8]. Os heróis revolucionários são associados aos operários: "Morremos. Mas nascem-nos os filhos em cima

7. Jamil Almansur Haddad, "Surata do Ferreiro", *Aviso aos Navegantes ou A Bala Adormecida no Bosque: O Primeiro Livro das Suratas*, p. 325.
8. *Idem*, p. 305.

das máquinas / Ai, a tristeza de saber que o operário delira / de cansaço / no Vale do Paraopeba". Nessa parte, o poeta inclui uma nota de rodapé para explicar a origem da ideia de que os filhos nascem em cima das máquinas, esclarecendo que "Jorge Street, industrial de São Paulo, chama a atenção para as operárias trabalhando em adiantado estado de gravidez"[9]. Mais adiante, associa os operários nas fábricas com "Haddad", palavra que, como já vimos, significa ferreiro em árabe e que, no poema, representa "o último escalão da humanidade, / principalmente no Saara". Nesse verso, o poeta inclui uma nota de rodapé para esclarecer que:

Outrora os operários que trabalhavam o ferro eram relegados para o último escalão da humanidade e ainda nos nossos dias os Haddades do Saara, últimos artesãos ferreiros, cuja origem remonta aos anos 6 000 antes de Cristo, formam uma casta à parte. Os metais são de alguma maneira os planetas do mundo inferior. [...] Do ponto de vista tradicional, os metais (da mina) e a metalurgia estão em relação com o fogo subterrâneo cuja ideia se associa à do mundo infernal (R. Guenon)[10].

Nos versos seguintes, o poeta prossegue:

[...]
Só andaremos em caminhos próprios? Varreremos a poeira dos nossos rastros?
É poeta e profeta.
Ofício de ação subversiva.
Em 1576,
intimava-se a Bartolomeu Fernandes,
o único ferreiro de São Paulo,
a que sob pena de dez cruzados,
não ensinasse a arte da fusão a nenhum índio,
dado o perigo de substituição de tacapes e farpas de ossos
por armas de ferro.
[...][11].

9. *Idem*, p. 310.
10. *Idem*, p. 311.
11. *Idem, ibidem.*

Nessa parte, são incluídas outras cinco notas de rodapé, além daquela já citada que associa os ferreiros ao mundo infernal. Na nota seguinte, o poeta inclui uma citação atribuída a Lanternari, que afirma: "está proibido aos párias utilizarem-se de caminhos abertos por hindus das castas ou em certas regiões devem varrer com uma vassoura os rastros que deixam"[12]. Além disso, vinculada ao verso "É poeta e profeta", há outra nota que explica que "Há uma estreita afinidade entre metalurgia e alquimia, o ferreiro está assimilado ao poeta maldito e ao profeta desprezado (Cerliot)"[13].

Por meio desse jogo interminável de associações, o poeta cria uma narrativa entre as imagens dos guerrilheiros, dos operários e do ferreiro, essa última que alude a seu próprio nome. Pelos versos da "Surata do Ferreiro", esses personagens têm seus destinos interligados por serem "o último escalão da humanidade", pela "ação subversiva", por serem párias, malditos e excluídos. Desde os primeiros versos publicados por Jamil no final da década de 1930, a missão do poeta aparecia associada à ideia de denunciar o sofrimento de pessoas miseráveis. Nesse caminho, os versos da "Surata do Ferreiro" dão continuidade a esse sentido. Porém, mais do que isso, agora, o poeta equipara seu próprio destino ao de outros marginais e excluídos da sociedade, o que remete a um processo que Jamil vivenciava na própria biografia. Usadas nesse poema para caracterizar a condição dos operários em geral e dos ferreiros em particular, "pária" e "marginal" também foram denominações utilizadas para designar o seu próprio percurso literário. Com isso, em *Aviso aos Navegantes*, as imagens dos operários e trabalhadores parecem se transformar em metáforas para aludir aos sentimentos que Jamil tinha em relação ao meio literário.

Além de estabelecerem essa relação entre o destino do operário e o destino do poeta, os versos da "Surata do Ferreiro" trazem elementos que permitem discutir o projeto geral de *Aviso aos Navegantes*. Em primeiro lugar, em suas doze páginas de extensão, o poema recorre a imaginários associados a diferentes contextos nacionais, entre eles a mitologia grega (ao trazer a imagem de Prometeu); a Cuba, ao incluir referências à Sierra Maestra[14]; a Jerusalém, ao

12. *Idem, ibidem.*
13. *Idem, ibidem.*
14. *Idem*, p. 303.

México, ao Brasil, ao Curdistão e à Catalunha[15]. Mesmo recorrendo às suratas do Alcorão para nomear este e outros versos da obra, o poeta procurou deixar claro, em entrevistas dadas na época da publicação, que "o *Livro das Suratas* não é Oriente"[16], mostrando, mais uma vez, um movimento de recusa em assumir contextos nacionais. Essa intenção é reforçada por meio do uso de diversos idiomas em um mesmo poema, entre eles francês, inglês, português e catalão. Em uma época em que o poder militar buscava legitimar-se, também, por meio de um apelo patriótico, o recurso de escapar ao nacional adquire caráter provocativo, podendo ser visto como uma forma de resistência à perseguição política que o poeta vivenciava naquele momento.

Na década de 1970 – portanto, período no qual Jamil escrevia *Aviso aos Navegantes* – o crítico literário uruguaio Ángel Rama retomou o sentido da palavra "transculturação", cunhada por Fernando Ortiz, político, escritor e estudioso da cultura afro-cubana que em 1940 publicou o livro *Contrapunteo Cubano del Tabaco y el Azúcar*, contendo o ensaio "Del Fenómeno Social de la 'Transculturación' y de su Importancia en Cuba"[17]. Nesse texto, Ortiz propõe o uso do neologismo "transculturação" para designar os fenômenos antropológicos e sociais que eclodiram em Cuba por conta das transmutações de culturas registradas no país:

> Entendemos que el vocablo "transculturación" expresa mejor las diferentes fases del proceso transitivo de una cultura a otra, porque éste no consiste solamente en adquirir una distinta cultura, que es lo que en rigor indica la voz angloamericana *acculturation*, sino que el proceso implica también necesariamente la pérdida o desarraigo de una cultura precedente, lo que pudiera decirse una parcial desculturación, y, además, significa consiguiente creación de nuevos fenómenos culturales que pudieran denominarse de neoculturación[18].

Rama passou a utilizar o vocábulo que Ortiz empregou no campo antropológico para explicar o processo de transferência ou transitividade

15. *Idem*, p. 304.
16. Helena Silveira, "Jamil, o Poeta da Iluminação", *Folha de S. Paulo*, 7 maio 1981, p. 31.
17. Fernando Ortiz, *Contrapunteo Cubano del Tabaco y el Azúcar*, La Habana, Editorial de Ciencias Sociales, 1983, pp.86-90.
18. *Idem*, p. 89.

cultural presente em autores neorregionalistas latino-americanos, como Guimarães Rosa ou Gabriel García Márquez. A partir desses autores, o crítico uruguaio começou a discutir as relações entre universalidade e identidade nacional; modernização e projeto político de homogeneização social; assim como a constituição de discursos contraculturais nas sociedades neocoloniais, marginalizadas e dependentes da América Latina[19].

Para a pesquisadora Eneida Maria de Souza, o entrelaçamento paradoxal dessas categorias dialéticas provoca o sentimento permanente de inadequação de quem está condenado a oscilar entre dois níveis de cultura, em virtude de nossa sina de país periférico: "não somos europeus nem americanos do Norte, mas destituídos de nossa cultura original, nada nos é estrangeiro, pois tudo o é"[20].

Presente no projeto do novo livro de Jamil, o elemento transnacional se manifesta através de dois pilares temáticos principais: o religioso e o político. No caso do religioso, a surata é utilizada como fio condutor dos poemas e serve de pano de fundo para apresentar heróis políticos de lugares múltiplos. A palavra "surata", ou "sura", significa "seção de recitação" ou "capítulo" do Alcorão, livro religioso do islã que conta a história do mundo e dos profetas por meio de vários episódios sequenciados. No livro sagrado dos muçulmanos, as suras são politemáticas e nomeadas conforme um dos episódios narrados no decorrer do capítulo. No entanto, não há uma organicidade na maneira em que o livro destaca a identificação da sura, processo que pode ser aleatório. Por exemplo, a "Sura da Vaca", que contém 286 versículos (*ayat*, em árabe), começa por diferenciar os crentes dos infiéis, segue citando Adão e Iblis (satanás), os judeus e o êxodo, além de outros assuntos. Em uma de suas passagens, conta que Moisés disse ao seu povo que Deus lhe pedira para sacrificar uma vaca, fazendo uma descrição detalhada de como deveria ser o animal[21]. Depois dessa menção, a sura não faz outras referências à vaca.

Da mesma maneira que o Alcorão, *Aviso aos Navegantes* contém suratas politemáticas. No entanto, a perspectiva literária utilizada pelo poeta não é islâmica, na medida em que diferentemente das suratas do Alcorão, que mencionam o elemento que as intitula em apenas em um momento, as suratas de Jamil

19. Eneida Maria de Souza, "O Discurso Crítico Brasileiro", *Crítica Cult*, p. 47.
20. *Idem*, p. 52.
21. *El Corán*, Barcelona, Herder, 2002, pp. 87, 89.

apresentam um processo moderno de associação entre título e desenvolvimento. Em *Aviso aos Navegantes*, os poemas, ou suratas, são ordenados em torno ao elemento que os intitula, por meio de um movimento circular. Dessa maneira, o poeta vai e volta ao objeto anunciado no título de suas suratas, fazendo esse elemento transformar-se em *leimotiv*, um motivo repetitivo dos versos, conforme observamos na "Surata do Fogo" e na "Surata do Leito". Nessa última, a imagem do "leito" é usada para aludir às fugas pelo rio São Francisco, mas também à ideia de "dormir na cama" como sendo um luxo a que poucos têm acesso:

E pelo São Francisco,
foge o povo do fisco,
pirata berberisco.
E por Tupã e Osíris,
duro é que o povo inteiro
o obriguem à derrama
e só Gonçalo Pires
possa dormir na cama.
[...]

Cristo nem teve cama em que pudesse nascer.
E nós como dormiremos?
Com pijama de madeira?

[...]
"Não podia usar a rede devido à minha afecção alérgica. A penugem me afetava e me vi obrigado a dormir no chão" (Guevara)[22].

No poema, a imagem do leito aparece de diferentes formas em versos posteriores, fazendo referências ao alojamento dos operários estrangeiros na França; à situação dos mineradores na Bolívia que, em função dos turnos de trabalho, encontram as camas quentes quando se deitam, já que elas foram recém-ocupadas por outros; ou mesmo à expressão "pijama de madeira", que faz referência a um caixão.

22. Jamil Almansur Haddad, "Surata do Leito", *Aviso aos Navegantes ou A Bala Adormecida no Bosque: O Primeiro Livro das Suratas*, p. 33.

Quando os plantadores de cana de Pernambuco concordaram em junho de 1963, face à opressão do governo Miguel Arraes, em assinar uma tabela conjunta para pagamento das tarefas do campo, na semana seguinte ao primeiro pagamento esgotou-se o estoque de camas no comércio da região, pela primeira vez em suas vidas os homens tinham dinheiro suficiente para comprá-las. (Marcio M. Alves)

Todavia em Cosenza, Joaquim de Flora fez as próprias camas do hospital do mosteiro.

As habitações subterrâneas possuem o indispensável: os leitos têm mosquiteiros. (No Vietnã. Peter Weiss)[23].

Por meio desse uso das "suratas" na lógica dos seus versos, o poeta deixa transparecer uma visão não ortodoxa do islã. Em entrevista em que falou sobre o livro em 1980, Jamil afirmou que seu último poemário estava carregado de um islamismo espiritual ligado às suas origens, embora sua família libanesa fosse cristã:

[...] Sinto que [o islamismo espiritual] não é uma mera influência cultural, mas algo que está integrado à minha personalidade mais íntima, como se toda a sucessão infinita dos meus antepassados tivesse colaborado nesta obra[24].

Em busca de suas "raízes" espirituais islâmicas, em meados da década de 1970, Jamil se converteu ao islã, em uma atitude que surpreendeu, inclusive, os membros da sua própria família que, como vimos, eram de origem cristã ortodoxa. Apesar da atitude, familiares garantem que sua devoção ao islã apresentava características próprias e pouco ortodoxas, na medida em que ele não respeitava totalmente a época do Ramadã, por exemplo, e comia carne de porco[25]. Além disso, frequentava terreiros de umbanda[26], o que refletia seu interesse amplo pelo tema da religiosidade[27].

---

23. *Idem*, p. 34.
24. M. C. C., "Aviso aos Navegantes: A Poesia Bilíngue de Haddad", *Folha de S. Paulo*, 31 jan. 1981, Ilustrada, p. 29.
25. Conforme depoimento de Daher Elias Auada. A proibição aos muçulmanos de comerem carne de porco aparece no Alcorão, na Surata 2, versículo 173: "Os ha proibido solo la carne mortecina, la sangre, la carne de cerdo" (*El Corán*).
26. Conforme depoimento de Daher Elias Auada.
27. Dos livros do acervo pessoal de Jamil que foram preservados no espólio, há a *Encyclopédie de la Divination*, de Henri Veyrier, que pode ser considerada uma evidência concreta desse interesse.

Jamil visita a Mesquita do Brasil, em São Paulo. Crédito: Espólio do poeta.

Em outra entrevista à imprensa datada de 1979 e na qual Jamil abordou a revolução no Irã, ele faz referências à visão do islã como ponto de partida para se chegar a um ideal de universalidade política. Intitulado "Islamismo, a Fé a Serviço da Revolução", o texto mostra declarações em que ele defende a revolução iraniana e critica as tentativas do Ocidente de difamar a imagem de países muçulmanos. Para ele, a revolução iraniana prova como a força da fé pode canalizar movimentos revolucionários[28].

A ideia de que o islã encarna valores universais aparece, também, em um artigo inédito encontrado em seu espólio, "Islam et Egalité", no qual o autor compara o islã, que seria uma ética fundada na justiça, com o Evangelho, que se baseia no amor. No mesmo artigo, o poeta argumenta que os ocidentais são incapazes de enxergar o "outro" islâmico ou oriental, na medida em que eles

28. Jamil Almansur Haddad, "Islamismo, a Fé a Serviço da Revolução". *Folha de S. Paulo*, 19 fev. 1979, p. 19.

Jamil faz orações na Mesquita do Brasil, em São Paulo. Crédito: Espólio do poeta.

só são aceitos quando ocidentalizados[29]. Nessa linha de pensamento, Jamil ataca o fato de o Ocidente homogeneizar as diferenças do Oriente, como por exemplo quando são feitas referências à chamada "sabedoria oriental". Para ele, esse tipo de menção é uma forma de disfarçar o racismo por meio de um elogio. Além disso, Jamil lembra que, frequentemente, Khadafi e Khomeini são rotulados de fanáticos, enquanto não se faz esse tipo de julgamento a propósito de Napoleão, Hitler, Mussolini, Allende ou mesmo Guevara[30]. Embora o poeta não o mencione e o texto inédito não especifique o momento exato em que foi escrito, as visões por ele levantadas apresentam relação direta com as ideias de Edward Said no livro célebre *Orientalismo*, publicado pela primeira vez em 1978, nos Estados Unidos, onde o intelectual palestino lecionava.

No livro, Said defende que o conhecimento sobre o mundo árabe e oriental desenvolvido por eruditos anglo-franceses, do século XVIII até meados do século XX, serviu para alimentar o imperialismo exercido pelas potências coloniais nos países do Oriente. Isso significa que os eruditos refletiram sobre o Oriente

29. Jamil Almansur Haddad, "Islam et Egalité", documento inédito pertencente ao espólio.
30. *Idem.*

como europeus ou norte-americanos, ou seja, desde o prisma da "diferença". Assim, Said argumenta que, do mesmo modo que o imperialismo político, o conhecimento acadêmico mirou o Oriente rotulando-o como aquele que é "inferior" em relação à Europa. Segundo Said, isso aconteceu porque os intelectuais refletiram sobre o Oriente considerando, em primeiro lugar, que os países da região foram colônias da Inglaterra ou da França. Com isso, seu interesse cultural esteve marcado por matizes políticas e eles estudaram o Oriente, primeiramente, como europeus ou norte-americanos para, depois, fazê-lo desde uma perspectiva igualitária. Assim, estabeleceram uma relação de poder entre os cidadãos dessas regiões e outros pertencentes às nações orientais, refletindo sobre o Oriente como se ele fosse incapaz de se autorrepresentar:

A rede de racismo, de estereótipos culturais, de imperialismo político e de ideologia desumanizada que recai sobre o árabe ou o muçulmano é realmente sólida. [...] nos Estados Unidos nenhuma pessoa academicamente comprometida com o Oriente Próximo – ou seja, nenhum orientalista – se identificou, jamais, desde um ponto de vista cultural e político, sinceramente com os árabes; é verdade que houve identificações em determinadas áreas, mas nunca adotaram a forma "aceitável" da identificação americana liberal com o sionismo, e todas, também com muita frequência, tiveram o defeito de estar associadas a interesses políticos e econômicos sem credibilidade[31].

Assim, as potências coloniais pretenderam exercer uma autoridade intelectual sobre o Oriente, de maneira a suprimir sua autonomia. Considerando esse contexto, Said sustenta que a noção de "Oriente" é uma invenção da Europa, que o costumava representar por meio de imagens estereotipadas e fáceis de serem digeridas pelos leitores ocidentais[32]. A concluir pelas reflexões feitas em *O Que É Islamismo?*, outro pequeno livro de ensaios de Jamil – lançado em 1981 e que alude frequentemente a Said[33] – o poeta estava imerso nas ideias sobre o orientalismo elaboradas pelo intelectual palestino.

31. Edward Said, *Orientalismo: O Oriente como Invenção do Ocidente*, São Paulo, Companhia de Bolso, 2007, p. 49.
32. Edward Said, *Orientalismo*, Madrid, Libertarias, 1990, p. 81.
33. Jamil Almansur Haddad, *O Que É Islamismo?*, São Paulo, Brasiliense, 1981 (Primeiros Passos), p. 15.

Por outro lado, mesmo refletindo aspectos dessa visão, é necessário lembrar que *Aviso aos Navegantes* foi escrito anteriormente à obra célebre de Said. Já sobre a relação entre islã e o transnacional, assim como se observa na mencionada "Surata do Ferreiro", o poeta equipara seu ofício ao de um profeta – palavra extraída do contexto religioso – ideia que também aparece na "Surata dos Sapatos", quando ele escreve:

> Ninguém é profeta em sua terra.
> E por isto trocamos: eu vou para a tua terra,
> tu vens para a minha[34].

Porém, aqui, a voz do profeta surge não para pregar os preceitos de uma religião, mas sim para falar em favor da revolução universal. Responsável por apresentar e introduzir o próprio livro ao leitor, Jamil explica que a obra pretende ser "uma epopeia da revolução sem sectarismos, nutrida do sal e do sangue da perene contestação"[35]. E essa intenção transforma a voz poética no grito de um guerrilheiro que também é um profeta e um místico universal.

Se por um lado os poemas-suratas de *Aviso aos Navegantes* aludem ao Alcorão, por outro, elas se ancoram na figura de Ernesto "Che" Guevara para criar uma unidade narrativa. A figura do líder revolucionário aparece no longo poema de abertura, "O Senhor da Casa da Aurora", e em diversos outros versos, entre eles na "Surata dos Sapatos", na "Surata do Fogo" e na "Surata da Operação Estrela", para o poeta propor um ideal de poesia universal que se aproxima do ideal de revolução universal defendido pelo Che. Nesse sentido, Che Guevara parece transformar-se no alter ego de Jamil:

> Nos poemas de *Aviso aos Navegantes*, o narrador lírico reconstrói a imagem de Che Guevara para representar as ideias de fragilidade humana, da água e do espiritual. No livro, Che é um herói não viril, é quase um guerreiro que depõe as

34. Jamil Almansur Haddad, "Surata dos Sapatos", *Aviso aos Navegantes ou A Bala Adormecida no Bosque: O Primeiro Livro das Suratas*, p. 155.
35. Jamil Almansur Haddad, "Surata dos Sapatos", *Aviso aos Navegantes ou A Bala Adormecida no Bosque: O Primeiro Livro das Suratas*, contracapa.

armas. *Aviso aos Navegantes* é um livro moderno, que mistura gêneros e exigiu um trabalho de pesquisa e erudição. Às vezes, Jamil lia cinquenta livros para aproveitar somente uma referência[36].

Essa imagem do herói fragilizado está presente na "Surata dos Sapatos", ao relatar que Guevara, quase morto de cansaço, perdeu os calçados quando atravessava um rio e ao contar a história de um grupo francês que se perdeu no deserto da Colômbia e teve de comer suas sandálias para não morrer de fome. Nesse contexto, o sapato é usado para personificar os esforços do herói debilitado para fugir:

> [...]
> Se andou pelas dunas, a chaga; se pelo polo a iluminura
> da geladura. Portanto,
> é pelo pé que se conhece o santo.
> Embora muito doa,
> em vez da fronte é o pé que ostenta a coroa.
> [...][37].

No final dos anos 1960, época em que Jamil começou a escrever *Aviso aos Navegantes*, Che estava desaparecido, tentando – sem sucesso – colocar em prática no Congo as táticas da guerra de guerrilhas que o levaram ao poder em Cuba. Mais tarde, em 1967, foi assassinado por militares quando levava o mesmo empreendimento à Bolívia. Esse acontecimento também parece refletir-se no projeto de *Aviso aos Navegantes*, quando o poeta evoca as figuras de outros líderes guerrilheiros, como se todos eles fossem a encarnação do mesmo espírito revolucionário. Assim, os poemas também trazem as imagens de Jesus Cristo, Lampião, Rosa Luxemburgo, Antônio Conselheiro, heróis subversivos da Argélia, do Vietnã e do México. A "Surata da Serpente Circular" traz justamente essa ideia de espírito revolucionário imortal:

---

36. Entrevista com Olgária Matos realizada na sua casa, em São Paulo, em março de 2014.
37. Jamil Almansur Haddad, "Surata dos Sapatos", *Aviso aos Navegantes ou A Bala Adormecida no Bosque: O Primeiro Livro das Suratas*, p. 154.

Estás em Rochester? Como passares desapercebido se os negros te conhecem?
Nas furnas, imenso? Como, se os mineiros te conhecem?
(No deserto de Tar os sedentos)
Como, invisível nos hospitais, nos berçários, nos cemitérios, nos hospícios, se
    [os doentes, as crianças, os mortos e os poetas te conhecem?

Até quando esperaremos que voltes?
depois de explicado o mistério de tua décima oitava morte?
Mas como voltares se coerente e estático és o que não partiu nunca?
Como ressurgires, se atemporal, és o que vive?

[...]
Desces ao inframundo e vais de metamorfose em metamorfose em
    [metamorfose
e és sucessivamente garça, andorinha, falcão dourado
e a serpente satã, que dilatada em anos
diz: Faleço e nasço cada dia.
(A morte é anterior à vida.)
Morro, renasço e chego a jovem todos os dias.
[...][38].

No livro, o espírito revolucionário é representado não apenas como sendo imortal, mas também como onipresente e a "Surata dos Bonzos" apresenta essa ideia:

Na noite de espessa hulha,
percebo que a mesma lava
que em Guantánamo borbulha
fende o solo em Okinawa.
[...][39].

---

38. Jamil Almansur Haddad, "Surata da Serpente Circular", *Aviso aos Navegantes ou A Bala Adormecida no Bosque: O Primeiro Livro das Suratas*, p. 75.
39. Jamil Almansur Haddad, "Surata dos Bonzos", *Aviso aos Navegantes ou A Bala Adormecida no Bosque: O Primeiro Livro das Suratas*, p. 38.

Já a "Surata das Cidades Heréticas" nomeia lugares em diferentes partes do globo que, "estilhaçados porém múltiplos"[40], se unem em torno ao espírito guerrilheiro:

> [...]
> Coventry, Son My, Baby Yar, Tu Se, Thang Bi, Bau Boa Ha, Binh Giang, Bihn Trieu, Tinh Boa, Binh Duong, Binh Giang, Dahra, Al Tirah, Kafr Kassim, Khan Tounis.
> (As nossas cidades tem nomes duros e vos impedirão de a nossa custa ouvirdes versos belos.)
> Desculpai-nos.
> É assim a internacional dos massacrados.
> [...][41].

Assim, esse acúmulo de referências cria um coro multiforme cujo espírito revolucionário transcende nacionalismos e barreiras temporais, processo que, como vimos, já apareceu de maneira embrionária em alguns versos de *Romanceiro Cubano*, entre eles em "Intermezzo Nordestino", em que Francisco Julião, fundador das Ligas Camponesas, acorda feroz com as "farras do sultão":

> O povo não é um eunuco
> Para as farras do sultão.
> Acordou em Pernambuco,
> Fero, Francisco Julião.
>
> Pois este povo pressente
> Que tudo é a mesma epopeia,
> Que tudo é o mesmo Oriente:
> Engenho da Galileia!
> [...][42].

---

40. Jamil Almansur Haddad, "Surata das Cidades Heréticas", *Aviso aos Navegantes ou A Bala Adormecida no Bosque: O Primeiro Livro das Suratas*, p. 125.
41. *Idem, ibidem.*
42. Jamil Almansur Haddad, "Intermezzo Nordestino", *Romanceiro Cubano*, p. 101.

Em *Aviso aos Navegantes* há, ainda, um acúmulo infinito de referências que, como já descrevemos, inclui o uso de notas de rodapé, citações de jornais e versos alheios. Assim, a partir dos elementos presentes nos seus títulos, as suratas do poema remetem a ideias e objetos que pulsam, retumbam e ecoam, transfigurando-se em inúmeras metáforas que aumentam sua potência na medida em que se desenvolvem. Na "Surata do Fogo", o poeta conta como o fogo serve, ao mesmo tempo, para matar e iluminar, festejar e ferir. Na primeira parte do poema, se estabelecem relações para associar o fogo à sabedoria, força e potência da natureza. Nesse caminho, o poeta parece querer esgotar todas as possibilidades de conexões que a imagem do fogo sugere, dilapidando a capacidade semântica da palavra:

> Mas o que amamos é Buda, o rei das cem luzes, os círios durante o canto do Evangelho; o lúmen Christi; o gótico flamejante, os 30 000 olhos da libélula, Zaratustra no ventre da mãe nos três últimos dias de sua gestação, alumiando a aldeia inteira, os fogos de São João (mais acesos ainda pelo sangue dos mineiros mortos em Catavi, origem do soviet de La Paz de 71, invertendo o de São Petersburgo de 17), a luz de mistério que envolve o sacerdote como túnica vera, as supernovae, os pulsars, a lua cheia, Vênus cheia, os irmãos Berrigan incendiando os arquivos militares de Catonville, o cacto-candelabro, o endurecimento da argila, a luminância, Igni Soma, as petroleiras comunardas, o funcho, a fotossíntese, Héstia, a heliofania Congo Braza, as duas artérias das placentas, a oosfera, Bolívia e o Apex [...][43].

Enfim, em *Aviso aos Navegantes* o poeta constrói um ideal de universalidade poética, apoiando-se nas imagens das suratas do Alcorão e de líderes revolucionários que nascem, morrem e renascem em busca de justiça social. Desde essa perspectiva, Jamil combate nacionalismos, escrevendo seus versos nas fronteiras e nas margens entre as nações. Além disso, quando afirma que com o *Livro das Suratas* escreveu sua obra mais genuinamente brasileira, parece responder de maneira provocativa à condição de "estrangeiro simbólico" que o acompanhou desde a infância.

Os percalços à publicação de um livro tão complexo e provocativo em plena ditadura não foram poucos. Escrito primeiramente em português,

43. Jamil Almansur Haddad, "Surata do Fogo", *Aviso aos Navegantes ou A Bala Adormecida no Bosque: O Primeiro Livro das Suratas*, p. 43.

Jamil não chegou a um acordo com as editoras brasileiras com quem costumava trabalhar para publicar o livro no país e, por causa disso, decidiu traduzi-lo para o francês, sob o título *Avis aux Navigateurs: Le Premier Livre des Sourates*. Após negociações com editoras francesas, a obra saiu pela François Maspero, em 1977. Na primeira versão em português, ela foi denominada *A Bala Adormecida no Bosque – O Primeiro Livro das Suratas*. No entanto, o editor considerou que esse título não fazia sentido em francês, sugerindo a busca de alternativas. Então, a partir da leitura de dicionários náuticos, o poeta resolveu incorporar *Avis aux Navigateurs* no lugar de *A Bala Adormecida no Bosque* no título da versão francesa, que preservou *Le Premier Livre des Sourates* como subtítulo. Ao apresentar o autor ao público francês, o editor explica que os livros do "poeta, escritor e médico psiquiatra" são "alvos de proibições permanentes de publicação no Brasil"[44].

Em uma repercussão que surpreendeu Jamil, o livro recebeu boas críticas de especialistas vinculados a diferentes partes do espectro político, entre eles André Laude, do *Les Nouvelles Littéraires* e Michel Nuridsany, do *Le Figaro*[45]. Para Jamil, essa recepção significou que "apesar do conteúdo político dos poemas, eu conseguira alcançar uma linguagem no sentido universal"[46].

Mais tarde, em 1980, com o processo de abertura política ganhando espaço no Brasil, o Jamil "caixeiro viajante da poesia"[47] resolveu ir atrás de uma editora para publicar seu último poemário também em português, mantendo os mesmos títulos que adotara em francês. Então, três anos após ser publicado na França, o livro saiu no Brasil pela Livraria Editora Ciências Humanas, fundada pelo catalão Raul Mateos Castell. Ao apresentar a obra ao leitor, Jamil escreve:

Circunstâncias impediram a sua publicação em português, eu tendo que optar pela aventura do lançamento do texto em francês (1977), o que, poupando-me embora do exílio físico, me levou à prova relativamente amarga do exílio da língua de

---

44. Jamil Almansur Haddad, *Avis aux Navigateurs: Le Premier Livre des Sourates*, contracapa.
45. Jamil Almansur Haddad, *Aviso aos Navegantes ou A Bala Adormecida no Bosque: O Primeiro Livro das Suratas*, contracapa.
46. M. C. C., "Aviso aos Navegantes: A Poesia Bilíngue de Haddad", p. 29.
47. Em entrevista pessoal realizada em São Paulo em 2014, a poetisa Eunice Arruda, que foi amiga de Jamil, contou que ele se denominou dessa maneira quando a encontrou após publicar o livro na França.

meu país natal, não posso dizer materna, pois que esta foi o árabe que de acordo com a Revolução do Profeta é a que se fala no Paraíso[48].

Com o lançamento, o nome de Jamil voltou aos jornais que, mais uma vez, acusaram a dificuldade de classificação de sua poesia. Em relação à recepção do livro pela crítica brasileira, houve divergências, já que alguns a consideraram típica "poesia engajada", enquanto outros discordaram dessa visão, como foi o caso de Alceu Amoroso Lima. Para Lima, apesar de a palavra "revolução" ter adquirido um tom pejorativo no imaginário brasileiro – em função de sua conexão com o discurso burocrático do Partido Comunista –, Jamil deu um sentido inédito a ela, ao usá-la para defender uma revolução social que é, também, espiritual.

[...] é o turbilhão social que anima esta visão planetária da Revolução Universal de Haddad. Pela primeira vez em toda nossa história literária, se publica um poema épico socialista, efetivamente revolucionário [...]. É o sopro de transmutação política radical com que uma filosofia de uma história imanentista, que equipara o Reino de Deus ao Reino do Homem, vem animando a invencível luta pela justiça todos os tempos e contra todas as opressões de classe ou de regimes políticos[49].

Assim, Lima considerou a obra de Jamil ímpar, entre outros motivos, por ela ser "animada por um sopro altamente espiritual ecumênico"[50].

À época do lançamento do livro no Brasil, o professor, jornalista e poeta Moacir Amâncio[51] entrevistou Jamil para o caderno de cultura de um jornal de São Paulo. Nessa conversa, Jamil contou-lhe que, depois de publicar a versão francesa da obra, jogou os originais no rio Sena, em Paris. Além disso, afirmou que se converteu ao islã com a finalidade de dar "peso de vida" ao livro que escrevia naquele momento e, também, por uma questão

48. Jamil Almansur Haddad, *Aviso aos Navegantes ou A Bala Adormecida no Bosque: O Primeiro Livro das Suratas*, contracapa.
49. Tristão de Athayde [Alceu Amoroso Lima], "Do Nacional ao Planetário", *Folha de S. Paulo*, 28 jun. 1978, Tendências e Debates, p. 3.
50. *Idem, ibidem.*
51. Entrevista com o professor Moacir Amâncio realizada na Universidade de São Paulo, em junho de 2013.

de identidade intelectual: "Jamil foi trotskista e, depois, maoísta. Era marginalizado dentro da própria esquerda no país", afirmou o docente.

Mesmo com o êxito da edição francesa do livro – que chegou a ser adotado em Liceus e recebeu elogios de escritores como o franco-marroquino Tahar Ben Jelloun – no Brasil, ele representou um fracasso editorial: dos dois mil exemplares publicados pela Livraria Editora Ciências Humanas, somente trezentos foram vendidos[52].

Assim, o percurso necessário à publicação de *Aviso aos Navegantes* ou *Avis aux Navigateurs* acabou por transformar Jamil, como ele próprio explicou, em um "exilado da língua de seu país natal". Na apresentação que acompanha a versão em português e que foi escrita pelo próprio poeta, ele resume sua biografia, explicando que desde a publicação de seu primeiro livro – *Alkamar, a Minha Amante*, em 1935 – teve início um "processo de maldição do autor" que ele "não sabe até que ponto continua até os dias de hoje":

> Ensaísta, andei pela literatura, a estética, a filosofia, a medicina, a psicologia, a sociologia, a história, a política etc. numa atividade intelectual definida por uma perpétua fuga da especialização [...]. Meu cargo principal mantém-se ainda em reserva (nomeação de mim mesmo por mim), até certa hora, Presidente da Poesia Brasileira no Exílio[53].

Aviso aos Navegantes é o primeiro volume de uma trilogia que, por conta do "exílio da língua" experimentado pelo poeta, seguiu sendo escrita em francês. Assim, seu espólio armazena o segundo volume inédito dessa trilogia e que leva o título *La Rose Absolue ou Il Faut Changer le Rêve ou Un Coup de Hasard n'Abolira les Dês ou La Découverte de Béatrice*. De acordo com cartas identificadas no espólio, Jamil tentou, sem sucesso, publicar o segundo volume pela mesma editora.

Aos setenta anos e aposentado do ofício de médico, Jamil fazia balanços melancólicos de sua vida poética, lamentando o desaparecimento dos suplementos literários dos jornais brasileiros. Em uma entrevista da déca-

---

52. Entrevista com o editor do livro no Brasil, Raul Mateos Castell, realizada na Universidade de São Paulo, em maio de 2013.
53. Jamil Almansur Haddad, *Aviso aos Navegantes ou A Bala Adormecida no Bosque: O Primeiro Livro das Suratas*, contracapa.

da de 1980, ele foi questionado quanto ao movimento poético que o marcou de forma mais significativa. Sem hesitar muito e como se já esperasse a pergunta, assegurou ser mais fácil dizer o que não o marcou: a Semana de Arte Moderna de 1922. Já no final da vida, lembrou-se de que, durante sua trajetória literária – que, à época, estava a ponto de cumprir cinquenta anos – jamais os críticos puderam identificar de forma clara suas principais influências[54]. Oriental ou ocidental, passadista ou imoral, modernista ou neomodernista, poeta da Geração de 30 ou da Geração de 45, ele parece ter circulado por todos esses ambientes, sem se limitar a nenhum deles. Em um desses balanços, também lembrou que seus livros jamais se repetiram, porque ele sempre buscou novos caminhos:

Quem não tem a sorte de explodir com uma obra-prima, fica a vida inteira à procura do que eu chamo de "livro-só". É o caso de Lautréamont, Mallarmé, Rimbaud, Augusto dos Anjos, mesmo poetas como Bilac ou Vicente de Carvalho. Não é preciso morrer deixando cem livros[55].

Essa busca recorrente por novos caminhos literários fez Jamil construir um repertório intelectual tão diversificado que, quando em meados dos anos 1980 ele quis doar seis mil volumes de sua biblioteca pessoal, apenas uma biblioteca pública pode aceitá-los, na medida em que nenhum acervo especializado se interessou pelo conjunto das obras[56].

Com uma vida confortável e capaz de se sustentar economicamente por meio da própria intelectualidade (além da aposentadoria), Jamil levava uma vida tranquila em meio aos cerca de quinze mil livros que ainda sobraram em sua biblioteca pessoal. Junto à namorada, a sanitarista Sônia Alvim, planejava viajar a Paris para insistir nas tentativas de publicar o segundo volume da trilogia[57]. Aos 74 anos, com pleno vigor intelectual, o poeta começou a sofrer de problemas no coração, e teve de realizar uma cirurgia delicada

54. Aramis Villarch, *Entrevista com Jamil Almansur Haddad*.
55. Floriano Martins, "Depoimento de Jamil Almansur Haddad", *Diário de Cuiabá*, Sala de Retratos, [198?] (diariodecuiaba.com.br/detalhe.php?cod=414534).
56. *Idem*.
57. Conforme o depoimento de Sônia Alvim, em entrevista realizada pessoalmente em São Paulo, em setembro de 2014.

que, para alívio dos familiares e de Sônia, foi bem-sucedida. Jamil passou algumas semanas descansando na casa de Beatriz Moukdessi, filha de Faride e mãe de Fernanda, hoje detentora do seu espólio. Enquanto recuperava a saúde, também retomava os planos literários, sonhava com novas publicações em francês, se deliciava ao imaginar o reencontro com a namorada e assistia, aliviado, ao processo de abertura política pelo qual o Brasil, finalmente, passava. Mal imaginava que, em meio a tantas promessas otimistas para o futuro, a morte o flagraria como ela sempre vem, abrupta. Por causa de uma parada cardíaca, o poeta Jamil morreu durante o banho na casa da irmã, no dia 4 de maio do mesmo ano.

[...]
Meu corpo será cinza,
mas ninguém irá guardar as minhas cinzas
porque não haverá ninguém capaz de amá-las:
elas não serão sagradas para ninguém.

Cada partícula minha
se dispersará no ar,
se alará.
[...][58].

O funeral de Jamil aconteceu na Biblioteca Mário de Andrade e suas cinzas foram jogadas na Serra do Mar pela sobrinha Beatriz, conforme o desejo dele. Segundo familiares, ele não queria ser enterrado no túmulo que a irmã Faride reservara à família, para não ser obrigado a permanecer ao lado de gente com quem tinha desafetos[59].

Após sua morte, houve dispersão em relação aos direitos autorais sobre sua obra, que hoje pertencem aos sobrinhos-netos, entre eles Fernanda Auada Mokdessi. Essa dispersão, inclusive, prejudicou que a família tomasse providências em relação ao plágio de sua tradução de *As Flores do Mal* feita pela editora Martin Claret[60].

58. Jamil Almansur Haddad, "Segundo Poema da Morte", *Orações Negras*, p. 45.
59. Conforme depoimento de Daher Elias Auada.
60. Luiz Fernando Vianna, "Editora Plagiou Traduções de Clássicos".

Se desde o início a trajetória literária de Jamil foi marcada por um movimento "para fora", ficando excedidas as fronteiras entre a poesia e a prosa; entre o religioso e o mundano; entre a ciência e a imaginação; entre a vida e a morte e também entre contextos nacionais, agora, *Aviso aos Navegantes* parece evidenciar a confluência de todos os seus caminhos de transgressão.

Retratos 3x4 de Jamil preservados pela família. Crédito: Espólio do poeta.

Breves Conclusões:
O Poeta das Fronteiras

Mirad bajo vuestros pies. No encontraréis excrecencias
nudosas que atraviesen las suelas. Las raíces, pienso a veces,
son un mito conservador para mantenernos en nuestro sitio.
SALMAN RUSHDIE, *Vergüenza*

Essa biografia descreveu a trajetória intelectual de Jamil Almansur Haddad acompanhando a maneira como a condição de estrangeiro simbólico reverberou em sua vida e sua poesia. Algumas das perguntas que nortearam este trabalho foram: podemos afirmar que Jamil é, de fato, um poeta "fora de lugar"? Que lugar é esse a partir do qual ele escreve, onde alocar seu pertencimento?

Nos parágrafos que concluem *Fora de Lugar*, autobiografia de Edward Said, o autor enfoca os influxos transnacionais de sua subjetividade. Said afirma que se sente "um acúmulo de fluxos e correntes" e prefere pensar dessa forma antes que aferrar-se à ideia de possuir uma identidade sólida:

Esos flujos y corrientes, igual que los motivos recurrentes de la propia vida, flotan durante las horas de vigilia y en el mejor de los casos no requieren ser reconciliados ni armonizados. Están desplazados y puede que estén fuera de lugar, pero al menos están siempre en movimiento, asumiendo la forma de toda clase de combinaciones extrañas y en movimiento, no necesariamente hacia delante, sino a veces chocando entre ellos o formando contrapuntos carentes de un tema central[1].

1. Edward Said, *Fuera de Lugar*, Barcelona, Random House Mondadori, 1999, p. 377.

Ao viver em diferentes contextos nacionais, da Palestina aos Estados Unidos, passando pelo Egito, Said experimentou um processo de transculturação que, conforme o sociólogo búlgaro Tzvetan Todorov, é a aquisição de um novo código cultural sem que o anterior tenha se perdido[2]. Quando discute a tensão entre o global e o local na transformação das identidades pós-modernas, o também sociólogo Stuart Hall analisa que há um aspecto da identidade cultural moderna formado por meio do pertencimento a uma cultura nacional que é cada vez mais deslocado, devido ao processo de mudança que conhecemos como globalização. Nesse sentido, ele aponta como exemplos desse processo de transformação os escritores migrantes, como Salman Rushdie, que pertencem a dois mundos e são produtos das novas diásporas criadas pelas migrações pós-coloniais. Isso porque, ao habitarem ao menos duas identidades e falarem ao menos duas linguagens culturais, atuam como representantes de culturas híbridas, que constituem um dos diversos tipos novos de identidade produzidos na era da modernidade tardia. Hall afirma ainda que, com as imigrações, as culturas e as identidades nacionais foram pluralizadas, gerando descontinuidades, rupturas e fragmentações internas nos sujeitos[3].

Contudo, ao olhar para o percurso biográfico de Jamil, vemos que a composição de identidades literárias transnacionais e fragmentadas é um processo que não se restringe, apenas, aos autores imigrantes. Sem jamais haver experimentado a imigração e tendo conhecido o Líbano apenas aos quarenta anos, o poeta brasileiro inventou uma *persona* literária espelhada nas identidades diaspóricas dos autores que vivenciaram a imigração na própria pele. Descendente de imigrantes libaneses e imerso no contexto da sociedade paulista em que a partir da segunda metade do século XIX os estrangeiros passaram a desempenhar um papel cada vez mais central[4], Jamil

---

2. Tzvetan Todorov, *O Homem Desenraizado*, p. 26.
3. Stuart Hall, *A Identidade Cultural na Pós-Modernidade*, Rio de Janeiro, DP&A Editora, 2002, p. 76.
4. Entre as últimas décadas do século XIX e o começo dos anos 1970, cerca de cinco milhões de estrangeiros aportaram no Brasil, sendo que o estado de São Paulo recebeu aproximadamente 2,8 milhões desse total. Nesse período, São Paulo era uma das maiores cidades de imigração do mundo (Maria Silva C. Beozzo Bassanezi, *Atlas da Imigração Internacional em São Paulo 1850-1950*, São Paulo, Editora Unesp, 2008, p. 18).

saiu em defesa do direito a ser incoerente, afirmando que suas obras jamais se repetiram e revelando como o uso de LSD propiciou-lhe um desdobramento da personalidade. A ideia expressa frequentemente pelos críticos de seu tempo de que ele era um deslocado do contexto literário brasileiro alude a processos que acometem as identidades pós-modernas e, em particular, a dos autores imigrantes. Ao refletir sobre elas, o filósofo e ensaísta Peter Pal Pelbart mostra o desprendimento que essas identidades fazem de si próprias, construindo uma deriva ao acaso dos encontros e das hibridações que as multidões propiciam, à maneira dos heterônimos de Fernando Pessoa:

> É uma lógica inteiramente distinta daquela que a subjetividade moderna nos propõe, na sua dialética (nacional ou colonial) que essencializa o outro para, negando-o, constituir a si. É uma outra subjetividade [...] multitudinária, processual, aberta à sua dimensão de alteridade e itinerância própria[5].

Se por um lado Jamil vivenciou a experiência de ter contextos culturais múltiplos por meio do seu histórico familiar e também devido ao processo de imigração massiva que acontecia em São Paulo, por outro, durante toda sua trajetória, ele foi visto como se fosse um estrangeiro. O sociólogo polonês radicado na Inglaterra Zygmunt Bauman começou a prestar atenção na natureza de sua identidade nacional apenas quando ela foi colocada em questão[6]. De acordo com ele, sua condição de imigrante o fez sentir-se totalmente ou parcialmente deslocado em qualquer parte do mundo:

> [...] não estar totalmente em lugar nenhum [...] pode ser uma experiência desconfortável, por vezes perturbadora. Sempre há alguma coisa a explicar, desculpar, esconder ou, pelo contrário, corajosamente ostentar, negociar, oferecer e barganhar[7].

Essa tomada de consciência sobre a identidade nacional a partir do olhar alheio também aparece nas ideias do sociólogo Abdelmalek Sayad, quando ele reflete sobre os imigrantes argelinos na França. Conforme Sayad, ape-

---

5. Peter Pal Pelbart, "Choque de Civilizações, Satanização do Outro e Chances de um Diálogo Universal", em Luis Carlos Fridman (org.), *Política e Cultura: Século XXI*, Rio de Janeiro, Alerj/Relume Dumará, 2002, p. 156.
6. Zygmunt Bauman, *Identidade: Entrevista a Benedetto Vecchi*, p. 18.
7. *Idem*, p. 19.

sar de os discursos românticos sobre a imigração procurarem mostrar que os estrangeiros possuem um lugar duradouro no novo país, mesmo que à margem e na parte inferior da hierarquia social, a condição deles é marcada por um caráter provisório:

> Não se sabe se imigração é um estado provisório que se gosta de prolongar indefinidamente ou, ao contrario, se é um estado mais duradouro, mas que se gosta de viver com um intenso sentimento de provisoriedade[8].

De acordo com Sayad, lembrar os estrangeiros de sua condição de imigrantes é uma maneira de marcar a sua exogenia.

No caso de Jamil, foram notáveis as tentativas de identificá-lo como estrangeiro, de maneira a lembrá-lo constantemente de que ele não pertencia ao Brasil, mas sim a um lugar distante e exótico do qual pouco se conhecia. O seu histórico familiar, o fato de a língua materna ser o árabe, as perseguições políticas que sofreu durante a ditadura, as desavenças com intelectuais e médicos do seu meio, além de outros fatores que explicamos com detalhes no decorrer desta dissertação, motivaram-no a construir essa *persona* literária do estrangeiro, desdobrando-se em identidades múltiplas.

Em um processo que parece ter sido similar, durante uma entrevista Stuart Hall explicou que compôs sua identidade a partir da ideia de ser um *outsider*, de ser aquele que não se encaixa, de ser o mais negro dentre os negros da sua família: "My own formation and identity was very much constructed out of a kind of refusal of the dominant personal and cultural models wich were help up for me"[9]. Ainda para Hall, "as identidades surgem da narrativização do eu, mas a natureza necessariamente ficcional desse processo não diminui, de forma alguma, sua eficácia discursiva, material ou política"[10].

Para além da potência política desse processo de construção da identidade a partir da "narrativização do eu", os escritos não apenas comunicam

8. Abdelmalek Sayad, *A Imigração ou os Paradoxos da Alteridade*, p. 45.
9. Kuan-Hsing Chen, "The Formation of a Diasporic Intellectual: An Interview with Stuart Hall", em Stuart Hall, *Critical Dialogues in Cultural Studies*, London/New York, Routledge, 1996, p. 485.
10. Stuart Hall, "Quem Precisa da Identidade?", em Tomaz Tadeu Silva (org. e trad.), *Identidade e Diferença: A Perspectiva dos Estudos Culturais*, Petrópolis, Vozes, 2000, p. 109.

ao outro, mas também servem para formar quem escreve, conforme lembra Michel Foucault no texto *As Escritas de Si*. Nesse trabalho o filósofo defende que, quando se escreve, o texto atua sobre quem o recebe e também sobre quem o escreve, apresentando uma função dupla:

> Escrever é, portanto, "se mostrar", se expor, fazer aparecer seu próprio rosto perto do outro. E isso significa que a carta é, ao mesmo tempo, um olhar que se lança sobre o destinatário (pela missiva que ele recebe, se sente olhado) e uma maneira de se oferecer ao seu olhar através do que lhe é dito sobre si mesmo[11].

Com isso, queremos afirmar que, ao utilizar a experiência de ser considerado alguém de fora como matéria poética, Jamil também se constituiu como uma espécie de estrangeiro.

Destacamos, ainda, a proximidade de algumas ideias de Jamil com as teorias dos Estudos Culturais – hoje alvo de questionamentos aos quais não convém recorrer aqui. Esse campo de estudos tem como marco histórico a criação por Richard Hoggart em 1964 do Centre for Contemporary Cultural Studies (CCCS) no Departamento de Inglês da Universidade de Birmingham, na Inglaterra. Sua finalidade era estabelecer relações entre cultura contemporânea e sociedade desde uma perspectiva interdisciplinar. Outro autor que marcou esse desenvolvimento histórico foi o já citado Hall, diretor do centro entre 1968 a 1979, e que propôs, entre outros assuntos, análises das práticas de resistência das chamadas "subculturas". O clássico *Orientalismo*, de Said, publicado em 1978, dialoga com esse viés de pensamento, na medida em que propõe uma desconstrução da abordagem científica que era relegada aos povos do Oriente naquele momento.

Desde seu livro de estreia na década de 1930, Jamil circundou o tema das formas de representação do Oriente, mesmo que em muitos momentos por meio de um viés exotizado. Com o desenvolvimento de sua experiência poética, vemos como o imaginário relacionado à cultura árabe-islâmica, no começo folclorizado, mudou, culminando com o projeto de *Aviso aos Navegantes*, em que as suratas do Alcorão funcionam como mote poético para abarcar elementos universais. Além disso, no seu trabalho crítico, uma

11. Michel Foucault, "Ditos e Escritos", em Manoel Barros da Motta (org.), *Estética: Literatura e Pintura, Música e Cinema*, Rio de Janeiro, Forense Universitária, 2001, vol. 3, p. 156.

preocupação central foi pensar a literatura para além de discussões vinculadas a contextos nacionais, conforme observamos em suas análises sobre autores tão diversos e distantes no tempo como o Marquês de Sade, Padre Antônio Vieira e Castro Alves. Em relação a esse último, sua trilogia crítica de 1953 contém um mapa que consideramos emblemático em sua trajetória, ao ilustrar graficamente as influências transnacionais de Castro Alves, autor que nunca teve a brasilidade contestada.

Assim, neste ensaio biográfico, identificamos elementos que nos permitem afirmar que Jamil dialoga com essa seara de intelectuais dos Estudos Culturais que, a partir das décadas de 1950 e 1960, passaram a propor um processo de estilhaçamento do indivíduo pós-moderno – processo que foi motivado, também, pelas imigrações e pela globalização. Tanto por meio de sua poesia como por seu trabalho crítico, Jamil parece antecipar as análises dos sujeitos literários desde a perspectiva transcultural, processo que viria a se consolidar na década de 1970 e que tem no *Orientalismo* de Said um divisor de águas quando nos referimos aos estudos sobre o Oriente. Assim, de alguma maneira, Jamil parece ter atuado como um dos precursores desse universo intelectual.

Em um jargão conhecido, dizem que os poetas são capazes de captar o espírito do tempo. Para além desse idealismo, acreditamos que o trânsito entre os universos da crítica e da poesia permitiu que Jamil captasse e antecipasse, de certa maneira, algumas tendências de pensamento dos Estudos Culturais, na medida em que grande parte da sua obra crítica e poética fora publicada antes da eclosão dessa vertente teórica. Além disso, seja por meio do olhar alheio da crítica ou mesmo através de suas fabulações poéticas, houve um processo de tomada de consciência de sua condição "diaspórica" que pode ter colaborado com essa antecipação. Mais tarde, nos últimos ensaios críticos do poeta, como no pequeno e didático *O Que É Islamismo?*, da década de 1980, as leituras de Said ficam evidentes. Ainda, acreditamos que o contato com as teorias sobre os sujeitos literários pós-modernos colaborou com o processo de construção de livros como *Aviso aos Navegantes*, que apresenta uma multiplicidade de vozes clamando por justiça social em diferentes contextos nacionais.

Por outro lado, seu trabalho poético também lhe permitiu intuir essas novas formulações teóricas e a criação da *persona* lírica do estrangeiro simbólico pode ser vista como uma das manifestações dessa dinâmica. A antecipação desse processo de estilhaçamento das identidades pode justificar, ao menos em parte, o caráter provocativo e o estranhamento causado por sua poesia nos leitores do seu tempo, período em que a ideia de cosmopolitismo ainda era pouco comum.

Enfim, no seu percurso, esse estrangeiro metafórico se recusou a construir uma identidade poética definida em termos de nacionalidade. Fez poesia desvinculada de contextos nacionais, mesmo quando escreveu sob a imagem do islã. E conectou-se com o contexto da literatura brasileira por meio de elos que ecoam na poesia universal, como o Barroco ou a lírica maldita. Assim, ele não se representou como um ser local, mas tampouco como alguém que vinha de fora, fazendo seus versos a partir de um lugar fronteiriço, localizado entre o Líbano e o Brasil, entre o passado e o presente, entre o Oriente e o Ocidente, entre o universo profano e a religiosidade. Seu discurso poético esfuma os limites entre essas fronteiras tão distantes, que se apresentam como movediças e pouco definidas. A poesia de Jamil está, ao mesmo tempo, dentro e fora e, assim, manifesta um dos estágios de um processo de hibridação cultural em andamento, que se consolidou com autores da terceira ou quarta geração de imigrantes libaneses. Jamil não era um estrangeiro que chegou ao Brasil, como foi o caso, por exemplo, de Salim Miguel, e tampouco foi lido como um autor brasileiro de ascendência libanesa, como são os casos de Raduan Nassar e Milton Hatoum. E essa característica propiciou-lhe uma deriva de pertencimento que foi usada como motor criativo em seu percurso intelectual e que se manifestou através dos desdobramentos do seu eu poético diaspórico e das incoerências de suas escolhas como crítico.

SELEÇÃO DE POEMAS

Alkamar, a Minha Amante
1935

ERRA, na alcova, um cheiro de almíscar e cânfora...
O meu corpo nivoso,
neste momento, ostenta, o contorno harmonioso,
o contorno magnífico de uma ânfora!

Na ânfora do meu corpo o sangue transparece
como se fosse o vinho de um cálix sagrado.
De rosalbente, a minha carne até parece
leve, da trama de um gerânio desfolhado...

Feito para o teu gozo
de esteta e de animal,
meu corpo teporoso
é eurítmico e nevado, é estelante e anforal!
É uma ânfora o meu corpo! E é volutuoso o vinho
que espumeja, referve na taça que eu sou!

Ave, o meu corpo está vazio como um ninho!
E ninguém te dará os frouxeis que eu te dou!

Na hora em que apareceres,
de cada poro
por que te chamo, por que te imploro,
hão de jorrar prazeres!
Os meus poros serão iguais
a bocais
de taças fraternais.

Ai! Amado, haurirás, na orgia mais enorme,
o vinho de loucura que em meu corpo dorme!

É longa a tua ausência assim como um caminho!
Vem, meu amante, vem! Meu corpo é ânfora,

meu sangue é vinho,
erra, na alcova, um cheiro de almíscar e cânfora.

A orgia seja eterna!
Amante vem a mim! É a hora da taberna!

ÓPIO

TURCA dos olhos grandes, dá-me o teu carinho!
Na minha alcova mais amável do que um ninho,
serás fulgor, florão! E, inegualada e nobre,
a alvorada, a aleluia do meu leito pobre!

Na hora em que tua boca verter, sem ressábios,
seu vinho volutuoso na ânsia dos meus lábios,
há de sentir tua alucinação
que tu és o meu harém e eu sou o teu sultão!

O FREMOR que te ferve nas carnes divinas,
teus seios que palpitam como tremulinas,
os gritos de loucura que há na tua entranha
me sugerem esta impressão vesana e estranha:
as fibras, que em teu corpo ardem em convulsões,
são outros tantos pequeninos corações.

Na noite alucinante
em que eu te chamo e tu me chamas,
noite em que minhas flamas beijam tuas flamas,
sinto, ansioso e fremente,
em cada beijo teu um beijo diferente!

Fascinação! Carne e esplendor! Deslumbramento!
Glória a ti! És o harém! E, extático e devasso,
eu sinto, em cada novo abraço,
a volúpia de um novo desvirginamento!

A PRIMEIRA NOITE

DELICIADO diviso
que me transportas
para outros mundos de fulgor irrevelado.

Na terra abriste as oito portas
que Allah promete abrir, aos bons, no paraíso!

Oh, que festa esplente a festa do pecado!
Para me receberes, tu pões, no teu seio,
um tumulto, um delírio, um desvairante anseio,
um férvido clamor!
E eu, ao seu erotismo, vibro e assomo!
Tenta como que fora um edênico pomo
que à gula fosse fruto e ao olhar fosse flor!

Aos meus deslumbramentos, é de íris e lenda
o corpo que me dás numa doida oferenda!

E eu dou-te, em troca,
esta fome de amor, que me sufoca,
toda eclosão de lava e ondulação de mar,
e que, cego,
carrego
de uma carne a outra carne, de um avatar a outro avatar!
E eu dou-te, na paixão dos meus braços de ferro,
o amor brutal de todos os homens que encerro!

BACANAL

A ANGÚSTIA impõe, além, a marca dolorida...
Lá fora vive a dor... lá fora vive a vida!

Mas que importa a quem ama e que importa a quem goza?
Se a vida, além, esmaga, aqui ela apoteosa!

E morre o mundo além... E eu te ergo, nos meus braços
enlouquecidos e devassos,
como um guerreiro erguendo, aos altos, um troféu!

Teurgia! Esplendor! O teu corpo sem véu!

Rolam-te os cachos do cabelo jardo
sobre os teus seios... E são o único resguardo
do teu corpo... Tu estás vestida de cabelo!

E o teu corpo em clarões! Altair! Setestrelo!

Essências de doçura,
vinhos de embriagar, fragâncias de tontura,
para a noite inicial, tu guardas para o amado...

Primavera! Magia! És bela no pecado!
São iguais a dois íris teus braços abertos!

Senhor! Não foram sem oásis os desertos!

Orações Negras
1937

———

PRIMEIRO POEMA DA VIDA

Eu que ouvi os homens todos;
eu que trago as retinas cheias, povoadas de suas contorções, de suas
        [crispações;
eu que trago as retinas de funestas visões;
eu que andei com eles promíscuo em meio às suas lepras e aos seus lodos;
eu que vi os braços arrepiados como espadas
se erguerem às alturas;
eu que vi o suor se distilar
de tantos corpos sujos após tantas fadigas impuras;
eu que trago os ouvidos doídos, feridos do rumor do tear;
eu que vi o soturno
albergue noturno
pletórico de homens;
fui ver as sarjetas
onde adormece, coberto de véu, o varredor de rua;
eu que vi muita mulher em pranto e muita criança nua,
agora
quero que, no meu Canto,
vinda de todas as zonas
da terra, venha desembocar, como num Amazonas,
quanta outra torrente exista,
torrente de pranto,
de dor,
de vida.

Eu quero que o Canto audacioso do Artista
tenha o estridor,
o grito
aflito
e áspero
que vem do atrito do aço com o aço.

Eu quero que o meu Canto,
todo raivas e blasfêmias, clangore,
todo estos e protestos, chore.
E seja forte como um grito
infinito,
oriundo de mil laringes,
provindo de todos os pulmões.

Eu quero no meu Canto todas as vibrações.
Quero que tenha uma trepidação ininterrupta de motores
que povoam de sons a oficina
que, toda tentáculos de ferro e maxilares de aço,
tritura o homem.

Passará, no Canto, o frêmito das artérias humanas,
dos nervos humanos.

***

Meu verso agora cante a vida,
a vida que ele viu:
em cada braço lasso, aspero como saliências e rentrâncias de pedra;
em cada rosto manchado de grafite ou graxa;
em cada alma negra como cada rosto;
em cada gota de sangue vermelha como taças nas orgias;
em cada menino pobre respirando carvão em lugar de oxigênio
ou que, nas partículas de poeira, vai aspirando a morte a pouco e pouco;
em cada chaminé de fábrica
que é o suor dos miseráveis transformado em fuligem.

Oh, na vasta cidade milionária, o fumo dos sacrifícios!

Eu vi a vida em cada trapo, eu vi a vida em cada fome:
Há menos pão na boca dos deserdados
que diamante no colo das mundanas.

Eu vi a vida na dor suprema, no tormento horrendo
do que está nascendo
e do que vai morrer;
vi-a,
lutulenta, sombria,
em cada caverna
aberta em cada pulmão,
e no rastro vermelho e sombrio de cada hemoptise que eu vi pelo chão.

SEGUNDO POEMA DA MORTE

Depois da morte
haverá uma pira,
e nela se queimará meu corpo.

Este será o último dos holocaustos,
a última das faquirizações.

Meu corpo será cinza,
mas ninguém irá guardar as minhas cinzas
porque não haverá ninguém capaz de amá-las:
elas não serão sagradas para ninguém.

Cada partícula minha
se dispersará no ar,
se alará.

Que glória deslumbrante!
Na ascensão esventolante!
No meu final cremante!

Depois da morte os homens todos, com os vermes e as raízes,
mergulham na terra;
eu procurarei o infinito!

Depois da morte os homens todos apodrecem;
eu sozinho irei brilhar!

SEGUNDO POEMA DA VIDA

A minha insólita Poesia sem poesia
terá a escuridão
de um porão
de navio.
Ou se, nela, algum brilho houver,
será o dos olhos de todos os párias:
o brilho do pranto;
ou então o brilho das gotas de sangue vertidas na injustiça do martírio

Cada ritmo do meu verso ofegará como o peito de um escravo que rema
          [na galera.
E cada verso meu terá a voz, gargarejante e rouca, de um miserável em agonia.

POEMA DAS ROSAS

Tristeza funérea, horrível a dos aromas que impregnam os sudários!

Rosa cortada da haste,
taciturna rosa murcha,
meio melancólico, meio absorto,
penso que o teu odor é triste
porque odora um corpo morto.

Oh, a subida dos calvários!

***

Frasco!
Que evocação dorida!
Guardas não sei quanto holocausto.
És negro como a dor, amargurante como a vida.
Frasco,
à tua visão eu penso,
todo pesar imenso,
numa aléa brilhara
tanta rosa sombria e tanta rosa clara,
e penso nas mãos impiedosas,
cheias de mal,
piores que as de um coveiro ou de um carrasco
que cortaram as rosas
do roseiral.

Era talvez na hora do crepúsculo.
O rosal, em cada folha, em cada flor, ou em cada ramúsculo,
era
a mais nobre eclosão da primavera.

A tesoura assassina,
na tragédia que evoco,
era talvez o mesmo que uma guilhotina.

***

E cada rosa, que se cortou,
murchou...
e cada rosa murcha se triturou...
e do corpo da flor
se extraiu o perfume, o perfume que é a alma da flor.
Frasco!
Oh, evocação magoada!
Oh, amargurante história!

Essência! Flor imaterializada!
Essência! Rosa incorpórea!
Frasco!
Dentro de ti quantas almas dolorosas de rosas!

Frasco!
no meu sonho vão de arte,
eu quisera plasmar-te
não de vidro mas de mármore,
porque o frasco é o túmulo das rosas.

***

Agora quando alguém destampa
o frasco da essência,
como quem ergue uma lousa de uma campa,
alma das rosas que se cortaram,
que depois de cortadas emurcheceram,
e que depois de murchas se trituraram,
o perfume se volatiliza...
E levado pela brisa
tem que ir ao céu por certo
depois de tanto martírio,
depois de tanta santidade...

QUINTO POEMA DA VIDA

Ao golpe rude
a pedra fere-se
e jorra em luz, a luz que é o sangue da pedra.

Homem! Se da dor vier a beleza, tu bendirás a dor!

As rosas puras
se trituram
e dão o extrato, o extrato que é beleza.

O incenso se queima e na morte dá o aroma.

Olha a morte do azeite
para o fogo viver!

Homem! Se da morte vier a beleza, tu bendirás a morte!

SEXTO POEMA DA VIDA

Ó Poeta deixa por momentos
a tua dor abstrata,
feita de nostalgias roxas e tédios cinzentos.

Oh, deixa a dor de amor, deixa a dor de ilusão,
deixa esta angústia vaga e vem comigo,
fiel como uma sombra ou como um cão amigo.
Vem! Que os meus dedos, que sabem, tudo,
te apontarão
os tormentos violentos,
os desesperadores sofrimentos,
o martírio que grita e o martírio que é mudo.
Verás comigo a enorme dor, o negro mal
que há em cada catre de hospital.

Hei de fazer com que o teu olhar incida
nos bordos, purulentos,
de cada ferida.

Tu descerás comigo os círculos monstruosos,
os degraus pavorosos da Geena.
Poeta! Eu hei de mostrar-te todos os leprosos!
Hei de mostrar como é amarela uma necrose,
como é nauseante e negra uma gangrena!

Poeta! Eu hei de mostrar todos os infelizes!
Hei de te fazer ver a atra dor, fulgurante,
do pulmão que rebenta,
numa noite cruenta,
na mais vermelha, na mais torva das hemoptises.

Verás comigo aqueles que se consomem,
que, consumidos, vão morrer, porque em suas entranhas
um cancro infiltra e rói,
maligno, muito maligno, mas bem menos do que um homem.

Nós desceremos ao inferno.
Serão os mais dantescos o meu caminho e o teu caminho.

Poeta, deixa a tua dor romântica,
e vem ver como cada dor
é mais profusa e mais profunda do que a tua.

Que importa a bem-amada se não veio
com o aroma do corpo e a lascívia do seio?
Que importa o dia sem o sol, a noite sem a lua?

Deixa a tua dor abstrata
e vem comigo que mostrarei
a angústia sem beleza, a enorme dor sem brilho
da mãe que faz o crime de gerar um filho!

Todas as dores são mais fundas do que a tua.

SEXTO POEMA DO AMOR

O teu olhar como que diz: "– Cuidado!
A um sopro mau, rolaria o candor,
feito pétala de flor..."

Meus olhos se semicerraram
e te veem, esfumada na distância,
desabrochando,
longínqua, imaterial, aérea, perdida,
diferente da vida.

És inatingível, clara, luminosa
como um fogo que se vê ao longe na montanha...

Oh, brancura da espuma sobre os mares!
Oh, pureza das toalhas dos altares!

SÉTIMO POEMA DO AMOR

Há nos teus olhos, tremulante, dois círios que ardem de chama azul.
A minha imaginação vê agora,
a dealbar, a roscar, o teu renascimento.
Ó candorosa! Ó branca!
Deixas de ser mulher e és de novo a criança.

Minha doce infanta!
Minha soror branca!
Sonho-te agora
uma reprodução muito alva do edellweiss
que neva entre flores e flore entre neves,
que vive só nos cimos brancos.

Têm a doçura de um berço
as duas pequeninas flamas verdes dos teus olhos.
E a tua cabeleira é loira e clara.
Parece Avenida
Quando o ipê desabrochará!

As minhas mãos, acariciando os teus cabelos,
é como se pousassem nas lãs de um cordeirinho.

Clareias como os carvões acesos.
A tua imagem se me parece sofredora como um retábulo.
E em ti, de tão sagrada,
parecem existir as dores de um Calvário,
os esplendores transfigurados de um Tabor.

O teu olhar tem a doçura
de um olhar maternal para o filho pequeno;
tem a ternura
de um olhar de enfermeira para o agonizante.
Como na inspiração do poeta,
quando morreres,
mais uma estrela povoará o céu.

Oh solitária! Oh branca!
Oh minha doce infanta!
És o candor, a luz! Um reflexo acabado
de todas as mulheres mortas sem pecado.

Diante de seu corpo sereno,
eu freno
todos os cavalos do instinto que, atropelados, em mim correm.
Tua pureza é uma rosa
que um hálito profano crestaria.

Ó alva como as penas dos cisnes! Ó luminosa
como as folhas novas ao orvalho!
Ó suave
como a sombra! Ó pura como uma chama cor de neve!
És para mim agora
apenas a que estendeu a mão para acompanhar e proteger,
a mais piedosa, a mais benéfica, a mais amparadora,
a que me torna menos triste,
a que passa por minha vida
como uma chuva pela terra árida,
como uma brisa por uma chaga

Ó perfumada e clara
como a aurora em Setembro
ficaste sendo, em minha vida escura,
apenas o meu bordão cego.

A tua virgindade é como um cristal de Bohemia
que por ser muito puro é muito frágil.

Eu amo os teus suaves silêncios sororais.

Nosso amor será agora
não o amor de um corpo para outro corpo
mas o amor de uma sombra para outra sombra...

Talvez seja nem amor! Talvez seja ternura pura,
o afeto inocente
que, na procissão, um menino sente
pela priminha branca e alada como um anjo

Outrora os teus braços abertos
eram como uma infernalíssima aparição de luxúria
Hoje, na distância,
não me sugerem mais que duas asas brancas...

A tua voz vem pura
como a voz dos campanários santos
ou como as vozes maternais nos acalantos.

Dentro do teu kimono, tua carne floresce como um crisântemo
Ela é pura e ela é branca
como puras e brancas
são, no inverno, as vertentes do vulcão de Fuji-ama

Em minhas mãos a tua virgindade é como um círio:
um hálito malvado o apagaria

Dentro do teu fastígio,
o fastígio melhor é o de teu ventre:
ele nunca será miserável,
ele nunca gerará um homem!

Não há glória que valha
a glória heroica do teu ventre estéril.

Teu corpo agora é longínquo e branco
como as neves nos cumes.

Há nele também as alvuras
ideais
das plantas
setentrionais

Mudos de poente, nostalgias e incensório,
teus olhos, hóstias negras a arder num cibório!

No teu olhar que me amolece e me seduz
em vez de corpo e sangue, eu hauro sonho e luz.
Teus olhos de lua calma
ponham as pazes, não as marés, na minha alma.

Poemas:
Orações Roxas, Novas Orações
Negras, Orações Vermelhas
1943

Baila, beduína, baila! Aos meus olhos fulguras
em luas, entre as folhas, um suspiro de quem se apaixona!
Dançam, flutuando à brisa, os teus cachos desnastros...
Que dança e que esplendor! Teu corpo que flexiona,
todo clareado, miracular,
me dá a sensação de incrível dança dos astros!
E arde,
flamescente e imortal, como Vésper à tarde,
a lua profunda, verde-mar,
de teu olhar.

O teu bailado alado não se cansa...
E o teu olhar é inquieto... E também dança
como se acaso o próprio Véspero dançasse...

Baila, beduína, baila! E em teu regiro audace,
a tua carne esplenda
como um dia esplendeu a Salomé da lenda,
sem um receio... sem um pudor...

De alegria eu já danço uma dança interior...
O teu ritmo é agitado, feérico e incomum!
Brada em tua pavana o ímpeto do simun!

No teu corpo, menina, há irisações de argento...
O luar luariza... O teu corpo cintila...
E há uma farândula intranquila,
feita de calefrio e movimento,
na corola turgente e clara de teu seio...

Mas enfim cais ao chão, tal é a tontura...
E em teu redor a terra gira... E tu dormes, sonhando
que a terra é igual a ti na diabrura...
Dormes... Sonhas que a terra está dançando!

E ao fim da dançagem que seduzes e entorpeces,
tendo ao meu peito os teus ouvidos, adormeces...
E, bailadeira, tu te embalas e consolas
com a terníssima, a suavíssima ilusão
de que o pulsar fremente de meu coração
é um eco a esmaecer tuas castanholas...

ORAÇÃO DO MÉDICO NOVO

Eu sei que nos meus caminhos verei os tormentos violentos, os desesperadores sofrimentos, o martírio que grita e o martírio que é mudo. E no hospital, a dantesca *cittá dolente*, o hórrido *loco eterno ove udirai le disperate
strida*, eu verei todas as agonias e todas as dores.

Todas as dores: a dos berços tristonhos onde uma criancinha chora num apare-
lho ortopédico. É tão nostálgico o gemido que a pobrezita expande que eu chego
a estranhar como sobre ombro tão pequeno possa pesar uma cruz tão grande!

Ai, eu pensava, Senhor, que sempre a infância fosse feliz!

Todas as dores... Ouço, vindo de um quarto, longe, um rumor cavernoso
e cansado de tosse... É bem possível, Senhor, que nesta noite ainda aquela
tosse emudeça para sempre, quando tiver vindo a última hemoptise.

Todas as dores... A da maternidade radiosa, dor e esplendor, holocausto e
glória. Vai frutificar o amor divino. Do ventre mais puro nascerá a criança
que a alegria mais clara e a dor mais profunda conceberam. O rosto da mãe
fecunda vai ficando pálido como a cera mais pálida. O sangue materno está
fluindo de muita veia rota. É possível, Senhor, que daqui há pouco, nas mir-
radas veias maternas, não palpite sequer uma gota de sangue!

Quanta dor, meu Senhor!

Para olhar toda a dor terrena, faze a minha alma serena!

Ensina, Senhor, aos meus braços o gesto que ampara ou o gesto que abençoa! Faze com que ao sofredor se estenda a minha mão: filho da mesma lama e do mesmo pecado, o homem, seja qual for, é sempre um meu irmão!

Ensina aos meus lábios a palavra que alenta ou a palavra que perdoa!

Na caridade e no amor, plasma-te à tua imagem, meu Senhor!

Põe em minhas mãos o manto que irá enxugar todos os suores; o lenço que irá beber todas as lágrimas; o unguento misericordioso que todas as feridas fará cicatrizar!

Dá, Senhor, à minha alma a generosidade das nascentes que nos caminhos ásperos matam as sedes de todos os passantes!

Dá-lhe, Senhor, um destino lúcido de árvore que é sombra para acolher, fruto para nutrir!

Dá-lhe o destino do que, dentro da noite, vai levando a lanterna para que o caminhante não se transvie!
E eu reviva, Senhor, o gesto, de grande luz, do Cirineu, o que te ajudou, meu Cristo, a levares a cruz!

CANTO ELEGÍACO EM LOUVOR DA AMADA

A bem-amada é pura, pura...
tem a brancura
dos brancos círios longos queimando nas ecas...
tem a brancura
da sepultura...

A bem-amada é clara, clara...
Há, em seu olhar cinéreo,
a claridade triste
dos fogos-fátuos do cemitério.

A bem-amada é cheia de aromas
tal como a campa da gente humilde,
sem lousas nem legendas,
mas que se enche de flores na primavera...

A bem-amada é cheia de luz infinita
tal como as ruínas
que o luar habita...

A bem-amada é cheia de silêncios...
Entra-se em seu amor, divina alma,
como se a gente entrasse na necrópole calma...

IREMOS PELOS JARDINS FLORIDOS...

Amada clara,
agora iremos pelos jardins floridos...
Eu vou de luto
pelas amadas todas que morreram...

Tu vais de branco, sororalmente,
lirialmente...
Eu amo ver-te assim, tão alva!
Eu amo ver-te assim, doridamente pálida,
doentiamente lânguida,
lividamente mórbida,
baixando sonolenta as pálpebras...

Que assim, quando te fores no esquife branco,
pálida,
lânguida,
mórbida,
serás tão semelhante à que eras quando viva,
que eu não te estranharei, Amada clara!
Este passeio pelo jardim florido
me desconforta,
te conforta...
É como se eu levasse aos braços uma virgem morta...

Tu vais de branco, sororalmente...
Eu vou de luto,
luto fechado,
por todas as amadas que terão que morrer.

– Por que, pobre Almansur, estes negros agouros?

Dora... Noêmia... Géssia... Rosalina...
Todas as minhas noivas morrem moças...

Agora iremos pelos jardins floridos...
Colheremos as rosas e as camélias,
todas as flores puras e as camélias,
todas as flores puras dos canteiros,
e teceremos a grinalda
que um dia que cedo virá
terei por certo que depor
sobre o alvo caixão de meu amor!

Tu me abandonarás, Amada clara!
Todas as minhas noivas morrem moças!

E agora em casa
tua mãe cose
o sudário branco
que há de envolver-te o corpo,
quando morreres dessa tuberculose.

Todas as minhas noivas morrem moças!

LADAINHA

Amada mística
rosa eucarística
ebúrnea torre

tristes os teus cabelos
como o das mortas

Bruma odorosa,
Flama castíssima
virginalíssima...

Tristes os teus braços
que são pendentes
como enforcados...

Sombra clemente,
diva puríssima,
consoladora.
Virgem translúcida...

Tristes os teus olhos
que vão boiando
como náufragos...

Sóror melancólica,
lírio admirável,
aurora amável,
inviolável...

Tristes os teus lábios
como feridas...

Corola pálida,
límpida anêmona,
fada nostálgica...

Tristes os teus seios
como pétalas murchas...

ORAÇÃO A ALPHONSUS DE GUIMARÃES

O teu espírito pousou como uma asa branca de grande ave sobre a mesa onde
eu vou compondo um poema vago e alvo, cheio de ti, soturno Alphonsus...

Entrecerro os olhos para vislumbrar-te...

Parece no sonho místico que o meu quarto se vai modelando à tua imagem:
alucinação a dos meus olhos que veem o quarto humilde cheio de bruma
pura, celeste de nevoeiro alvo;
eles vão vislumbrando vultos vagos como espectros, brancos, frios, por meu
quarto perpassando...

Trouxeste, Alphonsus, um silêncio de água imota, uma paz beata de cemitério.

À tua chegada houve a transfiguração: meu quarto pobre ficou sendo
catedral sombria:

vão se fazendo as volutas do incenso.
(Alucinação a do meu olfato que sente agora um odor litúrgico de incenso.)
Alucinação a dos meus ouvidos que cuidam escutar vozes meigas de cam-
panário, órgãos longes, salmodiando.

Dorido Alphonsus,
habita-me o verso humilde
para que a minha poesia seja
como um silêncio
imenso,
só perturbado por música...

BALADA DOS POETAS MORTOS EM ABERNÉSSIA

Em Abernéssia morrem os poetas...

Na noite preta como breu,
passou o vento e perguntou:
" – Viste se por aqui passou
o santo Rodrigues de Abreu?"

" – Amigo vento, ele morreu!
Mas por estes ermos de dor,
a sua tosse com certeza
ainda não emudeceu.
O orvalho que mora na flor
faz-me pensar em seu suor..."

Em Abernéssia morrem os poetas...

Ouves sussurros entre as águas?
Ouves murmúrios entre as frondes?
Ouves algum tênue suspiro?

Minha alma nos ermos descobre
o choro atroz de Casimiro,
a falta de ar de Antônio Nobre...

Em Abernéssia morrem os poetas...

Não vês os pinheiros que choram
e os choupos de voz de agonias?
Ó poetas, os choupos decoram
todas as nossas elegias.

Em Abernéssia morrem os poetas...

Morreram os poetas, ó virgens...
E há virgens ficando sem noivos...
Os poetas talvez as amassem...
E quando eu as ouço chorar,
suponho que elas enviuvassem
muito antes, meu Deus! de casar!

A angústia agora me penetra
como punhal ou como goiva...
Em Abernéssia morrem os poetas...

Não chores mais, ó minha noiva!

IDÍLIO ÁRABE

Tu que és Suad, Surur, Shamsennahar, Zarifa,
canta! Libra pelo ar suave
a tua voz volátil e ágil como uma ave!
Estende a tua voz como tênue alcatifa

veludosa e inefável...
Traze as palavras misteriosas,
desfolhadas ao vento como rosas...
Traze a canção tão leve
que se dissolva ao sol como um floco de neve...
Traze a canção tão branda,
como um murmúrio de onda,
branda que nenhum eco ao longe lhe responda.
Traze a canção divina
que se volatiliza
como a tênue neblina
à brisa...
Abre a boca estelar para as canções supremas!
Os teus dentes fulguram como áureos diademas!
Abre-a toda aromal como um pequeno frasco,
e canta para o poeta essas canções antigas,
que quando a tarde cai, bandos de raparigas
cantam pelos jardins eternos de Damasco...

A tua boca é muda.
Eu compreendo a mudez desta boca sagrada.
Na tua boca muda
vai se gestando a música.
Este é um silêncio grave de fecundação.
Germina a música.
E há de irromper como haste verde e tenra,
como um radioso arbusto espiritual.

A música vem vindo.
Vem vindo das florestas verdejantes,
vem vindo das auroras sonorosas,
vem vindo das cachoeiras,
vem vindo das aragens,
vem vindo do flabelo das palmeiras,

vem vindo do segredo das paisagens;
vem vindo nas nuvens no ar
e das nuvens tormentosas do mar...

E canta, agora, amor, com acentos ligeiros,
essa velha canção de cameleiros!

Primavera na Flandres
1948

CANÇÃO DANUBIANA

Danúbio lírico,
sete países são os que enlaças,
desde a Alemanha até a Rumania.
São sete pátrias que agora surgem,
unidas por teu laço líquido.
Elas são como sete meninas
que à tua voz fluídica de onda,
dançam a ronda.
Dançam a ronda por todo o curso
da alva corrente azulada e salsa,
menos em Viena,
onde o Danúbio mais se asserena
e as ondas dançam num compasso lírico de valsa.

Eu te amo, na noite divina,
terna corrente dançarina,
cujo vestido azul-celeste,
possui franjas brancas de espuma,
possui rendas tênues de bruma.
Ó, dançarina,
no teu vestido azul-celeste
vejo miçangas
que são estrelas.
Rio soberbo que à noite estrondas
cheio de guisos e de pandeiros
no canto cósmico das ondas.
Ó, dançarina,
no teu vestido
azul-celeste
florescem algas,
abrem ninfeias;
O rio ruge mas se asserena

logo que passa perto de Viena...
E as flautas soam... e a valsarina
afrouxa o passo... e tomba a música
em esfumados tons de surdina...

Danúbio, escuta a música vaga
que o vento atônito sussurra...
Gusla, arrabil, piano ou bandurra?
Em cada fronde que ora se encanta,
soturna e fria, a noite inteira,
canta uma suave baiadeira
e a lua canta e a onda canta.
Soa nos longes, na alva cascata,
tênue surdina, a mandolinata,
a vaga esfrola, é *scherzo ligero*,
é *allegro* meigo o luar de prata.
E pelas bordas chora o salgueiro.
Rolam pela água no vago instante,
os lamentos de Strauss agonizante.

E a lua canta e a onda canta.

Danúbio, o que ouves pelas planícies
quando as inunda a luz dos luares?
Como sois brancas, noites magiares!
Quando tão límpida luz dimana,
não sabes que cada cigana
os olhos fixa na altura fria
para indagar de cada estrela:
Estrela, o que há de ser da Hungria?

(E nessas noites que os presságios vão tornando tão terríveis,
brilham na altura estrelas frias, gélidos astros impassíveis.)

Como sois brancas, noites magiares!
Estas ciganas que sabem tudo
porque é que não preparam filtros
que amainem tanto sofrimento rudo?

Danúbio, corram pelas planuras
tuas dolentes águas tão puras.
Canta, Danúbio, as tuas cantigas
ao brilho doce da lua plena,
Danúbio azul das valsas antigas.
Azul? Ai, Áustria! Menos em Viena
que tantas dores mortais sofreu,
porque em Viena o Danúbio é preto,
de luto pela Áustria que morreu.

NOTÍCIAS DE BELGRADO

Os enforcados à meia-noite!
À meia-noite os enforcados!
Pendem-lhe os corpos enregelados!
hirtos,
negros,
frios.
São como pontos exclamativos.
Os enforcados à luz da lua!
À luz da lua os enforcados!

Têm o ar quase sereno
e têm doridos olhos esbugalhados.
Os enforcados têm o ar sereno.
São inocentes os enforcados.

Os enforcados na noite fria!
Na noite fria os enforcados!

Onde as mães dos enforcados?
Onde as noivas dos enforcados?
Ninguém lhes reza na hora extrema?
Ninguém traz flores para os enforcados?

Morte sozinha é morte duas vezes.

Vamos, ó mãe piedosa,
rezar ao pé dos cadafalsos.
Erram na noite visões pasmadas,
patibulares.
Vamos rezar na noite amarga:
"Nossa Senhora dos Enforcados!
Virgem Maria dos naufragados!
Mãe amantíssima dos desgraçados!
Há quanto tempo na corda áspera
vão balançando os enforcados!
Nossa senhora,
não vão morrer os enforcados?

Nossa Senhora dos enforcados!
Virgem Maria dos naufragados!"

Enche a noite um rumor de vértebra que estala.
A bruma
vai lhes envolvendo o corpo de um nevoeiro alvo.
Ó bruma branca! és o sudário!
E ainda estão vivos os enforcados!

Que vozes tristes à meia-noite,
à luz da lua,
quando sucumbem os enforcados.

POEMA DA ANGÚSTIA DA ITÁLIA

Contam que à meia-noite, ao luar, em Verona
que o Ádige, sonolento e pensativo, corta
há um vulto de mulher que o túmulo abandona:
Julieta vem chorar mesmo depois de morta.

Contam nas horas mortas que a vaga Veneza
tem seu ar inundado de canções doridas...
E o canal cismarento pensa com certeza
que querem naufragar as gôndolas suicidas...

Contam das catedrais, que certo receberam
da angústia e do infortúnio o mais penoso dote,
que nas naves augustas empalideceram,
principiando a rezar na hora noturna,
pela Itália sombria, a Itália taciturna,
os santos imortais de Buonarrotti.

As dores como ferem! As chagas como gritam!
Paira no ar desolado a voz das nostalgias.
As vozes de Belini e Verdi ressuscitam
para abafar a voz das agonias.

E o céu da Itália é azul! Mas que importam agora
os fulgores da tarde e as músicas da aurora?
Que importa a nuvem alva ou que se franja de ouro,
se a nuvem vai ser chuva e no céu de amaranto
ela dá a impressão de ser o embrião do choro,
a semente nostálgica do pranto?

Como para atenuar a grande sombra espessa,
esse luto fatal que a Musa não descreve,
os Alpes muito além coroam a cabeça
da mais imorredoura e alvinitente neve.

Lagos da Bela Itália! O Piano, o Idro, o Como,
o Garda que sorri, o Lugano que reza,
o Montorfano azul... Esses lagos são como
as lágrimas doridas que a Itália represa.

E pela Isola Madre soturna e sonora
das vozes virginais que choram pelos noivos,
em vez das açucenas líricas de outrora
florescem lírios roxos, ciprestes e goivos.

Nos museus onde há estátuas e brancor exangue,
onde o silêncio, flor de sombra e ocaso, medra,
os mármores da Itália choram sangue,
na hora em que os homens se fazem de pedra.

ÚLTIMO DRAMA

Raquel se encheu de doçura infinita.
Jamais como naquela hora ela sentiu tão grandes os doces instintos maternais.
Jamais como naquela hora os seus olhares foram tão cheios de meiguice;
nem a luz dos seus olhos jamais foi assim paradisíaca e amena.
Raquel estava muito mais serena.
Seu coração era cheio de ternura como as árvores são cheias de sombra,
como os frutos, cheios de sumo.
Povoava a sua alma a bondade das santas.
O seu rosto já se ia iluminando de estranhas auréolas.

Isaac diante de seus olhos dormia um sono largo.
Terna, de ternura infinita,
ela olhava o seu corpo silencioso,
e o seu olhar sobre ele
era cheio de misericórdia que não tinha nada de humana.

Terna, de ternura infinita,
beijou-o na fronte e na face... beijou-lhe o corpo inteiro.
Terna, de ternura infinita,
acariciou-o com as mãos que pareciam feitas da penugem do peito dos
　　　[pombos.
Terna, de ternura infinita,
ela pensou no seu destino.
E terna, de ternura infinita,
estrangulou-o.

NOSSA GUERRA

Senhor Deus dos exércitos,
quando às nossas praias verdes e brancas arribaram as primeiras caravelas,
a cruz de Cristo flamejava, intrépida e insigne, na alvura das velas.

Frei Henrique de Coimbra rezou a primeira missa entre palmeiras e
　　　[papagaios...
Os pássaros policrômicos, pousados nas copas canoras, cantavam
　　　[matinais;
vinha dos rios longínquos silente sussurro de laudes,
e as cachoeiras iniciais de meu Brasil eram virgens como meninas.
As nuvens na altura eram como compridos véus de tule...
Havia uma procissão virginalíssima na altura...
Ao calor tropical, na manhã cor de canário, as resinas da árvore nova
　　　[vaporizavam-se num incenso tênue.
As folhas verdes, na paisagem matinal, eram circulares como hóstias.
E toda a paisagem brasileira,
na manhã que havia nascido, verde, cor de folha e vermelha, cor de fogueira,
ao fulgor ofuscante do sol do primeiro dia,
comungou no milagre vital daquela sobre-humana eucaristia.

A terra havia nascido cristã... Tão cristã, Nossa Senhora da Aparecida,
        [como se o ventre da Virgem a houvesse concebido.
Tão cristão nasceu o Brasil que ele também é a terra da Santa Cruz, a ilha
        [doce de Vera-Cruz.

Anchieta, Nóbrega e Aspicuelta Navarro
afundaram no sertão alucinado e bizarro,
e trouxeram a terra em definitivo para os domínios de Deus.
Meu Brasil cristão dos profetas do Aleijadinho!
Meu Brasil ressoante de sinos e preces dos crepúsculos de Vila Rica...
Francisco Antônio Lisboa, vem-me agora à lembrança o escopro que se
        [agitou em tuas mãos sem dedos,
e a dor terrível que te dilacerou o corpo,
e o sangue vertido por tuas mãos, corando de um vermelho de aurora
        [nova os santos que esculpias;
e havia neste sangue a ânsia dolorida
de insuflar à pedra a palpitação misteriosa da vida!
(Era a hora em que os teus santos em São João Del Rey e Vila Rica
        [silenciavam por um minuto e começavam a rezar...)
Vem-me à lembrança os teus santos feitos em pedra sabão, pedra azul, cor
        [do céu, que ao teu pranto nostálgico,
estrelava-se, faiscando de vias lácteas e constelações;
que ao teu sangue fosforescente fulgia de um esplendor de arco-íris.

O primeiro poema nascido na terra foi escrito na brancura das praias e
        [dedicado à Virgem;
eram lírios, pulcros lírios, desfolhados aos pés da Virgem;
A primeira escultura da terra floriu nos santos do Aleijadinho.
A primeira pintura retratava a vida dos santos e estampava as doces
        [paisagens da Bíblia,
a primeira música vibrou nos hinos sacros do Padre José Maurício.

A arte brasileira nascia cristã. E a arte fotografava o Brasil.

As cidades maiores foram se chamando Cidade do Salvador, São Sebastião
       [do Rio de Janeiro e São Paulo.
E ainda hoje, Senhor Deus dos exércitos,
não há cidade, não há aldeia, não há povoação nenhuma
que não seja absolutamente cristã na estrutura.
É assim, Senhor Deus dos exércitos, que em todas as cidades brasileiras,
as do Sul, as do Norte, as de Leste e as de Oeste,
nas cidades que nasceram e nas cidades que hão de vir,
a igreja centraliza a cidade; é o coração da cidade;
a voz de teus sinos ritma a respiração e a palpitação das artérias das
       [cidades e vilas.

Este, Senhor, é o mais fiel dos teus domínios.

Senhor Deus dos exércitos,
já que o Brasil defronta agora da guerra o bárbaro episódio,
acirra o nosso ímpeto, estimula nossa força, nutre nosso ódio!
O sangue jorra encachoeirado! O morticínio espanta!
Mas, Senhor Deus dos exércitos, a nossa guerra é santa!

O inimigo, com suas hordas ebriadas
invadiu os teus templos,
conspurcou o recesso de tuas catedrais sagradas.
Eles cospem no nome de teu filho,
injuriam-te os sacerdotes,
trucidam-te os fiéis!
Senhor Deus dos exércitos, faze a nossa força a mais robusta!
A nossa guerra é pura! A nossa guerra é justa!
E agora minha voz altaneira
reboe pelo céu como a voz do Padre Antônio Vieira
reboou outrora pela amplidão da selva brasileira,
quando o Padre, num sermão tremendo, verberava a infanda
perfídia da Holanda,
lacerando com dentes de fera a nossa terra impoluta:

Senhor Deus dos exércitos, a nossa luta é a tua luta!
É o Brasil que te diz: – Aniquila o bárbaro inimigo!
Que se eu for vencido, Senhor, também tu cairás comigo!

A Lua do Remorso
1951

POEMA RITUAL DAS VIRGENS

Cantaremos em glória dos hímens de bronze,
os que, na madrugada timpânica, florescem em música.

Cantaremos em glória dos hímens floridos,
os que abrem em corimbo,
umbela vespertina bafejada de brisa
e irradiam perfume de abelmosco e açucena
e que reveste a tarde de um sudário cor de musgo.

E os que são de madrépora fulva; e os de alabastro friável;
e os de nevoeiro cor de âmbar; e os de gaze e de aroma de almíscar;
e os de arminho; e os de gerânio; e os de espuma; e os de lua e nuvem;
e os de favo; e os de aro de prata; e os de esmeralda no centro;
e os de glicínia espesinhada; e os tenros como caulículos novos;
e os macerados como topázios enlouquecidos.

E o de Beatriz que é beato; e o de Laura que é louro;
e o de Heloísa castíssimo: e o de Hemengarda, desejada do presbítero;
e o de Sulamita, moreno mas formoso; o de Joana d'Arc, flamejante;
o verdolengo de Iara; o de Cloé, pastoral.
o em forma de ânfora da Samaritana; o oloroso de nardo de Madalena;
o fecundo e intacto de Maria; o em forma de túnica de Verônica;
o de Tereza de Jesus coroado de rosas; o de Santa Cecília em forma de harpa;
o de Ofélia banhado em lágrimas e o de Julieta em forma de canto de cotovia.

Cantaremos em glória dos hímens de bronze,
os que, na madrugada timpânica, florescem em música.

GRAVATAS PRETAS

Não mais as estriadas de sangue,
nem as de verde opalescente ou ametista exausta,

mas as pretas como os brancos braços alanceados de desesperos e esperanças,
pretas em cima e em baixo, detrás, de viés, e de frente
pretas como estrelas assassinadas
ou como auroras silenciosas de pássaros,
pretas porque nelas todas as pupilas se dilaceraram,
pretas de cabelos convulsionados em noite de muita procela,

pretas de amor ou de ódio.
Que cordas mais tristes para acabarem com o pobre do enforcado?
Que rios mais infernais para a viagem fecundada do susto e da sombra?
Que punhal mais sinistro oscilando na noite do peito?
São pretas porque nelas se transfundiu a infinita e imisericorde brancura,
a das tumbas,
a dos lírios debruçados sobre tumbas,
a dos círios sucumbindo sobre tumbas
e por elas passeia a lembrança mais fresca – a materna –

minha mãe estende-se na gravata,
paralítica do lado esquerdo e com graves perturbações na articulação da
            [palavra,
intacto apenas o coração.
Preta, é que ela é tecida dos fios do cabelo de minha mãe, todo branco,
e é a gravata que tem um gosto amargo de digitalina,
é a gravata que respira num ritmo de Cheyne Stockes,
preta porque nela está a mão da enfermeira toda branca,
a presença da gaze, toda branca,
preta do algodão branco sobre feridas repousando
e da brancura das ampolas do soro glicosado.

E a noite é de tumbas e tumbas,
tumba o cobertor, o candelabro, a vidraça,
tumba a sombra, tumba o corpo da mulher que se viola.
A paisagem é de tumbas e tumbas e tumbas
e tumbas; e a lápide pesa

sobre o corpo das virgens, coagula o sangue das dançarinas.

Leio inscrições de gás neon sobre as tumbas; beijo as arestas das tumbas;
      [meus dentes mastigam o granito amargo das tumbas
e vou comendo goivos misturados com velas.

Tumbas no deserto do Saara, nos vales do Grão Mogol tumbas e nas
      [savanas do Norte
e tumbas nas salinas do Sul e tumbas nos asfaltos urbanos e tumbas sobre
      [o fígado e o rim esquerdo
e tumbas nos rios do desespero e nas florestas da saudade tumbas;

tumbas cobrindo mortos ou velando vivos,

sempre a unanimidade das tumbas,

a hoste das tumbas,

o exército aguerrido das tumbas, armado de tochas e espadas,

e o vento ondulante das tumbas

e a chuva; e a tempestade torrencial de tumbas,

e eu que naufrago num mar de mármore, todo gravado de epitáfios,

e eu que me libro por um imponderável céu de pulverizadas tumbas.

Valei-me, Nossa Senhora das lápides, que as lápides estão sobre a noite,

desponta a invasão bárbara das lápides,

os prédios da cidade derruem-se, desmantelam-se em lápides

e o coração do verso palpita como um agonizante pássaro e preso em meio
      [à ruinaria funesta,

e eis que os fragmentos são as pétalas marmóreas das rosas,

e os raios graníticos das luas

e a ponta de bronze das estrelas

e o caminho de flor da Via-Láctea.

É morta Maria, é morta Cordélia

e Cinira e Ifigênia e Dolores são mortas,

todas cobertas de lápides orvalhadas...

(Chove melancolicamente sobre as lápides,

os bêbados caem sobre as lápides,

os loucos ululam diante das lápides,

os suicidas levam cianureto de potássio para junto das lápides.)

Ai, amigas mortas! Derramaremos sobre os ossários toneladas de lágrimas

[e um maremoto de sangue subirá até as estrelas.
O tédio venta nas planícies empoeiradas,
a amargura molha, os vales túrgidos, de verde desesperança.
E a noite é de lápides e lápides,
lápide a cortiça das árvores, lápide o retângulo dos paralelepípedos,
e sobre a tumba de Casimiro a lápide e a lápide sobre a tumba de Antero
e sobre o túmulo de água de Gonçalves Dias;
lápide sobre a tumba da alegria,
apenas sobre a dor é que a lápide não pesa,
apenas sobre a tristeza
que sobe como um cipreste eternamente verde,
– ó traição de Luiza, ó fuga de Tereza...
O céu é lousa para a terra morta; a copa é lousa para as raízes;
o teto pesa como tampa sobre o assoalho e sobre as almas.

E a noite é de lápides e lápides,
lápides na alma, perdidas e no sangue, dissolvidas e nas lágrimas, diluídas
e nos ossos, petrificadas.
Derramaremos toneladas de lágrimas sobre as pálidas amadas.

As lápides sobre a coluna vertebral dormem
e forram a planta dos pés e a raiz dos cabelos.

PRECE MATUTINA

Ave, Eleonora,
cheia de graça,
o Amor é convosco,
sois rosa frágil,
ramo odoroso,
astro vermelho.
Bendita sejais vós entre as mulheres

e bendito sobretudo
o vosso ventre que nunca dará fruto.

ELEGIA DA JOVEM ESTERILIZADA

Seriam sete,
sete meninas,
Lúcia, Tereza,
Maria, Odete,
Sônia e Lavínia
e Bernadette.
Todas são mortas,
dentro do ventre,
ventre materno.
Mãe malograda,
reza uma prece
por tanta morta!
Verte uma lágrima
por tanta morta!
E o coração
dobre a finados
por tanta morta,
que sete são.

É morta Lúcia,
é morta Maria,
sem sofrimento,
sem agonia.

É morta Sônia,
é morta Lavínia,
jazem no olvido,

sem terem nascido.
Um dia à tardinha,
as sete meninas
iriam dançar,
teria cirandas
à luz do luar...
Mas, ai! as meninas
agora são mortas,
não vão mais brincar.

Mãe malograda,
acende as velas
sobre o teu ventre,
espalha as rosas
sobre o teu ventre!
Grava o epitáfio
sobre o teu ventre:
Aqui jaz Lúcia,
Tereza e Odete,
Sônia e Lavínia
e Bernadette!
Grava o epitáfio
sobre o teu ventre,
ventre de mármore.
Oh, mãe malograda,
sabias cantigas
de ternos embalos,
de doce ninar.
A quem, malograda,
terás que as cantar?
Que sequem os braços
da mãe malograda
que não tem Odete
para adormentar!

Que murchem os peitos
da mãe malograda
que não tem Tereza
para amamentar!

E tinhas um berço
na sala vizinha.
De quem é este berço?
Será de Lavínia?
Mas Lavínia é morta
e já está enterrada
em teu ventre triste,
ó mãe malograda!

E Bernadette...
Água das chuvas,
orai por elas!

vento das tardes,
orai por elas!
Lua das noites,
orai por elas!
E o coração
dobre a finados
por tanta morta
que sete são.

CANÇÃO DO TEMPO ANTIGO

No tempo em que havia virgens,
tinha tule e tinha gaze
e primeira comunhão.

Cadê as virgens de outrora,
vagas mulheres cloróticas,
com olheiras melancólicas,
e cabeleiras caóticas?

Não quero mais concubinas!
Trazei-me as virgens de outrora
pelas quais ardo e suspiro,
cheio de "amor e de medo",
as virgens de Casimiro
e as de Álvares de Azevedo.

Feliz o poeta de antanho,
dos tempos que não vêm mais,
em que havia o vulto estranho
das virgens imateriais;
não há mais tule nem gaze
nem primeira comunhão.
Não há noite enluarada,
não há mais virgens, nem nada.
Não quero mais concubinas
quero as pálidas meninas,
as virgens do tempo bom.

CANÇÃO DA AXILA

Nós partiremos no trem de ouro, nave de neve que me transporta
pelos domínios da tarde morta.
Santelmos ardem no teu crepúsculo,
duro mistério da doce axila.
Estrela da alva no alvo oco
branca cintila.

Sei que sou homem, sei que sou louco,
tragédia dupla de sangue e argila...
Ai, quem me dera depor no oco,
a alma triste, o peito e a pupila
e ficariam sempre encerrados
nesses teus côncavos amados
e ficaria a vida tranquila.

Ah, da floresta ensombrecida
nascem perfumes da triste vida...
O aloés e a menta, o nardo e a papáver
nascem da sombra trágica e amável...
Enche-se o quarto de teu perfume
tão vagamente cor de remorso...
Somos, Amada, já tão perplexos...
Nascem da axila de amargo lume
os meus pecados e os teus complexos.
Ah! Tua axila de Vagalume!
Mergulharemos no abismo verde
em que o Amor dorme – funesta pérola –
e violaremos a ostra sonhada
no leito de água da bem-amada.

CANÇÃO DO ZIPE

Ele percorre-te o corpo,
e é arroio de prata,
punhal de prata,
clarão,
lâminas sucessivas de mica.

Ele se vai encolhendo como cobra retrátil,
e surge para a luz plena do dia,

a funesta harmonia
ou então o alvor gongórico
de teu corpo metafórico.

A serpente de alumínio retrai-se
e é então madrugada e crepúsculo,
e é então o florescimento orvalhado dos gerânios,
e é o nascimento de tua virgindade de espera e de sangue,

é o seio, iluminado de neve e rugido,
é a carne distilando pétalas e tragédias
e a boca suspirando de canções e volúpia.
A serpente retrai-se e é então estremecimentos e sombras,
é então o bico rosado do seio genuflexo diante da Morte,
e a perna coroada de silêncios,
e o ventre coroado de silêncios,
e a fronte coroada de silêncios
e os silêncios coroados de silêncios
à maneira da ondulações sucessivas e concêntricas.

MARIA E O CHOPE DUPLO

Teus olhos deusa de bruma,
são claros, verdes marinhos,
Sem fatalidade alguma

Sei que a sombra de teu sexo
verte sangue e não apenas
o sangue das defloradas,
o sangue fluído das luas,
como aquele que poreja
do peito dos namorados
feridos de cinco tiros.

Por ti, Maria das Graças,
adolescentes neófitos
e coronéis hipertensos,
viram que dos chopes duplos
subia a chama votiva
do cone das tuas coxas.

Teus braços, deusa de pluma,
são claros, verdes marinhos,
sem fatalidade alguma.

Teu sexo é sombra e projeta-se
por sobre vidas e vidas
e depois a sombra trama
sudário aos mortos de amor!
Mas no sossego do bar,
em que os copos espumantes
eram tais bordas de sexo,
feitas de vidro e de nácar,
ah! no sossego do bar,
tão triste lhes foi a vida
que, à espuma dos chopes duplos,
gigolôs e coronéis,
misturaram, na hora última,
arsênico ou formicida!
ah, no sossego do bar.
deusa de bruma e de espuma,
sem fatalidade alguma!

CANÇÃO DA DOR DE CORNO

Valei-me, Nossa Senhora das Tempestades,
que o naufrágio é certo
no gim com tônica.

Teu vulto sobe de copo.
Teus cílios aparecem verdes,
formam retícula,
são como venezianas suspeitas.
Nos teus seios auréolas
são redondas como moedas.
E sonantes.

E eu, que te amo com todo poder do meu ódio,
passo a querer-te,
não íntegra, mas repartida em quatro partes,
uma entregue ao ar, outra ao mar, outra à floresta, outra ao fogo,
e a cinza residual
atirar-se-ia sobre a tua casa
arrasada e coberta de sal.
Até a quarta geração, a tua progênie
que também de mim parte, seria infame.
Porque, Senhora, com todas as tuas laranjeiras floridas,
com todos os teus sorrisos de beata,
com todos os teus olhos de vestal intemerata,
eu te aponto, para a acústica dos séculos,
ó dona do beijo tramado em pólvora e cicuta,
não sombra de paz, não virgem de sonho, mas puta.

Com o silêncio das horas angustiadas,
com a fala de minhas mãos crispadas,
com o estertor nos instantes exatos
da Morte,
puta eu te chamarei,
não obstante os teus trezentos hímens intactos!

NUPCIAL E AMARGO

O marinheiro trouxe-te a pérola e o pastor a grinalda de acanto,
eu trago um pedaço de crepúsculo e um rio de pranto.

És sombra. Em vão se procura o teu corpo,
ó raio de invisível estrela.

Na terra deserta eu construirei a paisagem,
erguerei para a altura montanhas de desalento
e estenderei o céu como um tapete de pregos.
E arrancarei depois os olhos de meu rosto
para fazer com mãos ensaguentadas,
a lua do remorso e a lua do desgosto.

E haverá uma chuva de lágrimas no silêncio das estradas,
feitas das artérias principais de meu corpo.
Para a noiva, os pastores trouxeram dois cordeiros bucólicos:
só tenho para dar dois olhos melancólicos.

Romanceiro Cubano
1960

———

ARTE POÉTICA

Para cantar-te a fragância –
Terra que é um sonho e uma ilha –
Canto uma canção da infância,
No ritmo da redondilha.

Meu pensamento reflete,
Todo sombras e clamores:
A minha canção tem sete
Sílabas ou sete dores?

Como cantar diferente,
Nesta luta em que eu porfio,
Se despretensiosamente
O meu canto é desafio?

(Pois em toda a sua vida –
Ah! não canto canção nova! –
Meu povo que sofre e lida
Só sabe exprimir-se em trova.)

Divina Cuba escarlate,
Diáfana Cuba, pequena,
Se a política é combate,
O canto há de ser arena.

Não quero Musa em montanha,
Coroada de flor-de-lis,
Quero-a belicosa e estranha
No ringue mas como um juiz.

(E eu vejo a pátria perdida
Na unânime aclamação,

Delirando na torcida
De Baldo contra alemão.)

Cuba, a minha mão escreve
Na hora dorida que passa
Canção breve, canção leve...
Que esta é a voz de minha raça.

TORRE DE MARFIM

Esta é a torre sobre o mar,
Projetada no porvir.
Não de poeta se isolar,
Porém de povo subir.

Torre em meio do simum,
Nova Torre de Babel,
Mas de linguagem comum,
Esta que fala Fidel.

Torre de vozes que são
Rumor de beijos e frautas,
Em que se escuta o pregão,
Conclamando os argonautas.

Por que em tardes de aura e ópio,
Brancas de saudade e gaze,
Veja longe o telescópio,
Têm nossos olhos por base.

E pelos nossos serões
Não descuidarão jamais,

Abaterão os aviões
Que queimam canaviais.

Não é uma torre fantasma,
Soberana entre destroços:
Corre nela o nosso plasma,
E constroem-na os nossos ossos.

É uma torre de esperança,
Pétrea muito embora viva,
É formidável e mansa,
É uma torre coletiva.

Torre que o Mundo da paz
Vê maravilhosa exposta,
E que Niemeyer faz
Mas junto com Lúcio Costa.

Torre nascida do pó,
A torre de um mundo só.

Falo poderoso e cauto:
Sou poeta e portanto o arauto.

Torre macia ao luar,
Anunciando a Idade de Ouro,
Pois esta é a torre do coro
Que todos irão cantar.

CREDO

Creio na lua,
Posta na Estrada,

Creio na rua
Da Namorada.

Creio no sangue,
Creio no amigo,
Na aurora langue,
Creio no trigo.

Creio no riso
E na criança
Como no friso
Que orna a esperança.

E no alabastro
Que o açúcar tem,
E em Fidel Castro...

Amém!

HINO

Ergo meu canto
Numa homenagem
– Alger de espanto –
à sabotagem.

Suporta agora
Franca Marselha
A luz da aurora,
A luz vermelha

Da gasolina
Que na hora mística,

Loura, e eucarística,
Céus ilumina.

Muito nos ame
Na hora feroz
A Notre Dame
Que ora por nós.

Amamos França
E ela repele
– Ó Esperança! –
Jacques Soustelle.

Penda o clarão
– ó voz que impreca –
Em direção
Da nobre Meca.

CANÇÃO NEOMALTHUSIANA

O Sr. Ministro da Fazenda entende que a expansão demográfica é
     [responsável pela nossa inflação. (Dos jornais)

E num tom nada sinistro
Como nada irreverente,
Sua Excelência, o Ministro,
Diz ao povo brasileiro
Que se nascer muita gente
Desvaloriza o cruzeiro.

E quer esta vil canalha
Que esta moeda valha mais

Se toda a vida trabalha
Por parir como animais?

Não sabem as realidades
Destes instantes tremendos,
Pois com mais maternidades,
Diminuem dividendos.

É por isto que ele jura
Dar um prêmio de um milhão
A uma "fórmula segura
De evitar-se a concepção".

E proclama alto e bom som
Que as finanças do Brasil
Só podem sanar-se com
Mortalidade infantil.

LADAINHA

Síria de Alepo e Damasco,
Voa como o Albatroz,
Temos o mesmo carrasco,
Luta por nós!

Felá do perdido Egito,
Nós já perdemos a voz...
Vê teu deserto infinito...
Luta por nós!

E faquir da Índia em dormência,
Rio triste e calma foz,

Com tua não violência
Luta por nós.

Mártires da Argélia em pranto,
Glória ao teu atroz!
Nas tumbas caladas tanto,
Lutai por nós,

Enquanto rezamos nós.

PARTIDA PARA CITERA

I
Vamos a um país ignoto
Em que é ininterrupto o luar,
Nós temos plano piloto,
E o destino é navegar.

Nós vamos a todo pano,
Ó o piloto sem plano!

II
"A única cidade
Em que não haverá saudade"
         Cassiano Ricardo.
"Vou-me embora pra Pasárgada."
         Manuel Bandeira.

Vou-me embora pra Brasília,
Aqui não sou mais feliz.
Lá descobrirei uma ilha,
À sombra dos pilotis.

Deixemos a morte e o estrago,
Vamos a um mundo risonho,
Pois se construíram o lago,
Nós construiremos o sonho.

E na tarde construiremos
Alicerces, contradanças.
Luas com barcos de remos,
Guindastes com esperanças.

Eu não tenho mais mulher.
Lá na incerteza fatal,
Não achando malmequer,
Eu desfolho a catedral.

Sim ou não, falando lasso,
Dirá ao meu destino de onda,
Desfolhada viga de aço,
Vinda de Volta Redonda.

.III
Falem muito, minha filha,
Da paixão e falem mal:
Nós vamos para Brasília:
Nosso amor é em espiral.

(Não quero Laura gloriosa,
Nem Cordélia de ar abstrato.
A mim basta possuir Rosa,
A rosa do Sindicato.)

Iremos, pela manhã,
Abrir, seja como for,
Uma porta de raiban,
Como os óculos do amor.

A vida não tem sentido,
Lá é uma outra cidade,
Sem trânsito dirigido,
Não terá fatalidade.

E para pasmo da Europa,
Florescida a catedral,
Será símbolo da Copa
Do Mundo que é o nosso Graal.

INTERMEZZO NORDESTINO

O povo não é um eunuco
Para as farras do sultão.
Acordou em Pernambuco,
Fero, Francisco Julião.

Pois este povo pressente
Que tudo é a mesma epopeia,
Que tudo é o mesmo Oriente:
Engenho da Galileia!

E nós, por esta hora hedionda,
Gritamos versos, pois nós
Sabemos que a mesma onda
De Assuã infla em Orós

A ira popular estronda
E há poetas perdendo a voz.

Sonetos do Artífice
Inédito, 1961

PRIMEIRO SONETO DO HOSPITAL

Na brancura da sala triste e plácida,
O microscópio vem – negro instrumento –
Uma tintura de fucaina ácida
Cora remorso mais desvalimento

Quem disse tudo vão, nesta fraqueza
Tudo um de perecer cru e aleatório?
Na vida há uma única certeza:
A dos exames de laboratório.

Mora o destino nos gânglios linfáticos,
No pulso filiforme habita a sorte,
Só tem o olhar do padre que ora o adoce.

Vais caminhando nos desvãos dramáticos:
Não há mais doença e eis que de tua morte
Vou fazendo o diagnóstico precoce.

SONETO DA GARÇONETTE

Saberdes seu mal pois faleço em langor.
E Calíope sabe que eu sou desmaiado.
A Fortuna me impôs destino lagrimado
E eu erro ao duro luar minhas coitas de amor.

Saberedes meu mal e seja como for,
Eu te vejo, cabreira, adormentando o gado,
Eu te escuto, gardênia, enlouquecendo o prado,
Rosa do viaduto e do televisor.

Faço um poema de amor, sou Camões e Romeu.
Maldito o que te achou e depois te perdeu,
Na noite do cinema ou na noite do mar...

Ah, que não sejas mais o fruto defendido,
Ó velada Afrodite, aparição do olvido,
Minha Julieta de balcão de bar!

SONETO DO FUNCIONÁRIO

Nas horas de expediente enfim aceito
Que me transfiram para uma colina
Longe de Madras, perto de Londrina,
Mas onde eu seja amigo do prefeito.

Pudera ser ou nomeado ou eleito,
Mas para esclarecer minha sina,
quando eu requeresse o olhar de uma menina,
pudesse despachar: Eu dou um jeito.

Eu hei de amar teu riso azul ferrete,
pousado no oficial de gabinete,
Enquanto a vida me é um erro tático,

E por entardeceres de lamentos,
teu vulto surge entre outros documentos,
como um tácito lírio burocrático.

SEGUNDO POEMA DO HOSPITAL

Jardineiro, o que planto, desvairado,
por meus ócios de tão mortuária luz?
Adubada as lágrimas e pus,
na carne o bisturi é amargo arado.

Fulgura como não fulgurou antes
A mancha putrescente dos caminhos.
Sou lavrador de terras delirantes,
Pois planto angústias entre sarçais de espinhos.

Nasceu na fronte o suor mais indigno.
Maligna é a luz, o lençol é maligno,
E o coração é um halo fluorescente...

Um caranguejo entre amarílis nada.
Dou-te um regime de cachorro-quente
Porém com mostarda nitrogenada.

SONETO DA GRAVIDEZ

Há vinte horas depus na tua furna mágica
As sementes do amor para que na vindima
Desponte a nossa filha, ou puta ou bailarina,
E noiva sepulcral, doce ninfa pelágica.

Certo vai irromper de uma névoa nostálgica,
Recém-parido feto e recente obra-prima.
Pastores amarão a aluada menina,
tão viva irradiará sua aurora hemorrágica.

Já dança no teu ventre e se me representa
que tange o tamboril matinal da placenta,
Um canto a reassoar de tenebrosas eras.

Nossas canções de amor, quem irá entendê-las?
Teu útero perfeito é habitado de esferas
E o teu ovário dó de abrigar as estrelas.

SONETO DO SADISMO

Teu peito dói de fúlgidos entrazes,
Da neblina da angústia é recoberto.
Se me levas assim pelo deserto,
Bebo-te o sangue, já que é longe o oásis.

Eu vou dizendo agonizantes frases,
Se irradiação de glóbulos espalhas,
Os teus seios têm riscos de navalhas
E as chagas brilham por detrás das gazes.

Amo-te as negras carnações lascivas,
Mordo-te os olhos: como-te as gengivas;
Amo-te o itinerário de destroços;

Amo-te o coração, perdido abismo,
Amo soprar nas horas de lirismo
Como um nevoeiro a poeira dos teus ossos.

Aviso aos Navegantes[*]
1980

* As notas de rodapé de *Aviso aos Navegantes* são de Jamil Almansur Haddad.

SURATA DO FERREIRO

A Haste[1]
do milho, caminho da liberdade e do pólen[2] (ou a do funcho, aquele mesmo
da semente de fogo oculta por Prometeu), produtora do esperma e do *Iskra*[3].

Para onde transportaste
o milagre profético de Santa Clara?
Vens vindo de Cañada Del Salobre.
Tens a pólvora e o machete. E jogavas cartas[4].
És chimarrão. E cubano ou argentino, mambi[5].
Brasileiro? Pois mudas o cenário da briga
e saltas da Sierra Maestra para a Serra da Barriga
e passas de Che a Zambi
Plantador de cacau e jardineiro do Paraíso[6].
Para ONDE? Sandino[7]

1. "Numa outra versão mexicana Ce Acatl (uma cana, uma haste) é o nome de Quetzalcoatl em sua função de deus jovem e seu hieroglifo corresponde ao de Hunahpu, sob a forma de haste de milho" (R. Girard).
2. Segundo Plínio.
3. Jornal de Lenin. Significa "Centelha".
4. Las Villas: Nestas regiões os cimarrões encontram lugares adequados para os "palenques", favorecidos pelas peculiaridades geográficas da província que na época colonial se chamava Santa Clara. O capitão do distrito de Santa Isabel de los Lagos participou de um episódio singular na perseguição dos apalencados e na batida que deu um dia de julho de 1837 no lugar chamado Cañada Del Salobre. É do relato: "Tanto os negros amotinaram-se e levantaram-se contra mim e minha comitiva que quando lhes foi dada voz de prisão puseram-se em riste com chuços, machetes e facas. Antes de investir estavam jogando cartas" (J. L. Faria).
5. É notória a grande presença de negros nos exércitos de San Martín. "Mambi, a palavra mais venerada em Cuba, nos foi imposta pejorativamente pelos inimigos da guerra da Independência. Parece que possui uma evidente raiz africana e que ela implicaria na boca dos colonizadores espanhóis a ideia de que os partidários da Independência fossem negros escravos, emancipados pela guerra da Independência e que formariam o grosso do exército libertador" (R. F. Retamar).
6. Quetzalcoatl.
7. "A figura quase mitológica de Augusto César Sandino, lutando pela libertação da Nicarágua, ficou nele gravada" (H. Gambini, *El Che Guevara*).

em Ocotal? Pancho Villa em Sonora?
Ou em Jerusalém dizendo Não
a Ricardo Coração de Leão,
Saladino,
chegado do Curdistão?
Para ONDE? Quem sabe é Giap
ou GAP[8]
que disse: Em Lo Son,
sob a responsabilidade do camarada
Cap,
comandando seis companheiros
instalamos a F.O.R.J.A.[9]
(Atanor)[10]
Como Gil Vicente a Frágua de Amor?[11]
(Glauco de Chios inventou a solda do ferro.)
para a fabricação de minas e morteiros.
Foi nossa primeira usina de armamentos.

As mulheres traziam marmitas de alumínio
e bandejas de cobre.

Sob a invocação da Virgem Del Cobre,
de madeira e negra; e cubana.

E o verde irradiava da fundição de bronze.

Bung de um martelo forja a terra
e de outro o céu[12].

---

8. Sigla do Grupo de Amigos Pessoais do Presidente Allende.
9. Sigla de Força de Justiça e Amor, ideada por Hélder Câmara.
10. "O atanor, este forno imortal onde o fogo deve queimar sem cessar até a perfeição do elixir" (J. P. Bayard).
11. Para replasmar o povo português, em vista de reestabelecer a justiça (Auto de Gil Vicente).
12. Da crença vietnamita.

A astrosonda.

E vamos seguindo o Derrotero de Valverde,
passamos por Pillaro,
o monte Guapo (distante em tempo claro),
Ambato, Llanganatis,
ali o lago
e na água o sol enterrado.
À esquerda uma forja
que os índios utilizavam para purificar o metal.
Pode ser reconhecida pela circunstância de os cravos
empregados
serem de ouro[13].
E o oxigênio em estado nascente da nova aurora?

Invocam os sertanejos
nas horas de mau tempo:
Santa Clara, clareai o dia!

A terra era linda e tinha em abundância tudo o que poderia desejar o coração do homem: a esplêndida plumagem dos pássaros, árvores exalando perfumes e distilando Gomes e sucos, com virtudes de prolongar a vida (Américo Vespuccio)

E chegaremos ao Éden
do Gilgamesh?
Ou ao de Adão em que o fruto proibido é a Amanita Muscaria?[14]
Antes mergulharemos para encontrar o arbusto?[15]

---

13. *In* Jean Dollinger, *L'Or des Incas*.
14. Cf. Allegro.
15. "Na epopeia do *Gilgamesh*, o herói desce ao fundo do mar para encontrar a planta, elixir da imortalidade. É uma ideia muito próxima da biologia moderna. Sábios como René Quinton pensam que o segredo da imortalidade reside no mar" (J. Bergier). "Tudo é possível, mesmo a imortalidade. Um dia virá em que os homens se espantarão de que seus antepassados, em sua ignorância, tenham vivido milhares de gerações na sombra terrificante da falsa convicção de que a morte era inevitável" (*O Correio da Imortalidade,*

E violando a legislação mandchu[16],
defendidos pelo dragão de esmeralda?[17]
Casta[18].

A árvores dão frutos de cornalina
ou mulheres[19].

Mas antes passaremos pelo Hotel Éden[20].
Não saber onde estás,
maneira de perceber que estás em tudo.

*Não é em vão mas com razão que se chama este continente de Novo Mundo...
não por ter sido recentemente descoberto mas porque ele é por suas gentes e
por tudo, o que foi o mundo na idade de ouro.* (Vasco de Quiroga)

Perseguem-te em vão
um bandido idumeu chamado Herodes.
Nenrode

de seita californiana, citado por Bergier). É interessante notar que os cientistas atuais sabem que o corpo humano se renova constantemente. E eles dizem que sob condições corretas tem capacidade de viver para sempre. Um vencedor de Prêmio Nobel, o dr. Linus Paulus, explicou que os tecidos do corpo se substituem. E teoricamente devem fazê-lo para sempre. O bioquímico William Beck: "Não vejo razão na natureza das cousas para a morte ser inevitável" (*A Verdade que Conduz à Vida Eterna*, editado pela Watchtower Bible and Tract Society of New York inc.). "A perspectiva de um prolongamento indefinido da vida humana é verdadeiramente terrificante" (G. Pickering, da Universidade de Oxford). "Talvez no inorgânico dos germes da vida e as tendências regressivas estejam presentes, dissimuladas. Deveríamos então abandonar definitivamente o problema relativo ao começo e ao fim da vida e deveríamos imaginar todo o universo orgânico e inorgânico como um vai e vem incessante entre as tendências de vida e de morte, onde nem a vida nem a morte chegariam a reinar sós" (Ferenczi).

16. Ela condenava à morte todos os que lidavam com plantas capazes de levar à imortalidade. Os homens serão iguais quando forem imortais (Profissão de fé dos Rosa-Cruzes).

17. Nome de sociedade secreta preocupada com este problema.

18. Na Idade Média, "a esmeralda é de natureza casta. A fim de se garantir que uma jovem é casta é preciso dar-lhe uma mistura de fragmentos de esmeralda etc." (K. Seligman).

19. Árvores que produzem mulheres, segundo lenda islâmica.

20. Hotel aonde Rosa Luxemburg e Karl Liebknecht foram levados antes da execução.

assassinou todos os primogênitos
para que não houvesse Abraão
– a inexorável esperança.
Não adiantou Joab
mandar matar todo filho varão,
pois escapou Haddad[21].
Que fabrica o firmamento[22].
Firmemente[23].

A erva de ouro[24].
Arrancam todas as árvores de mirra
para impedir o nascimento de Adônis[25].
Mohamad disse:
Criamos o ferro
que tem grande poder e utilidade para os homens.
O Herodes em inglês (eles são multinacionais) propugna o infanticídio
e propõe um massacre anual dos inocentes,
nas famílias com filhos extranumerários.
Teriam estas crianças direito a cemitério com repuxo,
o que não se dá com crianças ricas[26].
O que poderia ser traduzido para o francês:

21. "Levantou pois o Senhor um adversário a Salomão em Haddad. Ele era da semente do rei em Edom. Porque sucedeu que, estando Davi em Edom e subiu Joab, chefe dos exércitos, a enterrar os mortos... Porque Joab ficou ali seis meses, feriu a todo Israel até que destruiu a todo varão em Edom, porém Haddad fugiu, ele e alguns dos servos do seu pai fugiram com ele para o Egito" (I Reis 10:14-17).
22. "A palavra hebraica traduzida como firmamento significa precisamente 'uma franja de metal trabalhado'" (T. R. Gaster).
23. Do latim firmamento – apoio –, de *firmare*, tornar firme (*Le Petit Robert*).
24. "[...] uma tradição islâmica segundo a qual a transmutação dos metais tinha se tornado possível pela intervenção de uma planta chamada baaras ou erva de ouro, planta mágica que se dizia crescer no Líbano".
25. Adônis nasceu de uma árvore de mirra depois de dez meses de gestação.
26. Cf. Proudhon.

L'ouvrier pourra se marier n'em deplaise au philantrope anglais Malthus et au ministre français Duchatel qui prétendent que les ouvriers n'ont pas besoin de se marier et d'avoir una famille et que rien ne les oblige à restersur la terre quand ils ne peuvent pas trouver les moyens de vivre. (Verlin)

Ou para o argentino:

Yo le recomiendo que no ahorre sangre de gauchos que solo sirve para regar la tierra. (Sarmiento)
Guevara anuncia a sua mãe que se dispõe a abandonar a cúpula revolucionária e que irá a uma fábrica por 5 anos a fim de estudar de dentro para fora o funcionamento de umas tantas indústrias que dirigira do alto. (Rojo)

É possível que se marcasse o destino
no tiro levado na nuca em Alegria Del Pio.
(Ou Sachsenhausen)[27]
Como os operários não te viram? O visor protegia-lhes os olhos e
  [distraíram-se com fagulhas do arco voltaico?
Eles deram na bigorna a pancada tríplice
e não te vendo a imagem serena
não sonharam que eras Dionísio conclamando
na epopeia auroral do trabalho
que desaliena?

O Divino Mestre.
E o contramestre.

Quando os teus olhos (de célula fotoelétrica)
por si sós fariam andar as máquinas,
no dia em que o amor, o grande amor cibernético,
fosse um simples automatismo sempre repetido.
(E armado de fuzil para que a engrenagem engate perfeita.)

27. "Os prisioneiros incapazes de prosseguir serão abatidos aos milhares com um tiro na nuca" (*A Deportação*, ed. da Fédération Nationale des Déportés et Internés).

O Anjo da Guarda contra a sabotagem.

Branco e fundo,
Adonirão
desce às sombras do inframundo,
sob as montanhas de Kafe (grinalda que circunscreve o orbe) cuja raiz e
       [eixo são esmeralda,
que projeta o clarão
meio verde, meio purpúreo
do céu; a pedra de Mercúrio
e a do signo da Virgem,
e és Tubal-Caim,
que sabe o mistério da jazida
guardada por gnomos
e pai de quantos modelam o bronze e o estanho;
e o manganês, o vanádio e o cromo;
sabes os rios de ferro fundido
e cujo molde
é caulim e coque.
Sabes que os minérios são nossos,
nascidos de tua realidade de cabelos e ossos.
Mas desgraça! Não impedes
que a Imperial Mining Association roube o tesouro
do Barão de Catas Altas,
dando-lhe um jantar de almôndegas de ouro[28].

Christos era mecânico da fábrica Hellênida
e tocava guitarra.

Peixeira
em Quênia é panga,
mas a Belgo-Mineira
é a Union Minière de Katanga.

28. "O Barão de Catas Altas certa feita ofereceu aos convidados almôndegas de ouro" (O. Duarte
    Pereira, *O Ferro*).

Morremos. Mas nascem os filhos em cima das máquinas[29].

Ai, a tristeza de saber que o operário delira
de cansaço
no vale do Paraopeba; e que há lavras cativas em Itabira,
verão e inverno
ou em qualquer outro Averno,
só para que Salazar tenha o seu pulmão de aço!
(É a noite confusa
do céu desastrado,
a noite do gusa
e do carbonado)
Ah, dizer-se que os homens descem ao abismo da noite mais telúrica e
        [espessa,
só para que isto aconteça!

Sabemos que Haddad significa ferreiro
e discriminando: o último escalão da humanidade,
principalmente no Saara[30].
Só andaremos em caminhos próprios? Varreremos a poeira dos nossos
        [rastros? [31]
É poeta e profeta[32].

---

29. Jorge Street, industrial de São Paulo, chamando a atenção para as operárias trabalhando em adiantado estado de gravidez.
30. "Outrora os operários que trabalhavam o ferro eram relegados para o último escalão da humanidade e ainda nos nossos dias os Haddades do Saara, últimos artesãos ferreiros, cuja origem remonta aos anos 6000 antes de Cristo, formam uma casta à parte. Os metais são de alguma maneira os planetas do mundo inferior... Como os planetas, eles têm, por sua vez, um aspecto benéfico e maléfico... Como se trata de um reflexo inferior, o lado maléfico deve facilmente tornar-se predominante. Do ponto de vista tradicional, os metais (da mina) e a metalurgia estão em relação com o fogo subterrâneo cuja ideia se associa à do mundo infernal" (R. Guenon).
31. "[...] está proibido aos párias utilizarem-se de caminhos abertos por hindus das castas ou em certas regiões devem varrer com uma vassoura os rastros que deixam" (Lanternari).
32. "Há uma estreita afinidade entre metalurgia e alquimia, o ferreiro está assimilado ao poeta maldito e ao profeta desprezado" (Cerliot).

Ofício de ação subversiva.

Em 1576,

intimava-se a Bartolomeu Fernandes,

o único ferreiro de São Paulo,

a que sob pena de dez cruzados,

não ensinasse a arte da fusão a nenhum índio,

dado o perigo de substituição de tacapes e farpas de ossos[33]

por armas de ferro[34].

(Eles respiram mas à custa de nossa siderose.)[35]

Mas com os negros dos Palmares,

junto ao templo e à casa do conselho

e apavorando o senhor governador

também construiremos a forja[36]. E em São Petersburgo,

em 1905

todas as usinas que trabalhavam o ferro ou aço

começaram a fabricar, por iniciativa própria,

armas brancas[37]. Ogun Ferraille[38].

Os beduínos ou ciganos:

A forja é lugar sagrado,

espécie de templo adaptado

à vida nômade[39].

Beijamos a toalha do altar incandescente,

onde o Cristo portanto é de chaga fluorescente.

Vulcano,

o ilustre artífice[40],

33. Cf. Heitor Marçal.
34. Taunay. São Paulo no século XVI.
35. Intoxicação pelos sais de ferro.
36. "No largo da povoação, ao lado do templo e da casa do conselho, situava-se a forja... se considerarmos as possibilidades revolucionárias que o ferro sempre conferiu ao homem, poderemos compreender o pânico de certo governador de Pernambuco, quando soube da existência de oficinas de ferreiros em Palmares" (Décio Freitas).
37. *Apud* Trotsky.
38. Do culto vudu, protetor dos ferreiros.
39. Jacques Dechaussoy.
40. Homero.

coxo, o rosto cicatricial pelas estrelas desprendidas
e que opera no Mongibelo[41]
e sem fouce mas com martelo
vive a faina
de todas as forjas submarinas
ou subterrâneas.
O Grupo é em Golconda,
mas os altos fornos são em Volta Redonda
e da Kombi de Dom Valdir
o diácono espalha panfletos.

Por isto quando fundimos rezamos
e fabricamos Rolando,
pois Guevara observa:
"Chegou a notícia.
Eles trouxeram-no já exangue
e morreu
quando começamos a administrar-lhe plasma.
Uma bala lhe havia seccionado o fêmur
e tinha atingido as artérias e os nervos.
Perdemos o melhor homem da guerrilha.
De sua morte obscura,
pode-se apenas dizer:
teu pequeno cadáver de capitão corajoso
estendeu na imensidade
sua forma METÁLICA".
E Brahmapasti védico, soldador do mundo; Tvashtri faz os raios de Indra,
e as crianças da Bahia a tua metralhadora.

Conheces a lição do Swadarma
e quem prolonga o nosso corpo é o utensílio e a arma.
Amamos a madrugada branca
e teu braço desembocando

41. Outro nome do vulcão Etna.

em rodas e raios, em freixos e eixos, em polia e alavanca
e em La Coruña e Catalunha
(e para o Cuatemallan[42]
vai a forja catalã.)
E há a moalacá[43]; o poema suspenso no fuzil,
a essência refletida no ofício,
a palavra que se diz no comício.
E o símbolo que encerra
o gesto do guerrilheiro
escondendo semente e morteiro
debaixo da terra.

(Sabemos que os lesbianos enterravam a cabeça de Orfeu para que
      [pudessem nascer as sementes da música.)

Descemos aos infernos ferríferos.
E o motivo de nossa anemia é a falta de ferro.
Compraremos nas feiras do Nordeste amplamente geófago[44].

E empunhas afinal
em Pittsburg
a Durandal
ou a Excalibur.
de Artur[45]
no Ruhr.

42. Nome antigo da Guatemala.
43. Poema gravado em placa de ouro e suspenso à Kaaba, dos poemas vencedores de concursos das feiras de Okaz na Arábia pré-islâmica.
44. O fato é atestado por Josué de Castro. As pessoas anemiadas pelo *Ancilostoma duodenale* e a quem falta ferro comem a terra que o contém.
45. "Quem acreditaria que no século dezenove se havia de renovar no Brasil e em Portugal uma espécie de imortalidade do Rei Artur e que se pretendia em diversos períodos esperá-lo como Messias? É o que em nossos dias sucede acerca Del Rei Dom Sebastião. Os sonhos, as profecias, os cometas, os sinais pavorosos do céu, todos os prodígios, finalmente que acompanham na Idade Média um acontecimento extraordinário, foram invocados à porfia para provar que não só El Rei Dom Sebastião não estava morto, mas que havia escapado ao cativeiro e errava pela Europa" (Ferdinand Denis, *O Brasil*).

Amamos os teus olhos
de cintilômetro,
nascimento
do dia
e mapeamento
do sofrimento.

A nossa única aerofotogrametria.

*No Brasil o Presidente Jânio Quadros condecorou Guevara. Ao mesmo tempo
que cancelava concessões de jazidas ferríferas à Hanna. Teve que renunciar.*
(Osny Duarte Pereira)[46]

SURATA DO LEITO

E pelo São Francisco,
foge o povo do fisco,
pirata berberisco.
E por Tupã e Osíris,
duro é que o povo inteiro
o obriguem à derrama
e só Gonçalo Pires[47]
possa dormir na cama.
E em Paris e Dacar
o sossego tem dono[48],
pois há quem venda o sono,
mas é grátis o sonho
que traga de repente
em Huanuni e Conquiri

46. A condecoração foi cassada pelo governo instalado em 1964.
47. Personagem histórico do São Paulo colonial, famoso pelo fato assinalado.
48. Referência ao dramático problema do alojamento dos operários estrangeiros na França.

a cama porém fria
não a cama caliente[49].

Cristo nem teve cama em que pudesse nascer.
E nós como dormiremos?
Com pijama de madeira?[50]

O trabalhador brasileiro lutou pelo direito ao uso da cama. (E. Rodrigues,
Socialismo e Sindicalismo no Brasil)
*Quando os plantadores de cana de Pernambuco concordaram em junho de
1963, face à opressão do governo Miguel Arraes, em assinar uma tabela conjunta para pagamento das tarefas do campo, na semana seguinte ao primeiro
pagamento esgotou-se o estoque de camas no comércio da região, pela primeira vez em suas vidas os homens tinham dinheiro suficiente para comprá-
-las.* (Marcio M. Alves).
*Todavia em Cosenza, Joaquim de Flora fez as próprias camas do hospital do
mosteiro.*
As habitações subterrâneas possuem o indispensável: os leitos têm mosquiteiros.
(No Vietnã. Peter Weiss)

Às vezes dormimos em camas de gelo[51].
Em toda região, só encontramos camas em Chapi. (H. Bejar Peru)

E nós na rede.
Ele no chão.
Enquanto respiramos
é só Ele quem tosse[52].

---

49. Região das minas bolivianas, em vista da divisão por turnos dos operários as casas tam-
    bém são habitadas por turnos e quando o operário vai dormir já encontra a cama quente
    do operário que acaba de acordar, daí a expressão.
50. "Allende tinha dito intimamente que não sairia de La Moneda, e que dali só poderiam
    tirá-lo num pijama de madeira" (Ted Córdova).
51. Espécie de tortura policial no Paquistão.
52. "Não podia usar a rede devido à minha afecção alérgica. A penugem me afetava e me vi
    obrigado a dormir no chão" (Guevara).

SURATA DOS SAPATOS

Guevara perdeu os sapatos ao atravessar o Rio Grande.
(Diário de Pombo)

Mas nós iremos com os bondschuh[53]: com Jacob Bohme, sapateiro.
O nascimento pode ser no túnel.
No túnel é sempre natal,
mas sem Papai Noel,
pois para ele deixar os presentes não temos sapatos.
Queremos um papai Noel perfeito,
portanto sapateiro.

Hurakan deu o fogo aos maia-quichés, atritando suas sandálias uma na
    [outra[54].

Mas para nós a façanha é mais difícil.
O caminho longo de Ñacahuazu
relativamente bom,
mas mau para os sapatos. Muitos companheiros
estão quase descalços.
(4 de fevereiro de 1967)

Há três homens
descalços.
(20 de março de 1967)

Pablito com um pé em mau estado.
(26 de setembro de 1967)

53. Insurreição alemã animada por Joss Fritz no começo do século VI. Seu nome provém do
    sapato com tiras.
54. R. Girard.

Cúmulo de falta de sorte. Benigno perdeu
seus sapatos
(28 de fevereiro de 1967)
(Diário da Bolívia)

Amamos os pseudobulbos de conteúdo viscoso do Cyrtopodium[55].
É a filha de Malik que o sabe,
seu cavalo alto coberto de cicatrizes
e que tanto ouviu o rumor de sangue
e que mesmo descalços como estávamos,
vencemos os guerreiros que vinham com sapato de couro[56].

E entre os que são do Cabo,
rico é João Luiz da Silva,
preside o sindicato
e só ele tem sapato[57].

Saberá Nicola Saco, o mesmo da Milford Shoe Company

que a primeira vez que eu vi o Che na Guatemala, ele calçava sapatos rotos?
(D. Lopez)

Fidel se lembra de que um dia na Sierra, instalamos uma pequena fábrica de calçados e desde este momento nos tornamos industriais. (Guevara)

Fui enviado à Comuna por meus concidadãos; fiz o que pude; estive nas barricadas e lamento não ter sido morto nelas... Sou insurreto, não o nego. (O sapateiro Trinquet)

55. Nome popular, cola de sapateiro.
56. Versos de Antar.
57. "Em Cabo, vinte engenhos de açúcar às margens do Paranapanema, 400 000 toneladas por ano, 60 000 habitantes, contam-se 30 000 desocupados. Só um homem está calçado..." (J. de Brouker, *Dom Helder Camara*).

Removemos os paralelepípedos,
enquanto as carmelitas se descalçam.
Se o hidromel é de todos,
o vinho é só de Odin.

(E sonha o teu olhar azul,
tão pungitivo de celeste,
o pão e a terra para o sul
a terra e o pão para o nordeste.)

Paolo Addezio: Io faccio l'ambulante di scarpe al mercatino de Via Malta...
Il pesce si deve mangiare bem cotto, le cozze fanno veni u culera, e le scarpe
que fanno venire? Como devo fare per campare io e miei figli? Mi mangio le
scarpe? Bem cotte, fritti o bollite? (*L'Europeo*, Setembro 1973)

Eles caminhavam sobre os montes de Camaguey: Alguém se lembrou do per-
sonagem de Chaplin que andava com um pé enfaixado porque havia comido
um sapato. (H. Gambini, *El Che Guevara*)

Aconteceu que uma vez perderam-se no deserto (Colômbia) dos seus guias es-
panhóis. Fazia dias que não comiam bastante. Nem uma caça nem um fruto
à vista. Iriam morrer de fome? Um dos viajantes não aguentou mais, tirou as
sandálias, e começou a mastigar e a devorar a sola. Vendo o seu amigo renas-
cer para a vida, os outros fizeram a mesma cousa. E assim se vão cinco pares
de sandálias. Foram engulidos em pouco tempo. Solas comestíveis. Roulin
explica: gelatina no couro bruto. À volta a Paris, ele fará uma comunicação à
Academia de Ciências sobre as propriedades nutritivas da gelatina. (Desco-
la, *Les Français em Amérique Latine*)

Se andou pelas dunas, a chaga; se pelo polo a iluminura
da geladura. Portanto,
é pelo pé que se conhece o santo.
Embora muito doa,
em vez da fronte é o pé que ostenta a coroa.

Para Ele o contracanto,
o ditirambo, a loa.

(Amamos os pés rupestres; os da Ressurreição[58])

E a alpercata para
o seu pé doloroso
traz a firma de Bandarra,
sapateiro de Trancoso

De cada duas crianças que nascem nas minas, uma morre antes de aprender a andar. (Eduardo Galeano)

***

É bom que Sidarta
parta
primeiro.
E que deixe o País e o latifúndio ganadeiro.

Todos dizem que o filósofo erra
e que o poeta descaminha

Ninguém é profeta em sua terra.
E por isto trocamos: eu vou para a tua terra,
tu vens para a minha.

***

No instante
orante,

58. Em Marrocos. "Porque se encontram em numerosas cosmogonias o soberano – santos que teriam subido aos céus e teriam deixado no chão como o Cristo – a marca de seus pés" (Jean Mazel).

mito-te o cadafalso.
Mas vou a ti com meus pés descalços.

Todos nós nos descalçamos.
Passando por pedreiras e ramos,
abre-se-nos a pele em rosas doídas.

(E sabe-se que na América anda o pé
de São Tomé)

(A terra é armada de sílex.
Onde estás abre-se o círculo sacro.
Até onde chegam os teus olhos é tapete de mesquita,
improfanável por nossos pés como é incorruptível o caixão de sicômoro
da partida última)

E rezamos o ritual
para que Allah seja conosco; e que o canal
de Suez
seja conosco; e dos árabes
o petróleo árabe.

(Muita vez
a seca impede a água no sertão
e não é possível a ablução.
E o Jaguaribe de tão mofino
seca. É como um oued algerino.)

Onde está a perna de Osíris?
Os usineiros a teriam escondido?[59]

As vítimas foram obrigadas a andarem com os pés descalços sobre uma rua
cheia de vidros. (Guzman e Luna, *La Violencia en Colombia*)

---

59. "Era com efeito da perna de Osíris, conservada na ilha santa de Biggé, que se admitia
que a inundação saísse" (P. Deschaux).

Os pés que fogem na Nicarágua[60].

Andamos com os pés de Galan:

O pé direito em Charala, o pé esquerdo na povoação de Mogotes. (Da sentença que condenou José Antônio Gulan, mártir dos comuneros de Nova Granada)

O sinal dos pés de Afrodite gravado na Kaaba.

SURATA DA SERPENTE CIRCULAR

Estás em Rochester? Como passares desapercebido se os negros te
      [conhecem?
Nas furnas, imenso? Como, se os mineiros te conhecem?
(No deserto de Tar os sedentos)
Como, invisível nos hospitais, nos berçários, nos cemitérios, nos hospícios,
      [se os doentes, as crianças, os mortos e os poetas te conhecem?

Até quando esperaremos que voltes?
depois de explicado o mistério de tua décima oitava morte?
Mas como voltares se coerente e estático és o que não partiu nunca?
Como ressurgires, se atemporal, és o que vive?

Esclareça a Musa:
como voltares se a tua volta é condicionada
a que tragas

60. "É interessante como signo do destino que a marca antiga de um pé humano na Nicarágua seja o rastro de um pé que foge. As marcas de Acahualinca nos falam de primitivos indígenas que, talvez, tivessem baixado do norte, perseguindo o bisão... E desde então quantas vezes o nicaraguense deverá partir! É porque outro deus, um vulcão iracundo, vomitando fogo e lava, obrigou-o a empreender a fuga" (Pablo de Antonio Cuadra).

contigo a cabeça da medusa
de dentes que são de javali e atômicos,
de olhos de relâmpago, a moradora dos confins da noite?

Perseu novo, desta vez não a encontrarás na ilha de Sérifos, mas na de
[Manhattan.

E como voltares triunfante,
se não te acompanha Atena,
nem sequer ao menos
o arpoador de jacaré, marajoara,
e embora saibamos que vais de braços
de aço
e asas de ouro

Desces ao inframundo e vais de metamorfose em metamorfose em
[metamorfose
e és sucessivamente garça, andorinha, falcão dourado
e a serpente satã[61], que dilatada em anos
diz: Faleço e nasço cada dia.
(A morte é anterior à vida.)
Morro, renasço e chego a jovem todos os dias.

O cansaço
e o acesso de asma retardando o passo,
sempre atrás da coluna. Marcha é martírio.
É que anda sempre atrás nosso caudilho[62].

Dado o meu estado asmático que me fazia caminhar na cauda da coluna.
(Guevara)

Mas não há cruz nem Cirineu.
Nem asma sem Crespo.

61. Da crença japonesa.
62. Caudilho, de *caudillo*, cauda, vale tanto quanto cabeça (F. Luna).

Todos puderam chegar facilmente ao cume e ultrapassá-lo, mas para mi foi tarefa tremenda. Pude chegar mas com tal ataque de asma que, praticamente, dar um passo para mim era difícil. Naqueles momentos, recordo-me dos esforços que fazia para ajudar-se o "guagiro" Crespo. (Guevara)

(Sol viajante,
deixaste o santuário em busca da região hiperbórea;
mas o povo espera o teu retorno
e sob as palmeiras de Delos,
andarás montado em carruagens a que se atrelarão cisnes
de Ática.
E desvendados serão todos os mistérios.)

E quem não sabe que o chamam Eros,
as teses de abril, mais o tempo dos amores.
OUTRAS TERRAS ME CHAMAM. A partida é também em abril.
E os caixotes com cartuchos, hera e Hera?

SURATA DOS BONZOS

Ho ia de aldeia em aldeia, sob o disfarce de um monge budista, a túnica de açafrão e a cabeça raspada. (H. Fael)

Pode uma faísca incendiar os prados.
É a floresta dos bonzos incendiados,
pois os pés são a raiz feita de flama,
não há cabelos por folhuda rama
e é bom que os crânios sejam de pendões que acenem
feito a calva de Lenin.

Dizei-nos ONDE, ó piromantes!
Vamos para Rangoon[63].

63. "É verdade que o concílio de Rangoon em 1954 inaugurou um budismo renovado, en-

O Jornal do Comércio (1917) reclamava contra os Lenins paulistas uma repressão tão enérgica que para ser plenamente eficaz, seria necessária a decretação da lei marcial. (Melo, Bandeira e Andrade)

Seu nome do resplandescimento:
José Calixto do Nascimento[64].
Há bonzos e bonzas.
Na hora mais escura,
podemos tomar emprestada uma luz a Pham Van Quy,
calcinado no pagode Fap Hoi de Saigon.
Ou a Morrison,
flama votiva diante do Pentágono;
ou em Praga a Jean Palach; ou em São Petersburgo a Vetrova,
que, imolada, abrasou Trotsky[65].

Quando os portugueses deixaram a paliçada, atearam fogo sobre as cabanas, queimando velhos e crianças e se algum escapava, os Tupis, em presença de seus senhores, forçavam-no a voltar às chamas e morrer. (J. Mansilla e S. Maceta, *Relação a Felipe IV*)

sinando não mais escapar aos sofrimentos do mundo mas lutar de maneira original para transformar este mundo, e destruir as causas de seus sofrimentos, como aconteceu em 1963 no Vietnã" (R. Garaudy). "Como naquela religião havia alguns pontos dirigidos como condenação contra a sociedade tradicional, os budistas intocáveis acabaram por ser castigados por sua fé autêntica. Daí que fossem assinalados como uma ameaça para a estabilidade da sociedade hindu... os fiéis budistas dos primeiros tempos foram condenados à degradação e à prescrição da vida civil" (Lanternari). "No ano de 1534, a sociedade O Lótus Branco que professava a crença messiânica no retorno de Buda à terra... era sobre os camponeses e o proletariado das cidades que exercia a maior atração, inoculando-lhes a crença no direito divino de Rebelião" (E. Lenhoff).

64. "Anteontem, à noite, na linha em que está este bravo batalhão amazonense, apareceu um jagunço, declarando a sua qualidade: chamava-se João Calixto do Nascimento e era comendante da guarda católica de Antônio Conselheiro. Estando muito ativo o combate, ele morreu e com o incêndio, teve o mau gosto de incinerar-se" (*Gazeta de Notícias*, 13 de Outubro de 1897, *in* Walnice Galvão).

65. "Comecei meu trabalho revolucionário, acompanhando o protesto de Vetrova" (Trotsky).

Lutamos com carabinas Winchester,
as lanças de pau, com prego na ponta,
sob a cruz verde,
e virá para nos socorrer, ouvindo-nos a oração,
tombado do céu, o exército de São Sebastião,
como diz o Corão:

*Deus cobriu de sua proteção o profeta e os crentes. Ele fez descerem batalhões
de anjos invisíveis a vossos olhos para punir os infiéis.* (Cap. ix, 26)

Conhecemos as vossas razões: A Southern Brazil Lumber, a Colonization
        [Company[66]
E vós escrevestes nos vossos pasquins: Nós não temos direito à terra, toda
        [terra é dos Europeus.
Quem nos comanda? José Maria e os Doze Pares de França,
(na nossa matemática subdesenvolvida eles são pois vinte e quatro)
E todos de cabeça raspada[67].

Os estudantes japoneses foram os primeiros a fazer de Guevara seu ídolo. (J.
Mitchner)
Quisera partir para a ilha de Cuba que creio deve ser Cipango[68]. (Colombo)

Abre-se o Tori[69].
Instala-se o Viaduto Cidade de Osaka.
Brilham os suzuran-lô[70]
e o mitadomo,

66. Episódios (a partir da estrofe anterior) da Guerra do Contestado. "A concessão de ter-
    ras pelo governo a companhias colonizadoras estrangeiras... A situação torna-se crítica
    quando a Brazil Railway passa a empregar trabalhadores de outras regiões para conse-
    guir mão de obra barata... A estrada de ferro terminada, a empresa despede em massa,
    sem tomar as medidas necessárias à volta dos trabalhadores a suas terras ou à criação de
    novos empregos" (*O Estado de S. Paulo*, 19 de setembro de 1973).
67. A polícia havia raspado a cabeça dos subversivos.
68. Nome antigo do Japão.
69. Portal do Japão.
70. Postes com três lanternas nas duas calçadas das vias públicas.

brasão do senhor.
O bairro agora chama-se Oriental,
cancelado o nome antigo: Liberdade.
(São Paulo)

Para que morra o tratado
e nossos males se curem,
sou estudante alistado
nas filas do Zengakuren.

(Sei que a porta do futuro
está fremindo nos gonzos.
O novo mundo é maduro.
Passam em silêncio os bonzos.)

Na dança entoando canções,
não vão de compasso lerdo,
no pleito das multidões,
pulsa o coração esquerdo.
(O Sena à margem esquerda.)

Ouço de meu continente
vossos gritos pungitivos,
falais desabridamente,
estudantes rádio-ativos.

Na noite de espessa hulha,
percebo que a mesma lava
que em Guantánamo borbulha
fende o solo em Okinawa.

Lutais com Buda perfeito,
em vossa terra intranquila,
pois não levais cruz ao peito
em que só um Geiger oscila.

É a terra famosa e graciosa, de muitos pinheiros, e cedros e ameixas, cerejas e pêssegos, lauréis e castanhas, nogueiras e azinheiras que dão muitas bolotas, *carvalhos, peras de muito sabor, que eles só passaram a comer depois de nós o termos feito. Há por outro lado muitas frutas que em nossa terra não conhecemos; das ervas que há em Portugal apenas alfaces. Há rosais, cravos e muitas outras flores de singular perfume e laranjas, romãs e pereiras.* (Jorge Alvares, viajante português – esteve no Japão em 1544)

Dão-vos cerejas e pêssegos,
os frutos iniciais da vindima
e dais-lhe em troca a espingarda[71],
a célula inicial da bomba de Hiroshima.
Montezuma deu-lhes um sol de ouro e uma lua de pedra.

E o aposutoro prepara o Adobento
cantando Areruya,
diante do Arataru,
a Biruzem protege o Bauchismo,
obtém-se a garaça do Karisu
e a todos manda ao Haraíso[72].

***

Em Tóquio na Dieta,
ressoe na tuba
meu canto de poeta
e guerreiro baluba.

71. A espingarda foi introduzida no Japão pelos portugueses. Já no Vietnã, "João da Cruz, que ali esteve antes de 1616, foi o criador da primeira fundição local e de peças de artilharia" (*in* Paul Mus, *Ho Chi Min*). Trank Koi revela que a língua portuguesa foi a mais usada nas relações entre vietnamitas e europeus sem distinções. "Gaspar de Amaral e Antônio Barbosa tinham redigido um dicionário vietnamita-português e um dicionário português-vietnamita" (*idem*).

72. Esta estrofe é feita com palavras japonesas que são portuguesismos, devidos à ação dos missionários no Japão: Apusutoro, apóstolo; adobento, advento; areruya, aleluia; arataru, altar; biruzen, virgem; bauchismo, batismo; garaça, graça; Karisu, Cristo; Haraíso, Paraíso.

Meu poema é imprevisto,
canto logo existo.

Depois do decreto datado de 1616[73].

Mas houve aparição de Salmanasar (ou Salazar)

Eu me aproximei da fortaleza de Orartou[74]. Cerquei a cidade, apoderei-me dela, massacrei numerosos guerreiros, depois fiz erguer uma montanha de crânios diante da cidade...[75]

(O grande massacre cuneiforme. Mas nós tecemos o quipu de linho. Escrevemos sobre o maguey. Sobre palmas, arrancadas dos nossos quilombos. Sobre omoplatas de carneiro. Sobre cilindros de cobre.)
Iremos a Zampango[76],
subiremos o Gólgota[77].
Homem de cabeça raspada:
é um calvo,
é puro. (Levítico, trad. Chouraqui)

SURATA DAS CIDADES HERÉTICAS

Contra as piranhas: s.k.f., i.b.m., Philips, Bayer.
Ourador
do ouro, mirrador
da mirra, nós restauraremos Ouradour.
De que ficou intacto apenas o crucifixo.

73. "[...] decide que os mendigos de Paris serão chicoteados em praça pública, marcados nos ombros, a cabeça raspada, depois expulsos da cidade" (Foucault).
74. Ararat.
75. *In* H. e G. Schreiber.
76. Nome de numerosas cidades do México. "Lugar dos crânios".
77. O lugar dito do crânio em hebraico.

Quando os holandeses começaram com raiva herética e desatinada a quebrar
as imagens dos santos, que ficavam na sacristia do colégio, arremeteram-se a
um crucifixo devoto... Caiu em terra, quebrou-se a cruz de pau e com a força
do golpe se fez em pedaços e a imagem (cousa maravilhosa) que não era de
metal mais forte, antes mais fraco, ficou tão inteira como se a terra dura, em
que caiu estivera alcatifada de colchões ou coxins brandos.
(Vieira)

É que a rádio grita:
Fujam enquanto é tempo. A estrada de Jericó está aberta.
(Ah! que eles proíbem a multiplicação de nossos cereais originais!)

Há dez anos que se desenvolveu a primeira comunidade produtora de ali-
mento em Jericó. (R. Segall)

Mas como chegar à Palmares semita?[78]
(A refeição três pequenos pássaros e o resto palmitos.
Recolhemos 12 palmitos e caçamos alguns pássaros.)
(Diário da Bolívia)

Se já nos mataram em Palmarito?[79]
Com palmitato[80],
O mesmo que quase incinera
o que partiu em 1965 (na primavera)
Estamos cercados por 2 000 homens, num raio de 120 quilômetros e o cerco se
aperta, completado pelos bombardeios de napalm. (Diário da Bolívia)

As muralhas ruem por trombeta ou míssil.

Folga nego,
branco não vem cá,

78. "Jericó, a cidade das palmeiras" (Juízes 3:13).
79. "El Negro, o médico peruano morto em Palmarito" (*Diário da Bolívia*).
80. Um dos componentes do napalm.

se vié
o diabo há de leva,
folga nego,
branco não vem cá,
se ele vié
pau há de levá[81].

De que adianta a estrada de Jericó aberta,
se as trombetas já tocaram e os muros estão derruídos?
Mas a estação dos homens é hoje outra,
Pois sintonizam para a Voz do Senhor:

*Quando o Senhor teu Deus te tiver introduzido na terra a qual vais possuir
e tiver lançado fora muitas gentes de diante de ti, os heteus, os gergaseus, os
amorreus, e os cananeus, os periseus, os heveus e os jabuseus, estas gentes
mais numerosas e mais poderosas do que tu, e o Senhor teu Deus as tiver
dado diante de ti para as ferir, totalmente as destruireis. Não farás com elas
concerto, nem terás piedade delas.* (Deuteronômio)

Pois aqui ninguém é heteu nem jabusteu
e há apenas uma criança palestina que morreu.

O Senhor antigamente poderia ter falado aramaico. Mas hoje estuda no
        [Instituto Goethe e aperfeiçoa o seu alemão.
E sabe tudo: Geheimestaats polizei, Obsersturmfaher, Nacht and Nebel,
        [Sonderkommand, Endlosug.
Coventry, Son My, Baby Yar, Tu Se, Thang Bi, Bau Boa Ha, Binh Giang,
        [Bihn Trieu, Tinh Boa, Binh Duong, Binh Giang, Dahra, Al Tirah,
        [Kafr Kassim, Khan Tounis.
(As nossas cidades tem nomes duros e vos impedirão de a nossa custa
        [ouvirdes versos belos.)
Desculpai-nos.
É assim a internacional dos massacrados.

81. Do folclore alagoano pré-palmarino.

E quem lucra é a Ancient Ruins Co. Ltd.[82]
Nós temos que destruir a cidade para salvá-la[83].

Os periseus
são omnímodos. Múltiplos. Polivalentes. Ecumênicos. O internacionalismo
        [dos cananeus.

Quem disse foi Josué, mas como estava em hebraico,
foi traduzido para o inglês,
língua internacional etc. e tal,
e quem se incumbiu foi Cecil Rhodes,
(e nós que lemos pouco ficamos com o áudio-visual)

*Eu estava ontem no East End de Londres, assistindo a um meeting de desem-
pregados. Ouvi os discursos selvagens que eram um grito de pão! E no meu
caminho para casa eu ia pensando nesta cena e ia tornando-me cada vez mais
convencido da importância do imperialismo. Minha ideia bastante acalentada
é uma solução para o problema social, isto é, com o objetivo de salvar os milhões de habitantes do Reino Unido de uma sangrenta guerra civil, nós estadis-
tas coloniais, devemos obter novas terras para fixar o excedente da população,
para conseguir novos mercados para as mercadorias produzidas nas fábricas e
nas minas. O Império, como eu sempre disse, é uma questão de pão e manteiga.
Se quiserdes impedir uma guerra civil, deveis tornar-vos imperialistas*[84].
E internacionais os massacradores.
E quem manda o ofício é Jean Darcolos, comandante da Gendarmaria de
        [Patras à Segurança de Atenas:

Tenho a honra de informar que, de acordo com seguras fontes de
        [informações, as forças alemãs em operações procederam às medidas
        [seguintes:

82. Sociedade britânica formada para a exploração de ruínas.
83. De um oficial norte-americano no Vietnã.
84. Citacão de Lenin.

1 – Incêndio da cidade de Kalavitras e massacre de 550 a 650 pessoas.
2 – Incêndio da aldeia de Skepasto, após bombardeio intenso de artilharia.
    [Ignora-se o número de vítimas do bombardeiro e das execuções.
3 – Incêndio dos mosteiros de Santa Laura e da Grande Gruta e execução
    [dos monges que ali se encontravam.
4 – Incêndio da aldeia de Karpani e execução de 68 pessoas.
5 – Incêndio da aldeia de Kat Zachlorou, execução de 68 pessoas.
6 – Incêndio de 4 a 5 casas em Kata e execução de 5 pessoas.
As operações prosseguem[85].

Mas lutaremos:

Não entregaremos esta cidade senão quando esteja reduzida a cinzas e ainda sobre as cinzas os combaterei sempre. (Henry Christoph, à esquadra francesa em Cap Haïtien)

E chegada a hora do fim,
a apsara espera o Vietcong
e a huri os fedayn.
E triunfaremos.

Nós não temos medo das ruínas. Nós vamos receber a terra inteira como herança. A burguesia pode muito bem fazer explodir o seu mundo e reduzi-lo a poeira antes de deixar a cena da história. Nós trazemos em nós um mundo novo que desabrochará no mesmo instante. (Buenaventura Derruti)

Salitre e areia.
Noite parada,
lua defunta,
pois fuzilada.
E quem passeia?
Os quatro generais da Junta.

---

85. Perdida a fonte de referência.

Pensam que ninguém dá mais um grito verdadeiro,
Só porque abolem a palavra companheiro.

Mas amanhã?
Corvalan.

Los cuatro generales,
Mamita mia
por una noche buena
serán ahorcados.
(de canção da guerra civil espanhola)

E vão morrendo de quatro em quatro,
Em Teerã.
Somos chiitas. E dancem os dervixes
(já mortos os tapetes persas,
só salvas as esteiras sobre que nos prosternamos)
E bebamos um vinho igual ao de Omar Khayyam.
Só de nós conhecido. No Paquistão.

É preciso compreender que o regime democrático é incompatível com o clima
dos países quentes. Para que possamos viver em democracia seria preciso que
habitássemos um país frio como a Grã-Bretanha. (General Ayub, paquistanês)

Guevara anota:
Avançamos um pouco porque a torrente que seguimos é seca.
Contaram-nos a odisseia deste grupo perdido na montanha, sem água.
Passamos uma noite má por falta de água.
Foi preciso procurar água no "canyon" pois que aqui uma parede a pico
        [nos impede.
Saimos com o cair da noite com os homens esgotados pela falta de água.
Ontem eles dormiram sem água e hoje continuaram a caminhar até as 9
        [horas sem encontrar água. Benigno reconheceu o lugar e vai se
        [lançar na direção do Rosita para encontrar água.

Pablo e Dario só voltarão depois de haverem encontrado água.
Os "macheteros" mandaram dizer que não encontraram água e que
[continuavam só vendo terrenos secos.
(*Diário da Bolívia*)

Ele teve sede e ninguém lhe deu de beber. Eu quisera dar-lhe água e enxugar o
suor de sua fronte e a poeira de sua roupa. (De Mme. Nemours, a propósito
de Louverture – preso).

SURATA DO FOGO

Mas o que amamos é Buda, o rei das cem luzes, os círios durante o canto do
Evangelho; o lúmen Christi; o gótico flamejante, os 30 000 olhos da libélula,
Zaratustra no ventre da mãe nos três últimos dias de sua gestação, aluminan-
do a aldeia inteira, os fogos de São João (mais acesos ainda pelo sangue dos
mineiros mortos em Catavi, origem do soviet de La Paz de 71, invertendo o
de São Petersburgo de 17), a luz de mistério que envolve o sacerdote como
túnica vera, as supernovas, os pulsars, a lua cheia, Vênus cheia, os irmãos
Berrigan incendiando os arquivos militares de Catonville, o cacto-cande-
labro, o endurecimento da argila, a luminância, Igni Soma, as petroleiras
comunardas, o funcho, a fotossíntese, Héstia, a heliofania[86] Congo Braza,
as duas artérias das placentas, a oosfera, Bolívia e o Apex,

Guevara visitou Debat (ex-presidente do então Congo Francês, em 1964-1965)
e convenceu-o de que ele precisava reforçar suas forças armadas com ajuda
militar cubana. (Dos jornais, 1970)

E Xiva, no imenso bailado cósmico, dançando dentro do círculo de
[chamas a Tândava.

O que nós amamos é Heliópolis, capital da Síria, além de Ogígia, a cidade
[solar da Rosa-Cruz e a de Campanella.

86. Grau de transparência que permite a passagem dos raios solares (F. A. Darus).

E a rosácea do portal norte da catedral de Chartres
e Castro Alves louvando a hebreia e o Quixote e a Dulcineia (e a coragem
      [da ideia e no lago a ninfeia e principalmente a grande luz prometeia.)

Acender o fogo numa lareira ou num forno significa a gestação de uma crian-
ça; porque a lareira e o forno são semelhantes à mulher; neles o fogo prediz
que a mulher está grávida. (Artemidoro)

... e os mujahiddin[87].
os fellahim[88].
e os harratim[89]
e os camoquim[90]
e os raios claros
da estrela dos Tupamaros
(na fronte de Flávia Schilling)
Inomináveis.
Os gorilas não podem invocar o seu santo nome em vão.

Não importa. Procuraremos as sete palavras perdidas[91].

A NOITE DE SÃO JOÃO (BOLIVIANA)

Dizei-nos onde, molibdomantes[92].

87. Guerrilheiros argelinos.
88. Plural de felá.
89. Negros do oásis.
90. Guerrilheiros haitianos.
91. O governo uruguaio a certa hora proibiu o uso de sete sinônimos que se pudessem referir aos tupamaros. Durante a guerra os nazistas proibiram partisan e konkret; a Junta militar chilena, companheiro. Na Hungria e na Transilvânia "os ciganos perdiam até o nome; era preciso desde então chamá-los novos camponeses ou novos magiares" (F. De Folletier).
92. As que adivinham através do chumbo.

Entre os mineiros comentava-se a possível presença de Che Guevara na Bolívia. Sabe-se de alguns mineiros que viajaram até o sudeste dispostos a engrossar as fileiras dos guerrilheiros. (G. Iriarte)

O massacre de 24 de junho trazia em germe o assassinato de 8 de outubro. (Debray)

A noite de São João
não foi tão fria quanto se costuma dizer.
(23 de junho de 1967)
A rádio argentina anuncia 87 vítimas;
os bolivianos escondem o número.
Minha asma continua a aumentar.
(*Diário da Bolívia*)

A NOITE DE SÃO JOÃO (VIETNAMITA)

Os fenícios acendiam cada ano uma fogueira no solstício de verão e que era sem dúvida em honra de Fênix... um paralelo entre a fogueira de São João e este pássaro fabuloso; ora, nós vimos que Fênix era o símbolo da noite de São João e conserva a mesma ideia de ressurreição. (J. P. Bayard)

É madrugada.

O Che, muito enfermo, levantava-se às três da manhã para fazer café para os companheiros. (Enrique Salgado)

E os fogos do Tet e os de São João.
A matança dos mineiros.
É Saigon.
Destruímos a Embaixada
(construída não à prova de sonho mas de bala.)
Dos vinte que somos morremos dezenove.
(Ah! o segredo de tua décima nona morte!)

Sou poeta. Cantarei minhas trovas
e no ano lunar novo,
as armas são novas.
E as rimas. Mesmo sendo festa o povo
sofre; os burgueses descansam,
os marines e os namorados passeiam no parque Tao Dam,
e enquanto não chega a manhã,
os generais dançam
com a senhora do Presidente.
De repente
(e não decifra nada a esfinge de Gizé)
é Clóris e Vercingetorix,
é bazuca e foguete; e pensam que é rojão e busca-pé.
Ressucitar-se a gesta imprevista
dos estudantes – heróis à paisana
que um dia em Havana
subiram a escadaria
no encalço de certo gorila chamado Batista.
E glória a Echevarría!

Os estudantes ressuscitam
no aeroporto de Tan Son Nut.

Destruímos os aviões na pista de pouso.
É diana.
Tocamos a diana às 5 horas.
(*Diário da Bolívia*)

os camponeses saídos do túnel são os mesmos *guajiros* partindo das
cabanas.
(Em Khe San ou Sagres Dom Henrique
as tuas caravelas, postas a pique,
de que te valeram os sábios
que inventaram os astrolábios?)

Dezenove morreram no jardim e na rua,
mas se um só sobrou, é Guevara que continua.
E se quiserem, seu endereço, escrevam com familiaridade:
Rua Donc Tu Do, ou traduzindo, Rua da Liberdade.

NOITE DE SÃO JOÃO BAIANA

Eles gritavam: Viva os Negros e seu Rei! (1814)
Os comerciantes temiam que a sorte dos colonos de Haiti lhes fosse
        [reservada.
Os escravos faziam discursos revolucionários
e chegavam até a dizer
que na noite de São João não haveria mais nem um branco nem um
        [mulato vivo[93].

93. Cf. P. Verger.

Bibliografia de
Jamil Almansur Haddad

———•—•———

OBRA POÉTICA

ALKAMAR, *a Minha Amante*. São Paulo, Livraria Editora Record, 1935.

ALKAMAR, *a Minha Amante*. 2. ed. São Paulo, Livraria Editora Record, 1938.

A Lua do Remorso. São Paulo, Livraria Martins Editora, 1951.

AVIS aux Navigateurs: Le Premier Livre des Sourates. Paris, Librairie François Maspero, 1977.

AVISO aos Navegantes ou A Bala Adormecida no Bosque: O Primeiro Livro das Suratas. São Paulo, Livraria Editora Ciências Humanas, 1980.

LA ROSE Absolu ou Il Faut Changer le Rêve ou Un Coup de Hasard n'Abolira les Dês ou La Découverte de Béatrice. [Inédito presente no espólio], [198?].

ORAÇÕES Negras. São Paulo, Livraria Editora Record, 1939.

POEMAS: Orações Roxas, Novas Orações Negras, Orações Vermelhas. São Paulo, Edições Cultura, 1943.

PRIMAVERA na Flandres. São Paulo, A Bolsa do Livro Editora, 1948.

ROMANCEIRO Cubano. São Paulo, Brasiliense, 1960.

ROMANCE do Rio da Guarda ou O Governador e os Mendigos. São Paulo, Fulgor, 1963.

SONETOS do Artífice. [Inédito presente no espólio], 1961.

TEATRO

AFRODITE Padilha. [Inédito presente no espólio], [195?].

No FUNDO do Poço. Em coautoria com Helena Silveira. São Paulo, Livraria Martins, 1950.

TRADUÇÕES

ALCORÃO. *Fragmentos*. São Paulo, Comissão Pró-Mesquita Brasil, 1942.

ANACREONTE. *Odes Anacreônticas*. São Paulo, José Olympio, 1952. (Coleção Rubaiyat).

BAUDELAIRE, Charles. *As Flores do Mal*. São Paulo, Difel, 1958. (2. ed. 1964).

_____. *As Flores do Mal*. São Paulo, Max Limonad, 1981. (2. ed. 1985).

_____. *As Flores do Mal*. São Paulo, Círculo do Livro, 1981. (2. ed. 1995).

_____. *As Flores do Mal*. São Paulo, Abril Cultural, 1984.

BOCCACIO, Giovanni. *Contos*. São Paulo, Cultrix, 1986.

_____. *Histórias Galantes*. São Paulo, Cultrix, 1959.

_____. *Seleção do Decameron*. São Paulo, Cultrix, 1959.

CÂNTICO dos Cânticos, Atribuído a Salomão. São Paulo, Saraiva, 1950.

CARDUCCI, Giosuè. *Poesias Escolhidas*. Rio de Janeiro, Delta, 1961. (Coleção Prêmios Nobel da Literatura).

CONTOS Árabes. São Paulo, Ediouro, 1976.

DEBS, Cheker. *Vida e Obra de Adma Mokdessi Jafet*. Trad. do árabe. São Paulo, Editora Comercial Safady, 1960.

EWBANK, Thomas. *Vida no Brasil ou Diário de uma Visita à Terra do Cacaueiro e da Palmeira*. Belo Horizonte/São Paulo, Itatiaia/Edusp, 1976.

FAKHOURY, José. *Ausência*. Trad. do árabe. São Paulo, [s.ed.], 1975.

FONTANA, Alberto de E. *Psicoterapia com LSD e Outros Alucinógenos*. São Paulo, Mestre Jou, 1969.

GIBRAN, Gibran Khalil. *As Asas Mutiladas*. [inédito presente no espólio], [194?].

HUGO, Victor. *Odes e Baladas*. São Paulo, Editora das Artes, 1960.

IBN-SINA. *Fundamentos do Islã*. São Paulo, [s.ed.], 1946.

KHAYYAM, Omar. *Rubáiyát*. São Paulo, Bolsa do Livro, 1944.

_____. *Rubáiyát*. Trad. do inglês. São Paulo, Pioneira, 1978.

KIPLING, Rudyard. *Poemas do Livro da Jângal*. São Paulo, Companhia Editora Nacional, 1941.

LAZERGES, Elie. *Grandes Hipóteses da Ciência Moderna*. Trad. do francês. São Paulo, Edições Cultura, 1944.

LONGO. *Dáfnis e Cloé*. São Paulo, Livraria José Olympio Editora, 1952.

LUTFALLA, Felipe. *Brisas do Líbano*. Trad. do árabe. São Paulo, [s.ed.], 1970.

MATTAR, Jamil. *Saudades do Deserto*. Trad. do árabe. São Paulo, [s.ed.], 1980.

MOLIÈRE. *O Misantropo – Teatro Escolhido*. São Paulo, Difel, 1965.

NOITE Santa. *Antologia de Poemas de Natal*. São Paulo, Edições Autores Reunidos/
Ougarit, 1960.

OVÍDIO. *A Arte de Amar*. São Paulo, Biblioteca Universal Popular, 1964.

PETRARCA. *O Cancioneiro*. São Paulo, Livraria José Olympio Editora, 1945.

POESIAS Escolhidas. *Coleção dos Prêmios Nobel de Literatura*. São Paulo, [s.ed.],
[19??].

SAFO. *As Líricas de Safo*. São Paulo, Edições Cultura, 1942.

VERLAINE, Paul. *Passeio Sentimental*. São Paulo, Círculo do Livro, [196?].

_____. *Poemas*. São Paulo, Difel, 1962.

_____. *Poemas Profanos*. [Inédito presente no espólio], [196?].

WOLF, Ferdinand. *O Brasil Literário: História da Literatura Brasileira*. São Paulo,
Companhia Editora Nacional, 1955.

ANTOLOGIAS ORGANIZADAS

ALVES, Castro. *Poemas de Amor*. São Paulo, Civilização Brasileira, 1957.

_____. *Poemas Escolhidos*. São Paulo, Cultrix, 1967.

_____. *Poesias Completas*. São Paulo, Companhia Editora Nacional, 1952.

AS OBRAS-PRIMAS da Poesia Religiosa Brasileira. São Paulo, Martins, 1954.

ASSIS, Machado de. *Poemas de Amor*. São Paulo, Civilização Brasileira, 1970.

AZEVEDO, Álvares de. *Poemas de Amor*. São Paulo, Civilização Brasileira, 1970.

BOCCACIO, Giovanni. *Contos*. São Paulo, Cultrix, 1986.

CONTOS Árabes. São Paulo, Ediouro, 1976.

CARDUCCI, Giosuè. *Poesias Escolhidas*. Rio de Janeiro, Delta, 1961. (Coleção
Prêmios Nobel da Literatura).

HEINE, Heinrich. *Livro das Canções*. São Paulo, Livraria Exposição do Livro, 1940.

HISTÓRIA Poética do Brasil. São Paulo, Letras Brasileiras, 1943.

MARAVILHAS do Conto Árabe. São Paulo, Cultrix, 1954.

NOITE Santa. *Antologia de Poemas de Natal*. São Paulo, Edições Autores Reunidos/
Ougarit, 1960.

NOVELAS Brasileiras. São Paulo, Cultrix, 1963.

NOVELAS Orientais. São Paulo, Cultrix, 1963.

O AMOR no Pensamento Humano. São Paulo, Flama Editora, 1947.

O LIVRO *de Ouro da Poesia Religiosa Brasileira*. São Paulo, Edições de Ouro, 1966.
VARELA, Fagundes. *Poemas de Amor*. São Paulo, Civilização Brasileira, 1970.
VIEIRA, Padre Antônio. *Os Sermões*. São Paulo, Difel, 1968.

OBRA CRÍTICA

LIVROS E TESES

Álvares de Azevedo, a Maçonaria e a Dança. São Paulo, Conselho Estadual de Cultura, Comissão de Literatura, 1960.
Defesa e Ilustração da Antologia. Em coautoria com Alfredo Buzaid. São Paulo, Companhia Editora Nacional, 1961.
Literatura e Mistificação. São Paulo, Empresa Jornalística P. N., 1967.
Lutas de Classe. São Paulo, Civilização Brasileira, 1963. (Coleção Poesia Hoje).
O Amor no Pensamento Humano. São Paulo, Flama, 1947.
O Que É Islamismo? São Paulo, Brasiliense, 1981. (Primeiros Passos).
Revisão de Castro Alves. São Paulo, Saraiva, 1953. 3 vols.
Revolução Cubana, Revolução Brasileira. São Paulo, Civilização Brasileira, 1961.
Romantismo Brasileiro e as Sociedades Secretas do Tempo. Tese de Concurso. São Paulo, 1945. Disponível na Biblioteca Florestan Fernandes, Faculdade de Filosofia, Letras e Ciências Humanas, Universidade de São Paulo.

ESTUDOS INTRODUTÓRIOS E ARTIGOS ACADÊMICOS

"A Poética de Mário de Andrade". *Separata da Revista do Arquivo Municipal*, 1946 (São Paulo).
"Axiologia e Crítica Literária". *Actas del Primer Congreso Nacional de Filosofía*. Mendoza, Universidad Nacional de Cuyo, tomo III, sesiones VII – Estética, pp. 1475-1479, 1950.
"Baudelaire e o Brasil". *In:* BAUDELAIRE, Charles. *As Flores do Mal*. São Paulo, Difel, 1958.
"Confissões de um Tradutor de Poesia". *Tradução e Comunicação*, n. 2, pp. 97-108, mar. 1983.
"Contribuição ao Estudo da Ilustração no Brasil". *Anais do Congresso Brasileiro de Filosofia*, vol. 1, pp. 127-133, 1950.
"Essência e Forma do Simbolismo". *Revista do Arquivo Municipal*, ano XII, vol. CIV, pp. 7-28, ago.-set. 1945 (São Paulo).

"Interpretação do Cântico dos Cânticos". *In*: Cântico dos Cânticos, A*tribuído a Salomão*. São Paulo, Saraiva, 1950.

"Interpretações das Mil e Uma Noites". Conferência na Semana de Estudos Árabes, Universidade de São Paulo, 1986.

"Introdução". *In*: ALMEIDA, Guilherme de. *Tempo*. São Paulo, Flama, 1944.

"Introdução". *In*: ALVES, Castro. *Poemas de Amor*. São Paulo, Civilização Brasileira, 1957.

"Introdução". *In*: ANACREONTE. *Odes Anacreônticas*. São Paulo, José Olympio, 1952. (Coleção Rubaiyat).

"Introdução". *In*: AZEVEDO, Aluísio. *A Mortalha de Alzira*. São Paulo, Martins, 1940.

"Introdução". *In*: EIRÓ, Paulo. *Sangue Limpo: Drama Original em Três Atos*. São Paulo, Departamento de Cultura, 1949.

"Introdução". *In*: KHALDUN, Ibn. *Os Prolegômenos ou Filosofia Social*. São Paulo, Editora Comercial Safady, 1958.

"Introdução". *In*: LE BON, Gustave. *A Civilização Árabe*. Curitiba, Paraná Cultural, 1965.

"Introdução". *In*: MACEDO, Joaquim Manuel de. *Memórias da Rua do Ouvidor*. São Paulo, Companhia Editora Nacional, 1952.

"Introdução". *In*: MARAVILHAS do Conto Árabe. São Paulo, Cultrix, 1954.

"Introdução". *In*: NOVELAS Orientais. São Paulo, Cultrix, 1963.

"Introdução". *In*: VERLAINE, Paul. *Poemas*. São Paulo, Difel, 1962.

"Introdução às Mil e Uma Noites". *In*: *As Mil e Uma Noites*. São Paulo, Saraiva, 1961, 8 vols.

"Introdução às Poesias de Gonçalves Dias". *In*: DIAS, Gonçalves. *Obras Completas*. São Paulo, Edições Cultura, 1942.

"Introdução a Vieira". *In*: VIEIRA, Padre Antônio. *Os Sermões*. São Paulo, Difel, 1968. (Clássicos Garnier).

"Islam et Egalité". [Inédito presente no espólio], [197?].

"Linguagem de Mário de Andrade". *Revista do Arquivo Municipal*, ano XII, vol. CVI, pp. 36-40, jan.-fev. 1946 (São Paulo).

"Mukádamat Omar Khayyam" *In*: KHAYYAM, Omar. *Rubáiyát*. São Paulo, Pioneira, 1978.

"O Decenário de Castro Alves". *Revista do Arquivo Municipal*, ano XIII, vol. CXIII, pp. 147-155, mar.-abr. 1947 (São Paulo).

"Os Românticos Esquecidos". *Revista do Arquivo Municipal*, ano XIII, vol. CIX, jul.--ago. 1946 (São Paulo).

"Prefácio". *In*: ALMEIDA, Manuel Antônio de. *Memórias de um Sargento de Milícias*. São Paulo, Melhoramentos, 1968.

"Prefácio". *In*: ALVES, Castro. *Poemas Escolhidos*. São Paulo, Cultrix, 1967.

"Prefácio". *In*: *As Obras-Primas da Poesia Religiosa Brasileira*. São Paulo, Martins, 1954.

"Prefácio". *In*: *O Livro de Ouro da Poesia Religiosa Brasileira*. São Paulo, Edições de Ouro, 1966.

"Prefácio". *In*: BOCCACIO, Giovanni. *Contos*. São Paulo, Cultrix, 1986.

"Prefácio". *In*: STADEN, Hans. *Primeiro Viajante*. São Paulo, Difel, 1965.

"Rose Maluf". *In*: *Colhedora das Estrelas: Rose Maluf*. São Paulo, [s.ed.], 1970.

"Sade e o Brasil". *In*: SADE, Marquês de. *Novelas do Marquês de Sade e um Estudo de Simone de Beauvoir*. São Paulo, Difel, 1961.

"Sobre Bernardo Guimarães". *In*: GUIMARÃES, Bernardo. *O Ermitão de Muquém: O Garimpeiro*. São Paulo, Livraria Martins, 1952.

ARTIGOS PUBLICADOS EM JORNAIS

"Adotada a Proposta de Fundação da Casa da Poesia". *Folha da Manhã*, 4 maio 1948 (São Paulo).

"As Verdades sobre o LSD". *O Pasquim*, n. 51, pp. 20-21, 17 jun. 1970 (Rio de Janeiro).

"De Castro Alves a Moacir de Almeida". *Folha de S. Paulo*, 18 maio 1944.

"Do Gongorismo em Portugal". *O Estado de S. Paulo*, 31 ago. 1957.

"Influência Islâmica na *Divina Comédia*". *Folha da Manhã*, jan.-mar. 1946 (São Paulo).

"Islamismo, a Fé a Serviço da Revolução". *Folha de S. Paulo*, 19 fev. 1979.

"Meu Trabalho Foi o de Apontar as Dimensões Exatas de Castro Alves". *Folha da Manhã*, Atualidades e Comentários, 13 set. 1953 (São Paulo).

"Omar Khayyam em Português". *Folha da Manhã*, 23 set. 1943 (São Paulo).

"Sentido do Indianismo Brasileiro". *O Estado de S. Paulo*, 2 dez. 1944.

"Sobre o Primeiro Congresso Brasileiro de Poesia". *Folha da Manhã*, 28 abr. 1948 (São Paulo).

Referências Bibliográficas

ABU-NUWÀS. *Khamriyyat – Poesia Báquica*. Barcelona, Edicions Proa/Servei de Publicacions de la UAB/Edicions de la Universitat de Barcelona, 2002.

ADONIS. *Poesía y Poética Árabes*. Madrid, Ediciones del Oriente y del Mediterráneo, 1997.

AGAR, Lorenzo *et al. Contribuciones Árabes a las Identidades Iberoamericanas*. Madrid, Casa Árabe-IEAM, 2009.

AIRA, César. "El Exotismo". *Boletín del Centro de Estudios de Teoría y Crítica Literaria*. Universidad de Rosario, n. 3, pp. 73-79, 1993.

ANDERSON, Jon Lee. *Che Guevara, Uma Biografia*. Rio de Janeiro, Objetiva, 2012.

ANDRADE, Oswald de. *Telefonema*. Organização, introdução e notas Vera Maria Chalmers. São Paulo, Globo, 2007.

AKMIR, Abdeluahed (coord.). *Los Árabes en América Latina*. Madrid, Siglo XXI, 2009.

ALVES DE FARIA, Álvaro & MOISÉS, Carlos Felipe. *Antologia Poética da Geração de 60*. São Paulo, Nankin Editorial, 2000.

ARRIGUCCI JUNIOR, Davi. *Humildade, Paixão e Morte – A Poesia de Manuel Bandeira*. São Paulo, Companhia das Letras, 1990.

"AS REFORMAS de Base". *Dossiê Jango*. CPDOC/FGV. (cpdoc.fgv.br/producao/dossies/Jango/artigos/NaPresidenciaRepublica/As_reformas_de_base).

ATHAYDE, Tristão de [Alceu Amoroso Lima]. "Do Nacional ao Planetário". *Folha de S. Paulo*, Tendências e Debates, p. 3, 28 jun. 1978.

BARTHES, Roland. *A Câmara Clara*. Rio de Janeiro, Nova Fronteira, 1984.

BASSANEZI, Maria Silva C. Beozzo. *Atlas da Imigração Internacional em São Paulo 1850-1950.* São Paulo, Editora Unesp, 2008.

BASTIDE, Roger. "As Raízes Árabes da Poesia de Jamil Almansur Haddad". em Exclusividade da Inter-Americana para a *Folha da Manhã* no *Estado de S. Paulo*, p. 3, [194?].

BATAILLE, Georges. *El Erotismo.* México, DF, Tusquets, 2011.

BAUDELAIRE, Charles. *As Flores do Mal.* São Paulo, Abril Cultural, 1984.

_____. *Poesia e Prosa: Volume Único.* Rio de Janeiro, Nova Aguilar, 1995.

BAUMAN, Zygmunt. *Identidade: Entrevista a Benedetto Vecchi.* Rio de Janeiro, Zahar, 2005.

BERTOLLI FILHO, Cláudio. *História Social da Tuberculose e do Tuberculoso: 1900-1950.* Rio de Janeiro, Editora Fiocruz, 2001.

BLOOM, Harold. *A Angústia da Influência: Uma Teoria da Poesia.* Rio de Janeiro, Imago, 1991.

BOAVENTURA, Maria Eugênia. *Os Dentes do Dragão.* São Paulo, Editora Globo, 1990.

BORBA, Maria Salete. "Excesso ou Leitura do Aparato Moderno". *Outra Travessia*, n. 5, 2005.

BORGES, Jorge Luis. "Biografía de Tadeo Isidoro Cruz". *El Aleph.* Buenos Aires, Emecé, 2010.

_____. "El Escritor Argentino y la Tradición". *Contratiempo, Revista de Pensamiento y Cultura*, 2010.

_____. "Kafka y sus Precursores". *Otras Inquisiciones.* Madrid, Alianza Editorial, 2008.

BOSI, Alfredo. *História Concisa da Literatura Brasileira.* São Paulo, Cultrix, 2006.

BOURDIEU, Pierre. "A Ilusão Biográfica". *Usos e Abusos da História Oral.* Rio de Janeiro, Editora FGV, 1998.

BUENO, Luis. *Uma História do Romance de 30.* São Paulo, Edusp, 2006.

CAMILO, Vagner. *Risos Entre Pares: Poesia e Comicidade no Romantismo Brasileiro – Segunda Geração.* São Paulo, Edusp, 1997.

CAMPOS, Augusto de. *Pagu Vida-Obra.* São Paulo, Companhia das Letras, 2014.

_____. & CAMPOS, Haroldo de. *Re Visão de Sousândrade.* São Paulo, Perspectiva, 2002.

CAMPOS, Haroldo de. *O Sequestro do Barroco na Formação da Literatura Brasileira: O Caso Gregório de Matos.* São Paulo, Iluminuras, 2011.

CAMPOS, Milton Godoy de. *Antologia Poética da Geração de 45.* São Paulo, Clube de Poesia, 1966.

CANDIDO, Antonio. *A Educação pela Noite e Outros Ensaios*. São Paulo, Ática, 1987.

_____. *Formação da Literatura Brasileira: Momentos Decisivos*. São Paulo/Rio de Janeiro, Fapesp/Ouro sobre Azul, 2009.

_____. "Notas de Crítica Literária: Poetas Menores de Hoje". *Folha de S. Paulo*, p. 7, 14 maio 1944.

_____. *Vários Escritos*. São Paulo, Duas Cidades, 1995.

CASTRO, Ruy. *O Anjo Pornográfico: A Vida de Nelson Rodrigues*. São Paulo, Companhia das Letras, 1992.

COUTINHO, Afrânio. *A Literatura no Brasil*. Vol. 6: *Relações, Perspectivas e Conclusão*. São Paulo, Global Editora, 2004-2008.

"DARCY Penteado". *Enciclopédia Itaú Cultural*. (enciclopedia.itaucultural.org.br/ pessoa5515/darcy-penteado).

DICIONÁRIO Houaiss. On-line (houaiss.uol.com.br).

DIRENBERGER, Lucia. "Os Feminismos no Oriente Médio". *Revista Geni*, n. 3, set. 2013.

DOSSE, François. *O Desafio Biográfico: Escrever uma Vida*. São Paulo, Edusp, 2009.

EL CORÁN. Barcelona, Herder, 2002.

ELIOT, T. S. *De Poesia e Poetas*. São Paulo, Brasiliense, 1991.

_____. *To Criticize the Critic and Other Writings*. London, Faber and Faber, 1988.

FAKHOURY, José. *Ausência*. São Paulo, s. ed., 1975.

FALEIROS, Álvaro. "Sobre uma Não-Tradução e Algumas Traduções de 'L'Invitation au Voyage' de Baudelaire". *Alea: Estudos Neolatinos*, vol. 9, n. 2, pp. 250-262, jul.-dez. 2007.

FONSECA, Maria Augusta. *Oswald de Andrade: Biografia*. São Paulo, Globo Livros, 2007.

FRIDMAN, Luis Carlos (org.). *Política e Cultura: Século XXI*. Rio de Janeiro, Alerj/ Relume Dumará, 2002.

GATTAZ, André. *Do Líbano ao Brasil: História Oral de Imigrantes*. Salvador, Editora Pontocom, 2012.

_____. & ROJAS FERNANDEZ, Vanessa Paola (org.). *Imigrações e Imigrantes: Reflexões e Experiências*. Salvador, Editora Pontocom, 2015.

GIBSON, Ian. *Federico García Lorca: Uma Biografia*. São Paulo, Globo Livros, 2014.

GLOSSÁRIO HistedBR. *Coleção Navegando pela História da Educação Brasileira*. (histedbr.fe.unicamp.br/navegando/glossario).

GURÁIEB, José E. *Abqar en la Mitología Árabe*. Córdoba, Universidad Nacional de Córdoba, 1969.

HABCHI, Sobhi. *Les Fils d'Orphée: Du Mont Liban aux Amériques*. Paris, Libraire d'Amérique et d'Orient, 2004.

HALL, Stuart. *A Identidade Cultural na Pós-Modernidade*. Rio de Janeiro, DP&A Editora, 2002.

_____. *Critical Dialogues in Cultural Studies*. London/New York, Routledge, 1996.

_____. "Quem Precisa da Identidade?" *In*: SILVA, Tomaz Tadeu (org. e trad.). *Identidade e Diferença: A Perspectiva dos Estudos Culturais*. Petrópolis, Vozes, 2000.

HOLLANDA, Heloisa Buarque de. *Impressões de Viagem: CPC, Vanguarda e Desbunde. 1960/70*. São Paulo, Aeroplano, 2004.

IRANI, George Emile. "Pulling Lebanon Together". *Papers IEMed*, 2009.

JORGE, Salomão. *Arabescos*. São Paulo, Edart Livraria Editora, 1968.

JOUET-PASTRÉ, Clemence Marie Chantal. *Jogos de Poder nas Traduções Brasileiras das Flores do Mal*. Tese de Doutorado, São Paulo, Faculdade de Filosofia, Letras e Ciências Humanas, Universidade de São Paulo, 1999.

JUNQUEIRA, Ivan. *Roteiro da Poesia Brasileira: Anos 30*. São Paulo, Global Editora, 2008.

KABCHI, Raymundo (coord.). *El Mundo Árabe y América Latina*. Madrid, Tres de Cuatro Soles/Ediciones Unesco/Libertarias/Prodhufi, 1997.

KHATLAB, Roberto. *Mahjar. Saga Libanesa no Brasil*. Zalka, Mokhtarat, 2002.

KOPKE, Carlos Burlamaqui. *Antologia da Moderna Poesia Brasileira*. São Paulo, Secretaria de Educação e Cultura do Município de São Paulo, 1953.

_____. *Os Caminhos Poéticos de Jamil Almansur Haddad*. São Paulo, Gráfica Cruzeiro do Sul, 1943.

KURAIEM, Mussa. "Versificação de Judas Isgorogota". *Abqar, A Cidade dos Gênios*. São Paulo, 1949.

LACAZ, Carlos da Silva. "Nota sobre o Falecimento de Jamil". *O Estado de S. Paulo*, p. 44, 19 jul. 1988.

LEJEUNE, Philippe. *O Pacto Autobiográfico: De Rousseau à Internet*. Belo Horizonte, Editora UFMG, 2008.

"LÍGIA Jordan Isenta Amigos". *Correio da Manhã*, Primeiro Caderno, p. 8, 13 set. 1963 (Rio de Janeiro).

LIMA, Alceu Amoroso. *Quadro Sintético da Literatura Brasileira*. Rio de Janeiro, Livraria Agir Editora, 1959.

LÓPEZ GARCÍA, Bernabé. *El Mundo Árabo-Islámico: Una Historia Política*. Madrid, Editorial Síntesis, 1997.

MAGALHÃES, Mário. *Marighella: O Guerrilheiro que Incendiou o Mundo*. São Paulo, Companhia das Letras, 2012.

MACÍAS BREVIS, Sergio. *Influencia Árabe en las Letras Iberoamericana*. Sevilla, Fundación Caja Rural del Sur/Universidad Internacional de Andalucía, 2009.

MALUF, Chafic. *Abkar – Poème Mytologique*. Trad. Maurice Sacre. Beyrouth, Impr. Catholique, 1973.

_____. *Abqar en la Mitología Árabe*. José E. Guráieb. Córdoba, Universidad Nacional de Córdoba, 1969.

MARTÍNEZ LILLO, Rosa-Isabel. "El Mahyar del Ayer al Hoy: Dimensión Literaria y Cultural". In: AGAR, Lorenzo *et al. Contribuciones Árabes a las Identidades Iberoamericanas*. Madrid, Casa Árabe-IEAM, 2009.

MARTINS, Floriano. "Depoimento de Jamil Almansur Haddad". *Diário de Cuiabá*, Sala de Retratos, [198?] (diariodecuiaba.com.br/detalhe.php?cod=414534).

M. C. C. "Aviso aos Navegantes: A Poesia Bilíngue de Haddad". *Folha de S. Paulo*, Ilustrada, p. 29, 31 jan. 1981.

MEIHY, Murilo. *Os Libaneses*. São Paulo, Contexto, 2016.

MILLIET, Sérgio. *Diário Crítico*. Vol. II: *Janeiro de 1943*. São Paulo, Martins/Edusp, 1981.

_____. *Diário Crítico*. Vol. VIII: *1951 e 1952*. São Paulo, Martins/Edusp, 1981.

_____. *Panorama da Moderna Poesia Brasileira*. Rio de Janeiro, Ministério da Educação e Saúde, Serviço de Documentação, 1952.

MORAES, Dênis de. *O Velho Graça: Uma Biografia de Graciliano Ramos*. São Paulo, Boitempo, 2012.

MORAES, Eliane Robert. "Inventário do Abismo". *Revista de Filosofia Aurora*, vol. 18, n. 23, 2006.

_____. *Lições de Sade: Ensaios Sobre a Imaginação Libertina*. São Paulo, Iluminuras, 2006.

_____. *Perversos, Amantes e Outros Trágicos*. São Paulo, Iluminuras, 2013.

"MORRE o Poeta e Psiquiatra Jamil Almansour Haddad". *O Estado de S. Paulo*, p. 17, 5 maio 1988.

MOTTA, Manoel Barros da (org.). *Estética: Literatura e Pintura, Música e Cinema*. Rio de Janeiro, Forense Universitária, 2001, vol. 3.

NAMUR, Miriam. *Sincretismo Cultural sob a Óptica de Gênero e Imagens de Mulher na Literatura Árabe-Brasileira*. Dissertação de Mestrado, Ponta Grossa, Universidade Estadual de Ponta Grossa, 2007.

NETO, Lira. *Getúlio. 1930 a 1945: Do Governo Provisório à Ditadura do Estado Novo*. São Paulo, Companhia das Letras, 2014.

_____. *Getúlio. 1945-1954: Da Volta pela Consagração Popular ao Suicídio*. São Paulo, Companhia das Letras, 2014.

NUNES, Cassiano. "A Poesia em Tecnicolor". *Folha da Manhã*, p. 3, 23 mar. 1952 (São Paulo).

ORTIZ, Fernando. *Contrapunteo Cubano del Tabaco y el Azúcar*. La Habana, Editorial de Ciencias Sociales, 1983.

ORTIZ, Lautaro. Árabes 1: *Poemas, Crónicas y Relatos en Sudamérica*. Buenos Aires, Desde La Gente/Ediciones Instituto Movilizador de Fondos Cooperativos, 2003.

PADURA, Leonardo. *El Hombre que Amaba a los Perros*. Buenos Aires, Tusquets, 2012.

PAES, José Paulo. *Armazém Literário: Ensaios*. São Paulo, Companhia das Letras, 2008.

PAZ, Octavio. *El Arco y la Lira*. México, DF, Fondo de Cultura Económica, 1996.

PEREZ, Renard. "Jamil Almansur Haddad". *Correio da Manhã*, Escritores Brasileiros Contemporâneos, p. 11, 16 fev. 1957 (São Paulo).

PERRONE-MOISÉS, Leyla. *A Falência da Crítica – Um Caso Limite: Lautréamont*. São Paulo, Perspectiva, 1973.

_____. *Altas Literaturas: Escolha e Valor na Obra Crítica de Escritores Modernos*. São Paulo, Companhia das Letras, 1998.

POUND, Ezra. *ABC da Literatura*. São Paulo, Cultrix, 2006.

RICIERI, Francini (org.). *Antologia da Poesia Simbolista e Decadente Brasileira*. São Paulo, Companhia Editora Nacional/Lazuli, 2007.

RUSHDIE, Salman. *Vergüenza*. Barcelona, Contemporánea Debolsillo, 2005.

SADE, Marquês de. *Novelas do Marquês de Sade e um Estudo de Simone de Beauvoir*. São Paulo, Difel, 1961.

SAID, Edward, *Fuera de Lugar*. Barcelona, Random House Mondadori, 1999.

_____. *Orientalismo*. Madrid, Libertarias, 1990.

_____. *Orientalismo: O Oriente como Invenção do Ocidente*. São Paulo, Companhia de Bolso, 2007.

SAFADY, Jorge S. *Antologia Árabe do Brasil*. São Paulo, Editora Comercial Safady, 1949.

SAYAD, Abdelmalek. *A Imigração ou os Paradoxos da Alteridade*. São Paulo, Edusp, 1998.

SCHWARZ, Roberto. *Ao Vencedor as Batatas: Forma Literária e Processo Social nos Inícios do Romance Brasileiro*. São Paulo, Editora 34, 2012.

SILVA, Domingos de Carvalho. "Sobre Jamil Almansur Haddad". *Revista Brasileira de Poesia*, p. 43, fev. 1949 (São Paulo).

SILVEIRA, Helena. "Jamil, O Poeta da Iluminação". *Folha de S. Paulo*, p. 31, 7 maio 1981.

_____. *Memória da Terra Assassinada*. São Paulo, Edições Símbolo, 1976.

_____. *Paisagem e Memória*. Rio de Janeiro/São Paulo, Paz e Terra/Secretaria Municipal de Cultura, 1983.

SODRÉ, Nelson Werneck. *História da Literatura Brasileira*. São Paulo, Difel, 1982.

SISMONDINI, Alberto. *Arabia Brasilica*. Cotia (SP), Ateliê Editorial, 2017.

_____. *Arabia Brasilica – Un Libano Altrove*. Tese de Doutorado, Siena, Università Degli Studi di Siena, 2006.

SOUZA, Marcelo Cintra de. *A Imprensa Imigrante. Trajetória das Comunidades Imigrantes em São Paulo*. São Paulo, Imprensa Oficial do Estado de São Paulo, 2010.

SOUZA, Eneida Maria de. *Crítica Cult*. Belo Horizonte, Editora UFMG, 2002.

STEPHANO DE QUEIROZ, Christina. "Biografía de un Poeta 'Fuera de Lugar'". *Anais do VII Congresso Internacional de Pesquisa (Auto)Biográfica*, 2016.

_____. "Dentro y Fuera del Canon Poético". In: PIFFERETTI, Adriana (org.). *Historia y Literatura: Relaciones, Diferencias y Entrecruzamientos Teóricos: Arte, Creación e Identidad Cultural en América Latina*. Rosario, Iracema Ediciones, 2014 (CD-ROM).

_____. "Jamil Almansur Haddad and the Paradoxes of an Identity in Transition". In: SABATÉ, Flocel (org.). *Conditioned Identities: Wished-for and Unwished-for Identities*. Lleida, Peter Lang International Academic Publishers/Universidad de Lleida, 2015.

_____. "Jamil Almansur Haddad, um Poeta à Deriva". *Magma, Revista do Programa de Pós-Graduação em Teoria Literária e Literatura Comparada da USP*, n. 13, 2016.

TEIXEIRA, Maria de Lurdes. "Sobre *A Lua do Remorso*". *Folha da Manhã*, p. 3, 20 abr. 1952 (São Paulo).

TENÓRIO DA MOTTA, Leda. *Sobre a Crítica Literária Brasileira no Último Meio Século*. Rio de Janeiro, Imago, 2002.

THOTNTON, Lynne. *Les Orientalistes: Peitres Voyageurs*. Paris, ACR Édition Poche Couleur, 1993.

TODOROV, Tzvetan. *O Homem Desenraizado*. Rio de Janeiro, Record, 1999.

TRUZZI, Oswaldo. *Patrícios: Sírios e Libaneses em São Paulo*. São Paulo, Editora Unesp, 2008.

VIANNA, Luiz Fernando. "Editora Plagiou Traduções de Clássicos". *Folha de S. Paulo*, Ilustrada, p. E6, 4. nov. 2007.

VIEIRA, Beatriz de Moraes. *A Palavra Perplexa: Experiência Histórica e Poesia no Brasil nos Anos 70*. Tese de Doutorado, Rio de Janeiro, Instituto de Ciências Humanas e Filosofia, Universidade Federal Fluminense, 2007.

VIEIRA, José Geraldo. "O Boabdil Exilado". *In*: HADDAD, Jamil Almansur. *Poemas: Orações Roxas, Novas Orações Negras, Orações Vermelhas*. São Paulo, Edições Cultura, 1943.

VILLAR, Valter Luciano Gonçalves. *Os Árabes e Nós: A Presença Árabe na Literatura Brasileira*. Tese de Doutorado, João Pessoa, Centro de Ciências Humanas, Artes e Letras, Universidade Federal da Paraíba, 2012.

VERNET, Juan. *Literatura Árabe*. Barcelona, El Acantilado, 2002.

VILLARCH, Aramis. *Entrevista com Jamil Almansur Haddad*. 1984 (millarch.org/audio/jamil-almansur-haddad).

WERNECK, Maria Helena. *O Homem Encadernado*. Rio de Janeiro, EduERJ, 1996.

ZEGHIDOUR, Slimane. *A Poesia Árabe Moderna e o Brasil*. São Paulo, Brasiliense, 1982.

ARQUIVOS

Arquivo Público do Estado de São Paulo – Fundo Deops
Jamil Almansur Haddad – Prontuário 133520 – Arquivo Geral, São Paulo, Secretaria de Segurança Pública do Estado de São Paulo, Departamento de Ordem Política e Social (Dops).

Biblioteca Brasiliana Guita e José Mindlin (BBM – USP)

Biblioteca Florestan Fernandes (FFLCH – USP)

Espólio de Jamil Almansur Haddad

Hemeroteca da Biblioteca Mário de Andrade
Revista do Arquivo Municipal.
Revista Brasileira de Poesia.

Museu Histórico Professor Carlos da Silva Lacaz, Faculdade de Medicina da Universidade de São Paulo (FMUSP).
Dossiê Jamil Almansur Haddad.

REVISTAS
Tiraz
O Cruzeiro

JORNAIS
Correio da Manhã
Diário de Cuiabá
Folha de S. Paulo
Folha da Manhã
O Estado de S. Paulo

ENTREVISTAS
Cláudio Willer. Agosto de 2013.
Daher Elias Auada. Junho de 2013, abril de 2014, setembro de 2014.
Eunice Arruda. Junho de 2013.
Fernanda Auada Moukdessi. Junho de 2013, abril de 2014, setembro de 2014.
Flávia Moukdessi Galil. Junho de 2013.
Jaelson Trindade. Agosto de 2013.
Ignez Moukdessi. Julho de 2013.
Leila Echaime. Maio de 2013.
Lilian Gattaz. Agosto de 2013.
Luiz Alcino Teixeira Leite. Agosto de 2013.
Moacir Amâncio. Junho de 2013.
Olgária Matos. Março de 2014.
Opázia Chaim Féres. Agosto de 2014.
Orestes Nigro. Agosto de 2014.
Raul Fajuri. Março de 2014.
Raul Mateos Castell. Maio de 2013.
Rosemay Maluf. Agosto de 2013.
Sônia Alvim. Setembro de 2014.

Lista de Ilustrações

Agradecimentos

Este livro é fruto de seis anos de pesquisa de meu doutorado, realizado entre 2012 e 2017 na Faculdade de Filosofia, Letras e Ciências Humanas da Universidade de São Paulo (FFLCH-USP), período durante o qual e, desde então, pessoas queridas e instituições amigas permitiram que seu conteúdo possa chegar, hoje, a mais pessoas interessadas pela pessoa e a obra do multifacetado poeta brasileiro, filho de imigrantes libaneses, Jamil Almansur Haddad. A todas elas meu muito obrigado e, em especial, a: Michel Sleiman, meu mentor intelectual, orientador de doutorado e amigo querido; Eliane Robert Moraes, Mònica Rius Piniés e Safa Jubran, outras referências intelectuais fundamentais à elaboração desse livro.

À Fernanda Auada Moukdessi, que abriu as portas de sua casa para que eu vasculhasse os objetos pessoais de Jamil. Aos outros familiares do poeta, entre eles Daher Elias Auada, Flávia Galil, Ignez Moukdessi e Lilian Gattaz, por compartilharem histórias íntimas que também envolvem suas próprias vidas. Às pessoas que me concederam depoimentos: Cláudio Willer, Eunice Arruda, Jaelson Trindade, Leila Echaime, Moacir Amâncio, Olgária Matos, Opázia Chaim Féres, Orestes Nigro, Raul Fajuri (em memória), Raul Mateos Castell e Sônia Alvim. Em especial à Rosemay Maluf e a Luiz Alcino Teixeira Leite pelos depoimentos emocionantes e pela contribuição que fizeram à pesquisa iconográfica.

À Coordenação de Aperfeiçoamento de Pessoal de Nível Superior (Capes) por ter financiado a pesquisa de doutorado, à Pró-Reitoria de Pós-Graduação da USP pelo prêmio Tese Destaque que recebi em 2018, e à editora Ateliê pela publicação do livro.

Aos meus filhos Matheus e Diego, ao meu marido Alejandro, aos meus pais Lourenço e Nanci e aos meus irmãos Gabrielle e Daniel.

Título	*A Lua do Oriente e Outras Luas*
Autor	Christina Stephano de Queiroz
Editor	Plinio Martins Filho
Produção Editorial	Aline Sato
	Millena Machado
Capa	Jorge Buzzo (projeto)
Editoração eletrônica	Jorge Buzzo
	Victória Cortez
Revisão	Carolina Bednarek
Formato	16 x 23 cm
Tipologia	Minion Pro (texto)
	Adobe Wood Type
	Brickham Pro Script (vinhetas)
Papel	Chambril Avena 80 g/m² (miolo)
	Cartão Supremo 250 g/m² (capa)
Número de páginas	380
Impressão e acabamento	Bartira Gráfica

Impressão e Acabamento

Bartiragráfica

(011) 4393-2911